新编21世纪高等职业教育精品教材

婴幼儿托育服务与管理系列

校企“双元”合作新形态教材

托育机构管理与运营实务

主　编／李　琼　邓　丽　李　滨

副主编／张丽萍　邵梦静　占　柳

参　编／高云蓝　廖海鹰　刘　佳

王　佳　王昭荔

中国人民大学出版社

·北京·

图书在版编目（CIP）数据

托育机构管理与运营实务 / 李琼，邓丽，李滨主编
. -- 北京 : 中国人民大学出版社，2023.5
新编 21 世纪高等职业教育精品教材. 婴幼儿托育服务与管理系列
ISBN 978-7-300-31553-9

Ⅰ. ①托… Ⅱ. ①李… ②邓… ③李… Ⅲ. ①托儿所－运营管理－高等职业教育－教材 Ⅳ. ① G618

中国国家版本馆 CIP 数据核字（2023）第 052309 号

新编 21 世纪高等职业教育精品教材 · 婴幼儿托育服务与管理系列
校企"双元"合作新形态教材
托育机构管理与运营实务
主　编　李　琼　邓　丽　李　滨
副主编　张丽萍　邵梦静　占　柳
参　编　高云蓝　廖海鹰　刘　佳　王　佳　王昭荔
Tuoyu Jigou Guanli yu Yunying Shiwu

出版发行　中国人民大学出版社
社　　址　北京中关村大街 31 号　　邮政编码　100080
电　　话　010－62511242（总编室）　010－62511770（质管部）
　　　　　010－82501766（邮购部）　010－62514148（门市部）
　　　　　010－62515195（发行公司）　010－62515275（盗版举报）
网　　址　http://www.crup.com.cn
经　　销　新华书店
印　　刷　北京密兴印刷有限公司
开　　本　787 mm × 1092 mm　1/16　　版　　次　2023 年 5 月第 1 版
印　　张　14.5　　印　　次　2024 年 12 月第 3 次印刷
字　　数　306 000　　定　　价　42.00 元

前言

党的二十大报告提出，“我们深入贯彻以人民为中心的发展思想，在幼有所育、学有所教、劳有所得、病有所医、老有所养、住有所居、弱有所扶上持续用力”，“建成世界上规模最大的教育体系、社会保障体系、医疗卫生体系”，“人民群众获得感、幸福感、安全感更加充实、更有保障、更可持续，共同富裕取得新成效”。婴幼儿托育服务质量不仅关乎婴幼儿的健康成长，而且关乎人民群众的获得感、幸福感、安全感。近年来，国务院、教育部相继出台了一系列政策，对婴幼儿托育事业进行规划和布局。“托育机构管理与运营实务”是婴幼儿托育专业必修的核心课程，在人才培养体系结构中起着关键作用。本书通过让学生了解托育机构管理的内涵及原则、托育机构的管理制度、托育机构各岗位工作内容、保育与教育工作管理、卫生保健管理、安全管理、托育专业发展、培训管理等具体内容，使婴幼儿托育专业课程与行业、企业、岗位对接，符合深化职业教育人才培养模式改革的基本要求。

本书紧紧围绕托育机构管理与运营的工作环节，将内容分为：选址与筹建；人力资源管理；园务管理；财务管理；保育与教育；安全管理；健康与营养管理；家园共育；招生运营。

本书在编写过程中参考了国务院办公厅印发的《关于促进3岁以下婴幼儿照护服务发展的指导意见》，国家卫生健康委组织制定的《托育机构设置标准（试行）》《托育机构管理规范（试行）》《托育机构保育指导大纲（试行）》《托育机构保育人员培训大纲（试行）》《托育机构负责人培训大纲（试行）》《托育机构婴幼儿伤害预防指南（试行）》《托育机构婴幼儿喂养与营养指南（试行）》等有关托育的最新政策、规范和标准，紧跟形势，体现了现代托育的新标准和新概念。在内容编写上，本书贴合托育实际工作岗位需求，对接托育工作岗位实际，设置激发学生学习兴趣的案例，将理论知识和保育实际紧密结合，有利于提高学生运用知识解决问题的能力。每章开头设有“学习目标”“知识点导图”“知识背景”，让学生把握全章知识脉络。正文中设置“拓展阅读”，以开拓学生视野，拓宽知识面。每章结尾有“本章小结”“思考与练习”，便于学生快速巩固知识点、提高学习兴趣和实际操作能力。

本书编写团队主要由学科专家、专业教师、托育机构管理者及一线骨干教师组成。本教材编写分工如下：第一章由德阳科贸职业学院王佳、校企合作企业麦乐树托育中心园长邓丽合作编写；第二章第一节、第四节，第四章由德阳科贸职业学院廖海鹰、张丽萍合作编写；第二章第二节、第三节，第三章由成都金牛妇幼萌牛家托育服务有限责任公司托育中心主任刘佳编写；第五章第一节、第二节由咸宁职业技术学院李滨编写；第五章第三节由德阳科贸职业学院高云蓝编写；第六章由咸宁职业技术学院占柳编写；第七章由咸宁职业技术学院王昭荔编写；第八章由四川国际标榜职业学院邵梦静编写；第九章由德阳科贸职业学院李琼、高云蓝合作编写。此外，咸宁职业技术学院的郭林叟、金宇柱、孟粱芳、吕巧巧、洪兆晨、胡玥、吴焰等参与了本教材部分章节的编写；德阳科贸职业学院校企合作企业成都市新鸿社区婴幼儿成长中心、好宝家托育中心、麦乐树托育中心提供了大量数据与图片。本书在编写过程中借鉴了许多学者的观点，参阅了大量的书籍及文献资料，在此深表谢意。

本教材具有较强的理论性、实践性和可操作性，可以作为高职院校婴幼儿托育服务与管理专业教材，也可供一线托育机构工作者阅读参考。由于编者学识水平和能力有限，本书难免有错误或不妥之处，恳请广大读者给予批评指正。

编者

目录

第一章 选址与筹建

学习目标

知识目标

1. 了解开办托育机构涉及的各种政策法规；
2. 熟悉托育机构选址的市场因素；
3. 熟悉托育机构筹建计划；
4. 掌握托育机构设计与装修的标准。

能力目标

1. 学会解读政策法规；
2. 学会制订托育机构筹建前的各种计划与预算。

素质目标

1. 热爱托育行业；
2. 树立科学的投资观念。

知识点导图

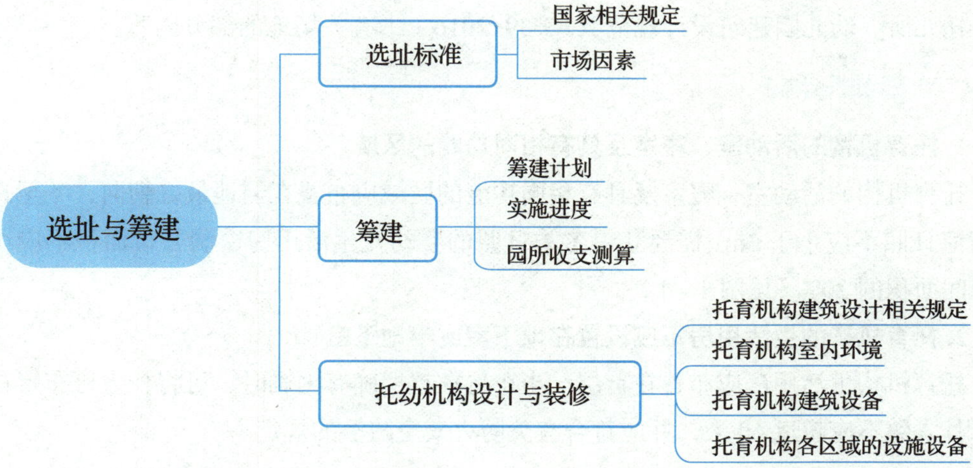

知识背景

从2019年5月19日国务院发布《关于促进3岁以下婴幼儿照护服务发展的指导意见》起，托育行业管理更加规范。国家的重视、用户需求的增加，吸引了大量的投资者涌入托育行业。托育行业是新兴行业，从业人员面临对政策不了解、运营经验不足等困难，而要建立一所符合政策要求的托育园，我们首先要学习相关政策。

第一节 选址标准

一、国家相关规定

在创办一家托育园所时，首先要取得合法的托育资质。取得托育资质的步骤如下：

第一步，选址和装修时，参照中华人民共和国住房和城乡建设部颁发的《托儿所、幼儿园建筑设计规范》(JGJ39-2016)。

第二步，备案时，参照《关于托育机构登记和备案办法（试行）的通知》(国卫办人口发〔2019〕25号)，取得消防安全检查合格证、食品经营许可证（不具备供餐条件的托育园需要提供有供餐资质单位提供的供餐协议）。

第三步，参照《托育机构卫生评价基本标准（试行)》取得卫生评价报告。

第四步，取得上述证书后，备案成为一家合法的托育机构。在经营过程中也可以参照国家卫健委发布的《托育机构质量评价标准》申请成为星级托育，为居民提供更高品质的托育服务。

为了方便了解更多选址规范，此处节选了由中华人民共和国住房和城乡建设部颁发的《托儿所、幼儿园建筑设计规范》(JGJ39-2016)中有关场地的部分内容。

(一) 强制性条文

1. 托育机构的活动室、寝室及具有相同功能的区域

托育机构的活动室、寝室及具有相同功能的区域应布置在当地最好朝向，冬至日底层满窗日照不应小于3h。需要获得冬季日照的婴幼儿生活用房窗洞开口面积不应小于该房间面积的20%（见图1-1)。

2. 托育机构的生活用房不应设置在地下室或半地下室

托育机构生活用房应布置在首层。当布置在首层确有困难时，可将托大班布置在二层，其人数不应超过60人，并应符合有关防火安全疏散的规定。

图 1－1 生活用房

图片来源：麦乐树托育中心 .

3. 托育机构的临空处

托育机构的外廊、室内回廊、内天井、阳台、上人屋面、平台、看台及室外楼梯等临空处应设置防护栏杆，栏杆应以坚固、耐久的材料制作。防护栏杆的高度应从可踏部位顶面起算，且净高不应小于 1.30m。防护栏杆必须采用防止幼儿攀登和穿过的构造，当采用垂直杆件做栏杆时，其杆件净距离不应大于 0.09m（见图 1－2）。

图 1－2 室外楼梯

图片来源：麦乐树托育中心 .

4. 楼梯

幼儿使用的楼梯，当楼梯井净宽度大于 0.11m 时，必须采取防止幼儿攀滑措施。楼梯栏杆应采取不易攀爬的构造，当采用垂直杆件做栏杆时，其杆件净距不应大于 0.09m。

（二）托育机构的规模、每班人数及保育人员配比要求

托育机构的规模，如表 1－1 所示。

表 1－1 托育机构的规模

规模	托育机构
小型	1～3 个班
中型	4～7 个班
大型	8～10 个班

托育机构的每班人数，如表 1－2 所示。

表 1－2 托育机构的每班人数

班别	人数
乳儿班	10 人以下
托小班	15 人以下
托大班	20 人以下
18 个月以上的婴幼儿可混合编班，每个班不超过 18 人	

托育机构保育人员配比，如表 1－3 所示。

表 1－3 托育机构保育人员配比

班别	保育人员配比
乳儿班	1∶3
托小班	1∶5
托大班	1∶7

（三）建筑设计的一般规定

1. 托育机构建筑设置

有四个班及以上的托育机构的建筑应独立设置。有三个班及以下的托育机构，可与居住、养老、教育、办公建筑合建，但应符合下列规定：（1）合建的既有建筑应经有关部门验收合格，符合抗震、防火等安全方面的规定；（2）应设独立的疏散楼梯和安全出口；（3）建筑出入口及室外活动场地范围内应采取防止物体坠落措施。

2. 托育机构应设室外活动场地

托育机构应设室外活动场地，并应符合下列规定：（1）托育机构室外活动场地人均面积不应小于 $3m^2$；（2）城市人口密集地区改、扩建的托育机构，设置室外活动场地确有困难时，室外活动场地人均面积不应小于 $2m^2$。

3. 共用活动场地应设置游戏器具等

共用活动场地应设置游戏器具、沙坑、30m 跑道等，宜设戏水池，储水深度不应超过 0.30m。

游戏器具下地面及周围应设软质铺装，宜设洗手池、洗脚池。

4. 托育机构建筑设计要求

托育机构建筑应由生活用房、服务管理用房和供应用房等部分组成。宜按生活单元组合方法进行设计，各班生活单元应保持使用的相对独立性。

5. 托育机构建筑窗的设计规定

当窗台面距楼地面高度低于0.90m时，应采取防护措施，防护高度应从可踏部位顶面起算，不应低于0.90m。

6. 严寒和寒冷地区托育建筑的外门应设门斗

严寒地区的建筑物宜采用围护结构外保温技术，并不应设置开敞的楼梯间和外廊，其出入口应设门斗或采取其他防寒措施；寒冷地区的建筑物不宜设置开敞的楼梯间和外廊，其出入口宜设门斗或采取其他防寒措施。

7. 幼儿出入的门应符合下列规定

（1）当使用玻璃材料时，应使用安全玻璃。

（2）下不应设门槛；平开门距离楼地面1.2m以下部分应设防止夹手设施（见图1-3）。

图1-3　防止夹手设施

图片来源：麦乐树托育中心.

（3）生活用房开向疏散走道的门均应向人员疏散方向开启，开启的门扇不应妨碍走道疏散通行。

8. 楼梯、扶手、踏步

楼梯、扶手、踏步等应符合下列规定：（1）楼梯踏步面应采用防滑材料，踏步踢面不应漏空，踏步面应做明显警示标识。（2）幼儿使用的楼梯，当楼梯井净宽度大于0.11m时，必须采取防止幼儿攀滑措施。楼梯栏杆应采取不易攀爬的构造，当采用垂直杆件做栏杆时，其杆件净距不应大于0.09m。

9. 室内最小净高

托儿所睡眠区、活动区，幼儿园活动室、寝室、乳儿室，多功能活动室的室内最小净高如表1-4所示。

表 1－4 室内最小净高

房间名称	净高（m）
托儿所睡眠区、活动区	2.8
幼儿园活动室、寝室、乳儿室	3.0
多功能活动室	3.9

注：改、扩建的托育机构睡眠区和活动区室内净高不应小于 2.6m。

10. 其他

（1）厨房、卫生间、实验室、医务室等使用水的房间不应设置在婴幼儿生活用房的上方。

（2）城市居住区按规划要求应按需配套设置托儿所。当托儿所独立设置有困难时，可联合建设。

二、市场因素

托育机构在选址时，除了考虑国家建筑相关标准外，还应考虑托育机构周围的市场因素。因为，市场因素决定托育机构的招生人数、机构定位及定价。市场因素主要包括楼盘信息和同行信息。

（一）楼盘信息

距离近、接送方便通常是家长选择托育机构的一个重要因素。新建或租赁一个托育机构时，应在托育中心服务半径 300m 以内来调查周围小区的楼盘信息（见表 1－5），比如，楼盘是否密集、小区房价、总住户数、入住率、到托育机构的路程时长等。

表 1－5 托育机构周围 300m 内楼盘信息调查表

序号	楼盘名称	户数	售价（万元）	开盘时间	交房时间	主力户型	入住率	数量	孕妇数	0～3 岁婴幼儿人数	步行距离	步行时间

以“新鸿社区婴幼儿成长中心”为例，新鸿社区居委会位于成都市成华区双桥子街道新鸿南路 86 号 25 栋，是成都市 20 世纪 80 年代建成的典型老旧社区，常住人口 11 万人，3 岁以下婴幼儿 875 人。为促进 3 岁以下婴幼儿照护服务发展工作，积极解决老旧社区 3 岁以下婴幼儿入托难的问题，2021 年 7 月，经街道党工委会议研究同意，由新鸿社区党群服务中心提供 $400m^2$ 社区闲置房屋引进社会力量共同成立了社会企

业——成都新鸿麦芽托育服务有限公司，为新鸿社区片区居民提供托育服务。

（二）同行信息

开办托育机构时，需要了解同行的信息。在调查前，做好以下工作：去本地收费最高、口碑最好、满园的机构参观，分析它们的优势；去本地招生不佳的园所参观，分析它们的劣势。每次调查后填写“周围竞品市调表”（见表1-6）。调查几家机构后，就会对园所定位、开班目标等更为清晰。

表1-6 周围竞品市调表

名称	地址	开业时间	收托年龄	客户定位	教育理念	师生比	核心卖点	课程	装修风格	餐食情况	园区总面积	托管时间	班级数量	满园人数	在园人数	优势分析	劣势分析	备注

第二节 筹建

一、筹建计划

当我们了解了相关政策、做好了市场调研后，就进入了托育机构筹建期。筹建时的合理规划相当重要，以下是几个关键点：

第一，通常租房会有免租期，每个区域免租期长短不一，在与房东谈判时，尽量延长免租期。

第二，签约前一定要邀请具有托育机构设计经验的设计公司到现场勘查，出具设计效果图，分析整个功能布局是否合理。

第三，签约装修时，启动园长、市场人员的招聘。此时，开始在周围小区和线上平台（抖音、小红书、微信朋友圈等）做市场推广活动进行宣传。

第四，现场施工快结束时，开始进行其他员工的招聘和培训。

第五，场地软装完成后，同时进行空气治理、环境布置、设备采购和试运营。试运营是指邀请家长参加园区的各项体验活动。

第六，取得托育备案资质后立刻营业，开始提供托育服务。

以上过程，环环相扣，每个节点完成了相应工作，才能够做到效率最大化。下面的托育机构筹建计划表（见表1-7）列出了筹备期的具体工作，仅供参考。

表1-7 托育机构筹建计划表

项目	事项	时长（天）	负责人	启动日期	完成日期
前期筹备	市场调研（适龄儿童数、家长接受度、消费水平等）	10			
	资源对接（加盟考察）	20			
	教学体系、保育体系、运营体系搭建	持续			
	经济测算（人员薪酬架构、招生人数、收费等）	5			
	工商注册	30			
场地装修	场地确定和签约	5			
	场地设计完成（设计图纸和施工图纸）	12			
	场地施工及验收	60			
	户外广告设计及制作	10			
	场地硬件、软装、VI美陈安装完成	20			
	物资（行政、后勤、教玩具）清单和购买	5			
人员招聘	搭建整个团队并拟出招聘计划和进度（市场、教学、后勤）	2			
人员培训	完成整体人员招聘（根据开班计划）	30			
	完成人员培训	10			
	教师磨课、练课	15			
资质办理	税务登记、账户设立	5			
	消防合格许可证	15			
	食品安全许可证	10			
	卫生评价合格证	20			
	备案合格许可证	10			
运营推广	完成推广、预售方案	3			
	物料准备（宣讲方案、DM单、宣传手册、折页、展架、小礼品、工牌、制服、床品、合同、票据、开园大礼包等）	10			
	开业招生计划	5			
	线上平台入驻（大众点评、美团、抖音、小红书等）	长期			
	线下名单收集（地推、异业合作、小区活动等）	长期			
	推广、预售执行	30			

续表

项目	事项	时长（天）	负责人	启动日期	完成日期
试营业	半日体验活动及转化	15			
	开业方案和排练	3			
正式开园	开业活动	1			

二、实施进度

成都市新鸿社区配套托育机构项目实施进度见表 1－8。

表 1－8　成都市新鸿社区配套托育机构项目实施进度表

项目	事项	时长（天）	负责人	启动日期	完成日期
场地	场地确认签约	7			
装修	装修设计	20			
	户外广告设计制作、施工	5			
	装修施工	60			
	装修验收	10			
	消防验收	20			
资质	执照申办、刻章、领证	14			
财务	税务登记、账户设立	7			
人事	人员招聘	长期			
	主管培训	15			
	师资、员工培训	长期			
	师资、员工模拟流程	20			
采购	教具、教材、物品、办公用品	10			
环创	玩具入场、教具制作、环创	10			
制作	宣传方案制订，宣传单、海报等的设计与制作	5			
市场	线上预热、媒体平台入驻	10			
	名单采集（地推、合作、活动）	长期			
试营业	试运营	31			
	开业方案制订及准备工作	15			
正式开园	开业活动	1			

三、园所收支测算

做好收支测算，企业才能有利可图，及时止损。园所的成本构成项目相对复杂，此处结合表格重点说明。

（一）成本测算

年成本 = 开园启动投资额 / 一次性投入摊销年数 + 年固定成本

开园启动投资额 = 一次性投入项目 + 周转金

一次性投入推销年数 =5 年（行业标准）

下面是计算开园启动投资额（6 个班）时需要考虑的事项（见表 1 - 9）。表格中"首批人力成本"的数据可以参考表 1 - 10。

表 1 - 9　开园启动投资额（6 个班）

序号	事项	单位	单价（元）	数量	月均	总价（元）	备注
1	证照办理	次					一次性投入
2	加盟费	次					一次性投入
3	场地中介费	次					一次性投入
4	场地转让费	次					一次性投入
5	设计费	次					一次性投入
6	基础装修	m^2					一次性投入
7	消防改造费	次					一次性投入
8	空调、新风	次					一次性投入
9	定制柜子	次					一次性投入
10	净化器设备	次					一次性投入
11	地暖	次					一次性投入
12	地胶	次					一次性投入
13	弱电、监控	次					一次性投入
14	厨房设备	次					一次性投入
15	教室教玩具、教具柜、桌椅板凳	次					一次性投入
16	办公家具、电脑、投影仪、打印机、办公用品、网络	次					一次性投入
17	租金	月		6 个月			周转金
18	物管	月					周转金
19	水电	月					周转金

续表

序号	事项	单位	单价（元）	数量	月均	总价（元）	备注
20	天然气	月					周转金
21	市场活动费（线上、线下）	月		开业前			周转金
22	首批人力成本	月		6个月			周转金
23	家园系统	年		1套			有押金，后期可退换
开园启动投资额合计（万元）							

1. 人力成本

开园时，由于招生规模不大，第一年通常按照满园率的50%计算，故招聘员工时也按照满园率来配置。表1－10给出了满园时的“满编人数”和开园首批招聘人数的参考。

表1－10 人力成本计算（6个班）

岗位	薪资（元）						社保（元）	单人月薪（元）	首批招聘人数	首批人力成本合计（元）	满编人数	满编人力成本合计（元）
	基本工资	绩效工资	工龄工资	福利	提成	奖金						
园长									1		1	
行政财务									1		1	
市场									1		1	
顾问									1		1	
教学主管									1		1	
主班老师									3		6	
保育员									6		12	
保健医									1		1	
保安									1		1	
厨师									1		1	
帮厨											1	
保洁									1		1	
合计（元）												

基本工资建议按当地最低工资标准计算，绩效工资根据个人完成园所对员工的考核关键点来计算，每月可以不同。“底薪+绩效”的总数可参考当地同岗位薪酬的平均水平。工龄工资是指根据员工入职时间长短给予的薪资，逐年递增。福利是指交通、通信、节假日、生日支付给员工的薪资。提成是指在全员营销的方针下，从个人销售收入中提取百分比支付给个人的薪资。奖金是当园所达成月度目标、季度目标、年度目标时支付给个人的薪资。

2. 年固定成本

年固定成本包括租金、物业费、水电气费等，如表1－11所示。

表1－11 年固定成本（按12个月计算）

单位：万元

租金	物业费	水电气费	薪资	幼儿餐费	员工餐费	行政后勤	营销费用	儿童保险	教学物资	合计

（二）收入测算

托育机构的收入来源于保教费和生活费，可以根据当地收入水平、同行收费水平、品牌定位测算，年收入通常按照11个月测算，满园人数按照6个班预估100人测算。

年收入＝（月保教费＋月生活费）×月平均人数×11

具体的年收入板块，如表1－12所示。

表1－12 年收入板块（按11个月计算）

保教费年收入预估（万元）	生活费年收入预估（万元）	满园人数预估	第一年招生人数预估（50%满园率）	第一年总收入预算（万元）	第二年招生人数预估（75%满园率）	第二年总收入预算（万元）	第三年招生人数预估（85%满园率）	第三年总收入预算（万元）

（三）利润测算

利润测算需要考虑诸多因素，大体计算公式如下：

年利润＝年收入－年成本

第三节 托育机构设计与装修

一、托育机构建筑设计相关规定

在第一节我们通过《托儿所、幼儿园建筑设计规范》（JGJ39-2016）了解了托育机构选址的强制性条文和建筑设计的一般规定。现在介绍生活用房、服务管理用房、供应用房、室内环境、建筑设备等的相关规定和要求。

（一）托育机构生活用房

1. 各年龄段生活用房面积

托育机构生活用房应由乳儿班、托小班、托大班组成，各班应为独立使用的生活单元。宜设公共活动空间；托大班生活用房的使用面积及要求宜与幼儿园生活用房相同；乳儿班应包括睡眠区、活动区、配餐区、清洁区、储藏区等，乳儿班各区最小使用面积应符合表 1－13 的规定。托小班应包括睡眠区、活动区、配餐区、清洁区、卫生间、储藏区等，托小班各区最小使用面积应符合表 1－14 的规定。

表 1－13　乳儿班各区最小使用面积

各区名称	最小使用面积（m^2）
睡眠区	30
活动区	15
配餐区	6
清洁区	6
储藏区	4

表 1－14　托小班各区最小使用面积

各区名称	最小使用面积（m^2）
睡眠区	35
活动区	35
配餐区	6
清洁区	6
卫生间	8
储藏区	4

注：睡眠区与活动区合用时，其使用面积不应小于 $50m^2$。

2. 喂奶室

乳儿班和托小班宜设喂奶室，使用面积不宜小于 $10m^2$，并应符合下列规定：（1）应临近婴幼儿生活空间；（2）应设置开向疏散走道的门；（3）应设尿布台、洗手池，宜设成人厕所。

3. 乳儿班和托小班生活单元各功能分区之间宜采取分隔措施

乳儿班和托小班生活单元各功能分区之间宜采取分隔措施，并应互相通视。乳儿班和托小班活动区地面应做暖性、软质面层；距地 1.2m 的墙面应做软质面层。托育机构和幼儿园合建时，托育机构应单独分区，并应设独立安全出入口，室外活动场地宜分开。乳儿班和托小班生活单元各功能分区应符合下列规定：

（1）睡眠区应布置供每个婴幼儿使用的床位，不应布置双层床。床位四周不宜贴靠外墙。

（2）配餐区应临近对外出入口，并设有调理台、洗涤池、洗手池、储藏柜等，应设加热设施，宜设通风或排烟设施。

（3）清洁区应设淋浴设施（见图 1－4）、尿布台（见图 1－5）、洗涤池、洗手池、污水池、成人厕位等设施。

（4）成人厕位应与幼儿卫生间隔离。

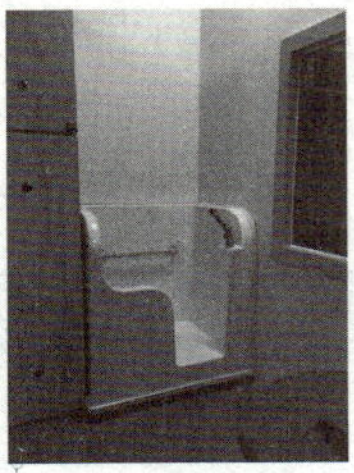

图 1－4 淋浴设施

图片来源：麦乐树托育中心 .

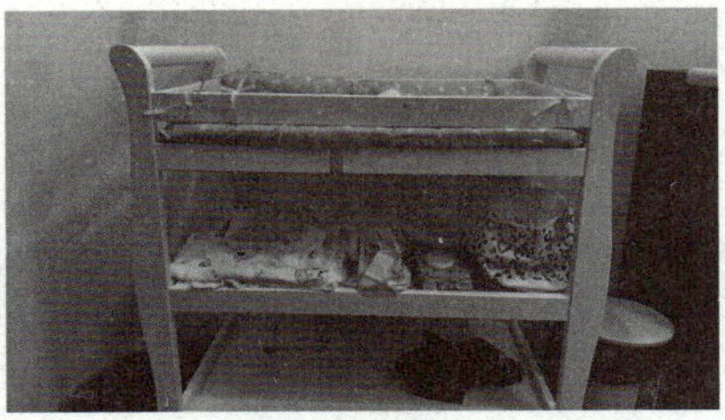

图 1－5 尿布台

图片来源：麦乐树托育中心 .

4. 卫生器具

托小班卫生间内应设适合幼儿使用的卫生器具，坐便器高度宜为 0.25m 以下。每班至少设 2 个大便器、2 个小便器，便器之间应设隔断（见图 1－6）；每班至少设 3 个适合幼儿使用的洗手池（见图 1－7），高度宜为 0.4 ～ 0.45m，宽度宜为 0.35 ～ 0.4m。

图 1－6 便器

图片来源：麦乐树托育中心 .

图 1－7 洗手池

图片来源：麦乐树托育中心 .

（二）托育机构服务管理用房

服务管理用房宜包括保健观察室（见图 1－8）、晨检室（厅）（见图 1－9）、教师值班室、警卫室、储藏室、园长室（所长室）、财务室、教师办公室、会议室、教具制作室等房间。各房间的最小使用面积应符合表 1－15 的规定。托育机构建筑应设门厅，门厅内应设置晨检室和收发室，宜设置展示区、婴幼儿和成年人使用的洗手池、婴幼儿车存储等空间，宜设卫生间。

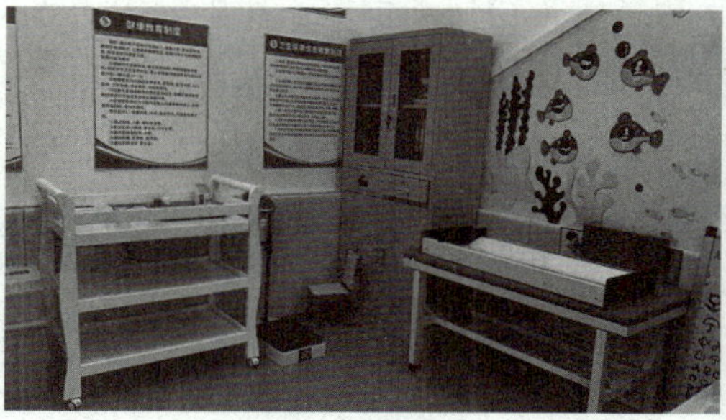

图 1－8　保健观察室

图片来源：麦乐树托育中心．

图 1－9　晨检室（厅）

图片来源：麦乐树托育中心．

表 1－15　服务管理用房各房间的最小使用面积

房间名称	规模（m^2）		
	小型	中型	大型
晨检室（厅）	10	10	15
保健观察室	12	12	15
教师值班室	10	10	10
警卫室	10	10	10
储藏室	15	18	24
园长室（所长室）	15	15	18
财务室	15	15	18
教师办公室	18	18	24
会议室	24	24	30
教具制作室	18	18	24

注：（1）晨检室（厅）可设置在门厅内；

（2）房间可以合用，合用的房间面积可适当减少。

（三）托育机构供应用房

供应用房包括厨房、消毒室、洗衣间、开水间、车库等房间，厨房应自成一区，并与幼儿生活用房应有一定距离。厨房使用面积宜 $0.4m^2$/ 每人，且不应小于 $12m^2$。

二、托育机构室内环境

（一）采光

良好的自然光线有利于婴幼儿身心发展，尤其对保护婴幼儿视力起着重要作用。托育机构的建筑采光应符合《建筑采光设计标准》（GB 50033）的有关规定。主管部门要加强监管力度，保证采光系数标准值和窗地面积的比例，主要活动场所的窗地面积要达到 1/5，采光系数要达到 3%。其中生活用房、服务管理用房和供应用房中的厨房等均应有直接天然采光。托育机构采光系数标准值和窗地面积比如表 1－16 所示。

表 1－16 托育机构采光系数标准值和窗地面积比

采光等级	场所名称	采光系数最低值（%）	窗地面积比
Ⅲ	活动室、寝室	3.0	1/5
	多功能活动室	3.0	1/5
	办公室、保健观察室	3.0	1/5
	睡眠区、活动区	3.0	1/5
V	卫生间	1.0	1/10
	楼梯间、走廊	1.0	1/10

（二）隔声、噪声控制

0～3 岁婴幼儿比其他年龄阶段的儿童需要更多的睡眠，良好的睡眠是保障婴幼儿健康成长的前提。根据《民用建筑隔音设计规范》（GB 50118），托育机构室内允许噪声级别如表 1－17 所示。

表 1－17 托育机构室内允许噪声级别

房间名称	允许噪声级（A 声级，dB）
生活单元、保健观察室	≤ 45
多功能活动室、办公室	≤ 50

托育机构空气声隔声标准（计权隔声量）如表 1－18 所示。

表 1－18 空气声隔声标准

房间名称	空气声隔声标准（计权隔声量）（dB）	楼板撞击声隔声单值评价量（dB）
生活单元、办公室、保健观察室与相邻房间之间	≥ 50	≤ 65

托育机构应在隔声及噪声方面严格控制。

三、托育机构建筑设备

（一）给水排水

托育机构在建筑设计中，给水排水系统是不可缺少的一环。设备选型和系统配置应适合婴幼儿的需要。用水标准、系统选择和水质应符合《建筑给水排水设计规范》（GB 50015）、《生活饮用水卫生标准》（GB 5749）、《饮用净水水质标准》（CJ94）、《建筑给水排水及采暖工程质量验收规范》（GB 50242）的规定。给水引入管上应设置水表，水表宜设置在室内便于抄表位置；在夏热冬冷地区及严寒地区，当水表设置于室外时，应采取可靠的防冻胀破坏措施。供水总进口管道上可设置紫外线消毒设备。托儿所建筑给水系统的压力应满足给水用水点配水器具的最低工作压力要求。当压力不能满足要求时，应设置系统增压给水设备，并应符合下列规定：

（1）加压水泵应选用低噪声节能型产品，加压泵组及泵房应采取减振防噪措施。

（2）消防水池、各种供水机房、各种换热机房及变配电房间等不得与婴幼儿生活单元贴邻设置。

托育机构建筑宜设置集中热水供应系统，也可采用分散制备热水或预留安装热水供应设施的条件。当设置集中热水供应系统时，应采用混合水箱单管供应定温热水系统。当采用太阳能、空气源热泵等制备热水时，热水温度低于60℃的系统应设置辅助加热设施。由于婴幼儿消化系统尚未完善，消化能力及对细菌的抵抗力较弱，因此托育机构不应设置管道直饮水系统。为了饮水安全，须给婴幼儿提供煮沸的热水，开水应设置在专用房间内，并设置防止婴幼儿触摸的保护措施。

（二）供暖通风和空气调节

供暖一般分为两种形式：一种为区域集中供热，北方大多以这种方式进行供暖；另一种为电供暖，南方大多以这种方式进行供暖。采用电供暖时，需要严格按照国家标准《民用建筑供暖通风与空气调节设计规范》（GB 50736）来进行供暖。采用低温地面辐射供暖方式时，地面表面温度不应超过28℃。热水地面辐射供暖系统供水温度宜为35℃～45℃，不应高于60℃；供回水温差不宜高于10℃，且不宜低于5℃。供暖系统应设置热计量装置，并应在末端供暖设施设置恒温控制阀进行室温调控。托育机构房间的供暖设计温度宜符合表1-19的规定。

表1-19 托育机构房间的供暖设计温度

房间名称	室内设计温度（℃）
活动室、寝室、保健观察室、晨检室（厅）、办公室	20
睡眠区、活动区、喂奶室	24

续表

房间名称	室内设计温度（℃）
盥洗室、厕所	22
门厅、走廊、楼梯间、厨房	16
洗衣房	18
淋浴室、更衣室	25

托育机构建筑通风设计应符合表 1－20 和表 1－21 的规定。

表 1－20 房间的换气次数

房间名称	换气次数（次/h）
活动室、寝室、睡眠区、活动区、喂奶室	3～5
卫生间	10
多功能活动室	3～5

表 1－21 人员所需最小新风量

房间名称	新风量（m^3/h·p）
活动室、寝室、活动区、睡眠区	30
保健观察室	38
多功能活动室	30

公共淋浴室、无外窗卫生间等，应设置带防止回流措施的机械排风装置。对于夏热冬暖地区、夏热冬冷地区的托儿所建筑，当夏季依靠开窗不能实现基本热舒适要求，且幼儿活动室、寝室等房间不设置空调设施时，每间幼儿活动室、寝室等房间宜安装具有防护网且可变风向的吸顶式电风扇。最热月平均室外气温大于和等于 25℃地区的托育机构建筑，宜设置空调设备或预留安装空调设备的条件。空调房间室内设计参数应符合表 1－22 的规定。

表 1－22 空调房间室内设计参数

参数		冬季	夏季
温度（℃）	活动室、寝室、保健观察室、晨检室（厅）、办公室	20	25
	睡眠区、活动区、喂奶室	24	25
风速（v）(m/s)		$0.10 \leqslant v \leqslant 0.20$	$0.15 \leqslant v \leqslant 0.30$
相对湿度（%）		30～60	40～60

（三）建筑电气

活动室、寝室、图书室、美工室等幼儿用房宜采用细管径直管形三基色荧光灯，配用电子镇流器，也可采用防频闪性能好的其他节能光源，不宜采用裸管荧光灯灯具；保健观察室、办公室等可采用细管径直管形三基色荧光灯，配用电子镇流器或节能型电感镇流器，或采用 LED 等其他节能光源。睡眠区、活动区、喂奶室应采用漫光型灯具，光源应采用防频闪性能好的节能光源。托育机构的房间照明标准值应符合表 1－23 的规定。

表 1－23 托育机构的房间照明标准值

房间或场所	参考平面及其高度	照度标准值（lx）	*UGR*	*Ra*
活动室	地面	300	19	80
多功能活动室	地面	300	19	
寝室、睡眠区、活动区	0.5m 水平面	100	19	
办公室、会议室	0.75m 水平面	300	19	
厨房	台面	200	—	
门厅、走道	地面	150	—	
喂奶室	0.5m 水平面	150	19	

托育机构的房间内应设置插座，且位置和数量根据需要确定。活动室插座不应少于四组，寝室插座不应少于两组。插座应采用安全型，安装高度不应低于 1.8m。插座回路与照明回路应分开设置，插座回路应设置剩余电流动作保护，其额定动作电流不应大于 30mA。

托育机构安全技术防范系统的设置应符合下列规定：（1）园区大门、建筑物出入口、楼梯间、走廊、厨房等应设置视频安防监控系统；（2）周界宜设置入侵报警系统、电子巡查系统；（3）财务室应设置入侵报警系统；（4）建筑物出入口、楼梯间、厨房、配电间等处宜设置入侵报警系统；（5）园区大门、厨房宜设置出入口控制系统。

大、中型托育机构建筑应设置电话系统、计算机网络系统、广播系统，并宜设置有线电视系统、教学多媒体设施。小型托儿所建筑应设置电话系统、计算机网络系统，宜设置广播系统、有线电视系统。

（四）配套设施

1. 厨房

厨房是为婴幼儿提供餐食的主要场所，婴幼儿胃肠系统发育不完善，肠道壁薄、黏膜上血管丰富，一旦发生消化道感染，胃肠道内的细菌或毒素也容易进入血液，使病情加重。因此，在托育机构建筑设计方面，要严格按照《饮食建筑设计标准》（JGJ 64），按工艺流程合理布局，以保障婴幼儿的健康。

2. 车库、停车场

托育机构的建筑设计还应该考虑交通是否方便。随着经济的发展，除了公共交通以外，很多家长都倾向于用车接送孩子。乘车是否便利、停车是否方便，也会在一定程度上影响家长对托育机构的选择，因此很多托育机构会修建配套的停车场。当在托育机构场地内设置汽车库时，汽车库应与儿童活动区分开，应设置单独的车道和出入口，并应符合现行业标准《汽车库、修车库、停车场设计防火规范》（GB 50067）和《车库建筑设计规范》(JGJ 100）的规定。

3. 消防安全

托育机构的婴幼儿年龄都在 3 岁以下，基本没有自救能力及安全意识，如果发生火灾，保育员无法在短时间内将班级内多名儿童全部带离现场，发生火灾时逃生难度非常大。消防安全涉及婴幼儿及教师的生命安全，消防问题必须得到足够重视，所有托育机构建筑防火设计必须符合现行国家标准《建筑设计防火规范》(GB 50016）的规定。

四、托育机构各区域的设施设备

在设计、装修、施工时，要注意国家相关的法律法规的要求。开业前，需要对各区域的设施设备进行配置和购买。托育机构各区域的设施设备配置清单，如表 1 - 24 所示。

表 1 - 24 托育机构各区域的设施设备配置清单

区域	设施设备名称
入园门厅	招牌等 VI 系统
	入园门禁和安防系统
	安保设备
	保安亭（岗）
	一键报警装置
	监控设备
	隔离室
	洗手池、洗手液、擦手纸
	门铃装置
换鞋区	鞋柜
	鞋套
	伞架
	换鞋凳
	垃圾篓
晨检区	额温枪
	水银温度计
	消毒凝胶
	75% 酒精
	手电筒
	各种晨检登记表格

续表

区域	设施设备名称
接待区	前台、形象墙、电脑、监控显示屏、广播系统、电话总机
	家长休息区、公示栏、沙发、绿植
	洽谈区、茶几、沙发、宣传单页和宣传架
活动区	投影仪、幕布
	滑梯、海洋球池、墙面玩具、图书角、建构角、扮演角
	万象组合器具
保健观察室	铁皮资料柜
	小冰箱、冰袋、冰冰贴、母乳冰箱
	电脑、桌子
	急救箱、急救物品、呕吐包、防护衣服
	0～3 岁电子婴儿卧式量床
	观察床
	洗手池、洗手液、擦手纸
班级（乳儿班）	适龄玩具、婴儿布书
	婴儿床、悬挂玩具、储物柜
	镜子（离地 60cm）、学步期用扶杆、高密度泡沫地垫
	小音箱、监控、紫外线消毒灯、班级电话、墙面悬挂时钟、温度计
	洗手池、三台（沐浴台、换尿布台、操作台）、喂食用座椅
	冷热水壶或直饮水（按各地规定）
班级（托小班、托大班）	桌子、椅子、婴儿床、玩具柜、书包柜
	感官角落、操作角落、艺术角、阅读角、软垫
	水杯架、毛巾架、消毒柜、直饮水机（按各地规定）
	新风系统、空调、地暖、地胶、墙面落地镜子
	小音箱、监控、紫外线消毒灯、班级电话、墙面悬挂时钟、温度计
	墙面落地画板、分餐台、洗手池
班级厕所	尿布台、尿布盒、垃圾桶、洗手池、洗手液、七步洗手法标识
	小马桶、小便斗、中间隔板、成人马桶、成人马桶分隔帘
	扫帚、拖布、桶、淋浴区

本章小结

本章主要讲解托育机构的选址与筹建。在选址过程中，一定要参照国家相关规定，必须要遵守强制性条文。同时，要考虑市场因素中的楼盘信息和同行信息。结合实际案例，在筹建中，一定做好筹建计划表和收支测算；在设计与装修中，需要注意建筑设计相关规定，以及室内环境、建筑设备、各区域设施设备的配置。

思考与练习

一、判断题

1. 托儿所的生活用房可以布置在三层。( )

2. 托儿所建筑由生活用房、服务管理用房和供应用房等部分组成。( )

3. 托儿所防护栏杆的高度从可踏部位顶面算起，且净高不应小于1.20m。( )

4. 托小班睡眠区与活动区合用时，其使用面积不应小于$50m^2$。( )

5. 厨房使用面积不应小于$15m^2$。( )

二、选择题(单选)

1. 小型规模托儿所有( )个班级。

A. 1～2　B. 1～3　C. 1～4　D. 1～5

2. 托大班每班的人数是( )。

A. 18人以下　B. 19人以下　C. 20人以下　D. 21人以下

3. 托儿所的托大班生活用房布置在二层时，其人数不应超过( )人。

A. 50　B. 60　C. 70　D. 80

4. 托儿所室外活动场地人均面积不应小于( )m^2。

A. 1　B. 3　C. 4　D. 5

5. 活动室、寝室、睡眠区、活动区、喂奶室1小时的换气次数是( )次。

A. 1～2　B. 2～3　C. 3～4　D. 3～5

三、简答题

1. 托儿所建筑设计规范的强制性条文有哪些？

2. 新开一个托育园所时，做竞品调查时要调查哪些内容？

四、实操题

按照下列调查表的内容选择一家托育机构做一次调查活动。

名称	地址	开业时间	收托年龄	客户定位	教育理念	师生比	核心卖点	课程	装修风格	餐食情况	园区总面积	托管时间	班级数量	满园人数	在园人数	优势分析	劣势分析	备注

第二章 人力资源管理

学习目标

知识目标

1. 熟悉托育机构各岗位职责；
2. 了解托育机构从业人员的招聘和任职要求；
3. 了解人事管理相关知识；
4. 了解员工培训内容和相关制度。

能力目标

掌握相关面试技巧。

素质目标

1. 具备良好的职业道德；
2. 热爱托育相关职业。

知识点导图

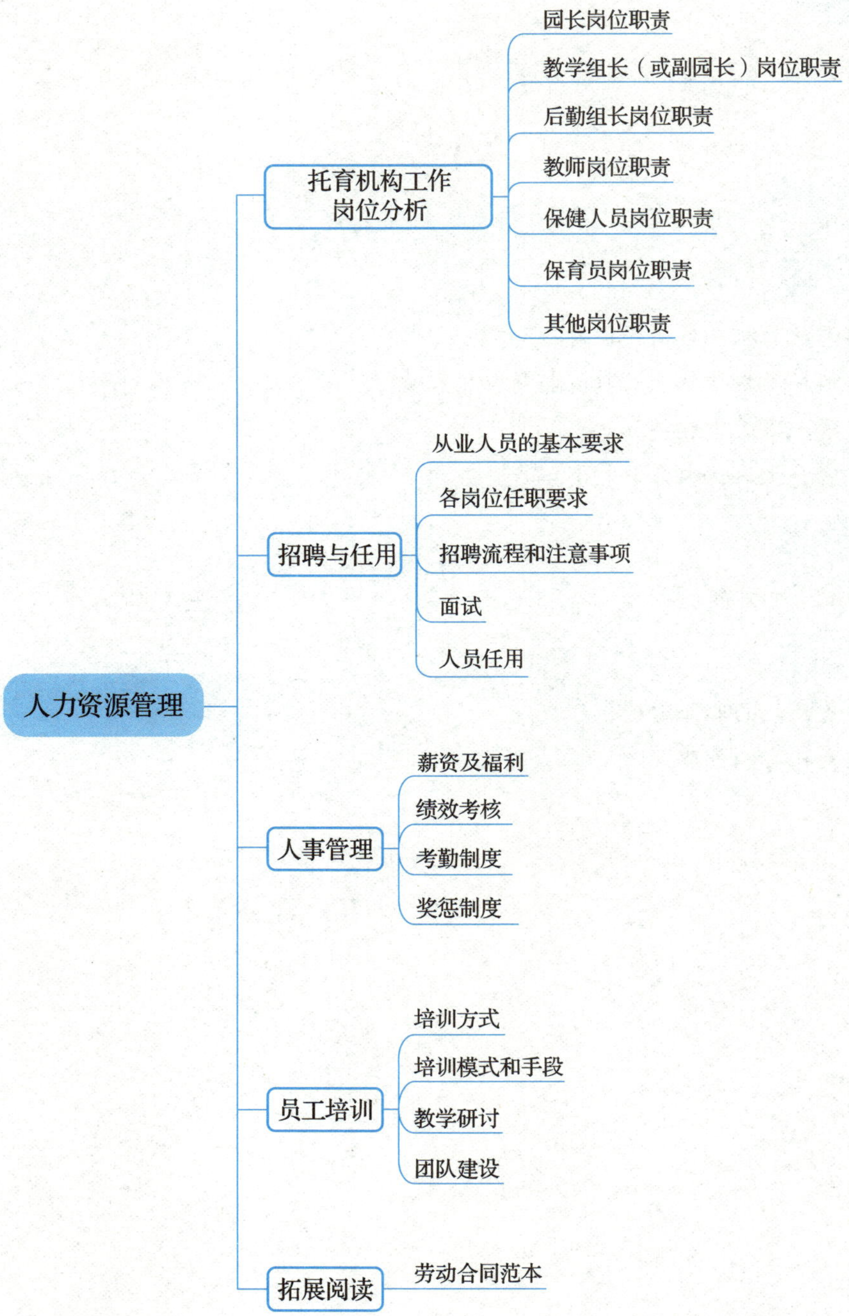
人力资源管理
托育机构工作岗位分析
园长岗位职责
教学组长（或副园长）岗位职责
后勤组长岗位职责
教师岗位职责
保健人员岗位职责
保育员岗位职责
其他岗位职责
招聘与任用
从业人员的基本要求
各岗位任职要求
招聘流程和注意事项
面试
人员任用
人事管理
薪资及福利
绩效考核
考勤制度
奖惩制度
员工培训
培训方式
培训模式和手段
教学研讨
团队建设
拓展阅读
劳动合同范本

知识背景

为加强托育机构专业化、规范化建设，按照《国务院办公厅关于促进3岁以下婴幼儿照护服务发展的指导意见》（国办发〔2019〕15号）的要求，国家卫生健康委组织制定了《托育机构设置标准（试行）》和《托育机构管理规范（试行）》，其中对于托育机构岗位做了相关要求。本章内容着重阐述托育机构人力资源管理相关内容。

第一节　托育机构工作岗位分析

根据国家卫健委发布的《托育机构设置标准（试行）》，托育机构应配置园区负责人（园长），各班级依照月龄段合理配备婴幼儿人数和工作人员。托育机构可设置乳儿班（6～12月龄，10人以下），托小班（12～24月龄，15人以下），托大班（24～36月龄，20人以下）3种班型。18个月以上的婴幼儿可混合编班，每个班不超过18人。托育人员与婴幼儿的比例应当不低于以下标准：乳儿班1∶3，托小班1∶5；托大班1∶7。托育机构至少需要1名保健医，超过150人可以增设1名，增设人员可以专职或兼职。

托育机构的工作主要由管理、教学保育和后勤保障三方面组成，人员也按这三方面进行分工（见图2－1）。公办托育机构或政府委托办的托育机构，因为有一定的财政支持，运营压力较小。民办托育机构要考虑家长的期望，同时要考虑人员成本和招生压力，所以在组织架构上有别于公办托育机构，需要增设市场招生、课程顾问岗位，负责招生等相关工作。民办托育机构，建议选择具有一定管理和市场营销能力的园长，以实现园所赢利。3个班级以下的小型托育机构或家庭园，建议精简管理人员，可以由园长兼任后勤组长，配以行政助理，协助完成日常后勤工作。若招生人数较少，市场及招生工作也可以由园长和教学组长共同完成。保健医也可以兼任保育、行政方面的工作，以降低人力成本。

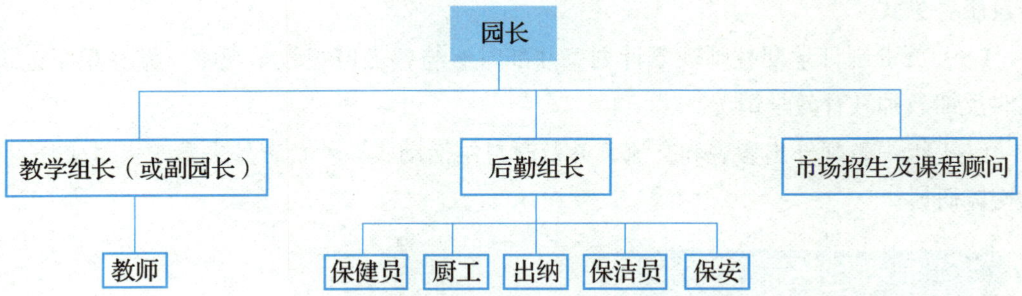

图2－1　托育机构人员组织构架图

《托育机构设置标准（试行）》规定："托育机构应当根据场地条件，合理确定收托婴幼儿规模，并配置综合管理、保育照护、卫生保健、安全保卫等工作人员。"各岗位工作职责是保障托育机构正常运行的基本保障，岗位职责起着明确责任、建立各岗位之间有机联系的作用。明确的岗位职责能使托育机构各岗位工作人员清晰地了解到自身的工作内容，从而在实际工作中，明白自己该做什么、不该做什么、该怎么做，以及怎样才能保质保量地完成工作。

一、园长岗位职责

（1）园长负责全园所的全面管理，主持全园工作。

（2）学习、贯彻党的教育方针和国家的有关法律、法规、政策，主持制定全托育机构工作计划和各项规章制度。

（3）负责全托育机构教职工的聘任，调整托育机构内工作人员结构，定期对托育机构工作人员进行考核并做出正确评估。

（4）充分发挥党团组织、工会及教代会的作用，发扬民主，尊重人格，加强"和谐、团结、向上"的园风建设。

（5）全面了解教育、教研、卫生保健等管理情况，并根据实际情况及时调整，尽量减少工作中的失误。

（6）全面掌握教职员工的思想动态，开展经常性的政治和业务学习，提高修养；关心教职工的生活，改善生存环境，维护合法权益，增强向心力，提高凝聚力。

（7）定期召开家长会，展示教育成果，宣传家教方法，听取家长意见，提高托育机构质量。

（8）及时了解国内外幼儿教育动态，研究幼儿教育新成果，关注托育行业发展的新动向。

二、教学组长（或副园长）岗位职责

（1）负责制订托育机构教育教学计划，并组织实施。

（2）负责检查和监督各班教学计划完成情况，并进行日常记录。

（3）负责托育机构教学资料的收集和整理

（4）配合托育机构做好教研、培训工作，制订学期教师培训计划，不断优化教学方法及服务方式。

（5）负责制订学期教师观摩计划，并准时参与各班班级教学观摩，做好观摩记录，及时反馈教师教育教学情况。

（6）组织教师外出参观和交流，并及时总结活动收获。负责外来参观人员来托育机构交流研讨。

三、后勤组长岗位职责

（1）参与托育机构保育保健、膳食营养工作，落实园务计划及管理目标。

（2）认真贯彻宣传“预防为主、增强为主”的方针，经常与保教人员了解分析幼儿健康情况，对保健工作提出管理建议，认真督促和检查园区环境卫生。

（3）协助领导组织开展托育机构的保育工作，组织保育员和后勤人员进行业务学习，开展园内保育活动观摩和专题研究，总结推广，交流经验，互帮互促，帮助保教人员提高业务水平。

（4）贯彻保教结合方针，指导保育员及后勤工作人员紧密配合教育工作，并经常检查督促，落实岗位责任制。

（5）负责组织保健人员、后勤人员的学习培训，进行思想教育，检查各种制度落实情况，定期对后勤人员进行考核，整理保育后勤工作的文书档案。

（6）负责托育机构设备、绿化、环境卫生及园内物品的管理，及时督促维修指导，及时增添教学设备、用品，经常进行安全检查。

（7）做好安全防卫、防火、防毒工作，发现不安全因素及时采取措施。

（8）制订后勤工作计划，并进行工作总结。

四、教师岗位职责

（1）热爱幼教事业，热爱幼儿，努力学习政治理论，不断提高思想政治素质，品德优良，忠于职守，尽职尽责，为人师表。

（2）参加各项业务学习和教研活动，不断提高工作能力和业务水平。

（3）对孩子态度和蔼、亲切，做到关心、细心、耐心。坚持积极鼓励、启发、诱导，正面教育的原则，严禁有虐待、体罚和变相体罚等有损幼儿身心健康的行为。注意个别儿童的教育工作。

（4）根据托育机构要求和本班级实际，制订出本班教育工作计划（包括学期计划，月、周、日计划），书写认真，详尽记录好教育教学效果，做好每学期教学工作总结。

（5）严格执行作息时间，认真安排好幼儿一日生活内容，了解每个幼儿的健康状况，照顾好幼儿的进食、冷暖等生活，加强对体弱儿童的个别照顾，培养幼儿良好的行为习惯，注意安全，防止事故，使幼儿身心健康、活泼地成长。

（6）做好环创设计、制作教玩具，创造良好的教育环境。

（7）对待家长要主动热情，对幼儿的教育要紧密与家长配合，向家长宣传幼儿知识，通报幼儿在园情况，经常征求家长意见，与家长建立良好的关系。如遇特殊情况，及时家访争取家长配合教育。

五、保健人员岗位职责

（1）制定适合本托育机构的卫生保健工作制度和年度工作计划，定期检查各项卫生保健制度的落实情况。

（2）严格执行工作人员和儿童入托育机构及定期健康检查制度，坚持晨午检及全日健康观察工作。卫生保健人员应当深入各班巡视，做好儿童健康管理工作。定期开展儿童生长发育监测和五官保健，将儿童体检结果及时反馈给家长。

（3）加强托育机构的传染病预防控制工作。做好入托育机构儿童预防接种证的查验，配合有关部门按时完成各项预防接种工作。建立儿童传染病预防控制制度，做好晨午检，幼儿缺勤要追查，因病缺勤要登记。明确传染病疫情报告人，发现传染病病人或疑似传染病人要早报告、早治疗，相关班级要重点消毒管理。做好托育机构内环境卫生、各项日常卫生和消毒工作。

（4）加强托育机构的伤害预防控制工作，建立因伤害缺勤登记报告制度，及时发现安全隐患，做好园所内伤害干预和评估工作。

（5）根据各年龄段儿童的生理、心理特点，在卫生保健人员参与下制定合理的一日生活制度和体格锻炼计划，开展适合儿童年龄特点的保育工作和体格锻炼。

（6）严格执行食品安全工作要求，配备食堂从业人员、管理人员和食品安全监管人员，制定各岗位工作职责，上岗前应当参加食品安全法律法规和儿童营养等专业知识培训。做好儿童的膳食管理工作，为儿童提供符合营养要求的平衡膳食。

（7）卫生保健人员应当按时参加妇幼保健机构召开的工作例会，并接受相关业务培训与指导；定期对托育机构内工作人员进行卫生保健知识的培训；积极开展传染病、常见疾病防治的健康教育，负责消毒隔离工作的检查指导，做好疾病的预防与管理。

（8）根据工作要求，完成各项卫生保健工作记录的填写，做好各种统计分析。

六、保育员岗位职责

（1）热爱幼儿，关心、耐心、细心、热心对待幼儿，配合教师，全面、细致地照顾幼儿每日生活，做好保健教育工作。

（2）熟悉本班教育计划，做好活动前后的准备和整理工作。协助教师组织各项活动和游戏。教师因公外出时负责本班的带班工作。根据教育要求自制玩具并协助教师做好环境布置。

（3）认真妥善保管班上幼儿衣物及本班设备、用品。负责领取和保管本班所需物品。

（4）保持班内环境和设备的清洁、整齐，做好餐前餐后的准备和收拾，下班前要关好门窗、关熄电源。

（5）严格执行安全、卫生等制度，做好幼儿的生活管理和卫生保健工作。根据天气变化，及时为幼儿增减衣物、被褥，午睡时多加巡视，注意纠正幼儿的不良睡姿，及时解尿、抹汗和盖被。指导幼儿洗脸，帮助幼儿剪指甲。每天及时统计幼儿人数。

（6）经常观察幼儿情绪、食欲、睡眠及大小便情况并做好记录，发现病情及时报告医务人员。班上发现有传染病要及时对玩具、被褥、用具进行消毒，对体弱幼儿要特殊照顾。

（7）定期换洗被褥、枕套、桌布、窗帘等物。

（8）认真执行卫生消毒制度，填好消毒记录。

七、其他岗位职责

（一）厨工岗位职责

（1）严格遵守饮食卫生。

（2）根据作息时间及时供应餐点，供应热餐，注意保温。

（3）食堂保持整洁，物品安放整齐。

（4）严格执行消毒制度，做好餐饮具消毒工作。

（5）保持个人卫生，做到四勤（勤理发、勤剪指甲、勤洗澡、勤换衣服）。上班穿好工作服，戴好工作帽。

（6）注意调配食物花样，提高烹调技术，使幼儿饭菜色香味齐全，点心色新可口。

（7）注意节约水、电及其他资源。

（8）按照规定参加业务培训及各级学术交流，不断提高自身业务素质及工作水平。

（二）食堂主任岗位职责

（1）在园长领导下做好食堂管理工作，全面提高伙食质量。

（2）主持召开伙食委员会，积极征求各方意见，组织讨论，制定具体措施。

（3）与保健人员共同制定食谱，保证幼儿吃饱吃好。

（4）对食堂执行伙食管理制度情况进行督促检查，及时发现漏洞，及时纠正。

（5）加强对食品物资购进、验收、保管环节的管理，保证物美价廉，避免各环节中的浪费与损失，形成认真负责、严格自律的工作作风。

（6）通过培训学习、严格要求、集体探讨、奖励先进帮助和督促炊事员提高业务能力。

（三）食堂管理员岗位职责

（1）了解食堂工作人员的晨检情况，安排好代缺勤工作。

（2）正确掌握食品进货、验收及供应情况，发现质量问题及时处理。

（3）召开膳管会，及时了解师生员工对伙食的意见，研究膳食烹调技术，不断改进幼儿饭菜和点心质量，并协助保健人员制定好适合幼儿年龄特点的菜谱。

（4）督促食堂从业人员认真做好餐用、工用具的清洗、消毒、保洁工作，并要求规范操作。

（5）根据师生出勤人数，严格把握每日饭菜、点心的供应量。

（四）食品采购、验收员岗位职责

（1）认真执行食品采购制度，根据预定菜谱，按需向配货中心订购蔬菜和伙食品。

（2）认真执行食品验收制度，每天对配货中心送来的货品进行验收、过秤，严把食品卫生质量关、数量关。

（3）建立台账制度，对每天验收、采购的食品做好品名、数量、价格、进货日期、质量情况的登记工作。

（4）验收食品质量时，主要看（根据不同种类）：蔬菜、水产类的新鲜度，是否变色，有无异味；豆制品、肉类检验检疫证明；米、饼干、干果等包装类食品的生产日期和保质期。

（5）有些食品外表看不出质量问题，但在烹调时发现变质，应立即与送货单位联系，及时处理变质食品，并重新购买。

（五）亲子指导师岗位职责

（1）向家长展示个性化的家庭早期教育课程。

（2）对 0～3 岁婴幼儿进行一对一亲子授课。

（3）解决家长在教养过程中的个性化早教问题。

（4）对 0～3 岁婴幼儿进行初步全面发展的教育和智力开发。

（5）对早教课程进行反馈，提出改进意见。

（六）人事行政专员岗位职责

（1）负责行政相关规章制度的推行、执行与追踪工作。

（2）负责办公用品、劳保用品等的采购管理工作。

（3）负责员工考勤的核算与统计工作。

（4）负责做好员工福利工作。

（5）负责组织园所文化建设工作。

（6）制订招聘、培训计划，负责新员工入职培训、日常培训。

（7）执行招聘工作流程，协调、办理员工招聘、入职、离职、调任、升职等手续。

（8）根据园所发展状况，协助制定薪酬体系、激励体系并负责实施。

（9）负责部门的日常事务管理工作，部门员工的培养、培训工作。

（10）按时完成领导交代的其他事项。

第二节 招聘与任用

一、从业人员的基本要求

托育机构园长（主任）、教师是整个队伍建设的第一步。专业能力是园长专业化发展在教育实践中的集体表现，是保障其完成职业要求和工作职责的必要条件。托育机构与幼儿园不同，环境、生活对婴幼儿发展起着重要价值和独特的作用，必须凸显保教、医教结合，以养育、游戏为特点。托育机构园长的专业能力必须是全方位的、多方面的，具有综合性特点。托育机构园长被定义为履行机构领导和管理工作的“专业”人员。园长在选拔教师的过程中，一定要注重对实践能力的考察，此外，还应进一步强调教师的价值观，要注意考察教师对教育事业的信仰和态度，也就是要对参与应聘的教师的工作经验、经历，以及周围人对其的评价来判定教师是否对教育真正抱有热情，这对教师入职后的专业发展非常重要。

（一）对选拔与聘用教师的认识

我国目前职前托育教师教育非常缺乏，主要是通过师范教育来完成的，很多师范院校虽然有着完善的培养方案和专业知识的学习，但是专业技能环节却不尽如人意。一部分院校通过与企业合作，为学生提供了实习的机会，但是在实习计划、实习培养、考核等方面缺乏科学合理且严谨的设计。选拔与聘用托育人才，就要通过各种信息，把具有托育或幼儿园教师资质的人聚在一起，选拔出符合机构园所需求的优秀人才，然后达成合作约定，签订聘用合同。在选拔的过程中，要避免简单的面试，避免主观判断，要采用科学的选拔方法（面试、心理测试等）选择教师，进而提高教师在未来机构团队中的稳定性。

（二）从业人员基本要求

1. 师德为先

“有德之人流芳百年，无德之人平平庸庸，失德之人遗臭万年。”具体到教师行业，一位教师是否具备高尚的思想品德，直接影响婴幼儿的发展，影响其所在托育机构的发展，并且影响着家长和社会对托育机构教师的看法。在招聘过程中，要重视应聘者的品德测试，通过具有目的性的面试问题、情景讨论、实习观察等，全面考察一个人的思想品德。

2. 社会责任感

在选拔教师的过程中要认识到，应聘教师纵然有高尚的品德、丰富的专业知识，也不一定能成为一名优秀的托育教师，因为还有一项重要的考核指标或原则，那就是社会责任感。责任感强的人对工作的态度是积极的，传递的是正能量。面对困难时会积极寻找解决问题的方法，不屈不挠，不怨天尤人，这样的人可以让团队永葆活力。

3. 理念认同

在选拔与聘用教师的过程中，要选择具有共同世界观的人才。园长要坚持以德为先，选拔具有高尚师德的、具有仁爱之心的教师，选拔有教育情怀，爱孩子、爱教育事业，对早期教育事业发展充满期待与热情的教师。在选拔人才的时候，对于品德优良、有耐心、不焦不躁、踏实稳重的人才要做到优先聘用。

4. 具有一定的专业知识

托育教师作为一名专业人员，必须具备从事专业工作所需的基本知识，同时，托育机构园长还要注意到个人专业知识对其职后工作的重要性，并结合托育机构工作的实际情况，帮助并支持教师逐渐丰富专业知识。

5. 具有适宜的专业能力

专业教师必须具备从事保育教学也就是保教合一的基本工作技能，《托幼机构保育大纲（试行）》中提到，托育机构保育人员是保育工作的主要实施者，应当具有良好的职业道德和业务能力，身心健康。托育教师负责婴幼儿日常生活照料和活动组织，要主动了解和满足婴幼儿不同的发展需求，平等对待每一个婴幼儿，呵护婴幼儿健康成长。托育教师岗位基本要求，如表 2－1 所示。

表 2－1　托育教师岗位基本要求

项目	内容
学历	大专及以上
证书	持有保育师证、育婴师证、幼儿教师证等相关专业技能证书
师风师德	1. 性格活泼、开朗、亲和力强、擅于沟通、动手能力强、乐于接受新事物； 2. 积极进取，有团队协作精神，有责任心，有良好的敬业精神，执行力强
经验	1. 婴幼儿发展与健康管理、学前教育、医护、心理学类专业优先； 2. 相关专业的应届毕业生或实习生
健康情况	身体健康，无传染性疾病；持有健康证
从业记录	1. 无不良记录（无刑事犯罪、无不良征信）； 2. 无职业道德违规记录

二、各岗位任职要求

（一）园长（中心主任）

《托育机构保育指导大纲（试行）》中提到，托育机构负责人负责保育的组织与管理，指导、检查和评估保育人员的工作。园长应具有大专及以上学历。以成都市卫生健康委员印发的《成都市托育机构备案办事指南（2022 年修订）的通知》为例，其中要求，机构负责人需有从事儿童保育教育、卫生健康等相关团队管理工作 3 年以上的履历证明和成都市托育机构负责人岗位培训合格证书。园长能独立完成对团队管理、培训、运作，自我管理能力强，自律性高，对待工作中遇到的问题可以独立思考并解决，有较强的逻辑思维能力、工作条理性强，具有良好的情绪管理能力。营利性园所会面临大量的招生工作，建议园长最好有一定市场推广或运营经验。

（二）副园长（中心副主任）

托育机构的副园长应具有大专及以上学历，应当具备良好的职业道德和业务能力，修习学前教育或早期教育专业，同时具有幼儿教师资格证和育婴师证书。有从事早期教育或学前教育管理工作 3 年及以上经历［担任过幼儿园（托儿所）园长、副园长、保教主任等岗位］，热爱幼儿教育事业，有较强的事业心和责任感。具备团队协作能力和良好的组织协调、沟通、管理能力。

（三）保健人员

保健人员包含医师、护士、保健师。医师应持有卫生行政部门颁发的医师执业证书；护士应持有护士执业证书；保健师具有高中及以上学历，参加过卫生部门组织的托育相关专业知识培训并通过考核取得托幼机构保健师合格证。

（四）其他人员

以《成都市托育机构备案办事指南（2022 年修订）的通知》为例。

1. 保育人员

保育人员具有相关托育专业背景毕业证明材料及婴幼儿保育和心理健康知识相关培训证书，或《保育员职业资格证书》《保育师职业技能等级证书》《育婴员职业资格证书》《育婴员职业技能等级认定书》等，热爱幼儿教育事业，有较强的事业心和责任感，有良好的沟通能力。

2. 保安

保安应取得公安机关颁发的《保安员证》。

三、招聘流程和注意事项

（一）招聘流程

（1）托育机构所需员工，一律按照公开、公平、公正之原则公开面向社会招聘或内部晋升。

（2）根据托育教育发展需求，参与各高校、学前院校招聘会，从中选优，安排实习。

（3）托育机构聘用各级员工以学识、品德、能力、经验适合于工作岗位需要为原则。

（4）新进员工的聘用，根据工作需要，由各部门填报“人才招聘申请表”报人事部统一安排招聘；人事部将在收到简历后进行简历筛选及初试，合格者人事部将安排相关部门负责人进行复试，主管及以上级别或有特别需求者须经过机构最高层第三次复试后方可录用。

（5）复试合格者人事部将对其学历证明等进行资格审查并通知其到指定医院进行体检。必检项目有：肝功能、B 超、肺功能、心电图等。经检查有传染病、重大病史的，机构将不予以录用。

（6）新进员工通过审核及体检后，经机构领导签署同意聘用意见后，由人事部办理相关手续。新进员工入职前应接受入职培训，并办理入职手续，包括但不限于以下资料：一寸照片2张，身份证原件及复印件，毕业证原件及复印件，学位证原件及复印件，资格证书原件及复印件，离职证明原件及复印件，健康证原件，银行卡（工资卡）复印件。“入职登记表”必须在到职当日填写，由人事主管写明薪资待遇和使用期限后在当日送交人事部门备案。

（二）注意事项

（1）当面试者进入复试时，园长面试的问题要精挑细选，能够通过应聘者的回答、表现得出一定的答案，达到判断应聘者某些方面知识与能力的目的。例如，通过问“为什么选择来这里工作”，了解面试者的入职动机、专业知识的储备、对本机构的认知等。

（2）面试时可借助教师问卷调查表、人格测试表、业务知识技能测试表等，有针对性地了解应聘者。“面试评估表”如表2－2所示。

表2－2 面试评估表

<table>
<tr><td colspan="2">应聘者姓名：</td><td colspan="2">性别：</td><td colspan="2">年龄：</td><td>面试日期：</td></tr>
<tr><td colspan="2">应聘职务：</td><td colspan="3">建议职务：</td><td colspan="2">联系方式：</td></tr>
<tr><td colspan="6">教育程度：□博士 □硕士 □本科 □大专 □中专 □高中（含）以下</td><td>主修专业：</td></tr>
<tr><td rowspan="2">评估项目</td><td rowspan="2">项目说明</td><td colspan="3">评价</td><td colspan="2" rowspan="2">评价说明</td></tr>
<tr><td>8～10分</td><td>4～7分</td><td>0～3分</td></tr>
<tr><td>形象气质</td><td>个人形象气质，自信度</td><td>□较好</td><td>□一般</td><td>□欠佳</td><td colspan="2"></td></tr>
<tr><td>勤奋务实</td><td>刻苦努力，责任心强</td><td>□较好</td><td>□一般</td><td>□欠佳</td><td colspan="2"></td></tr>
<tr><td>沟通与表达能力</td><td>善于与人交流，充分表达观点</td><td>□较好</td><td>□一般</td><td>□欠佳</td><td colspan="2"></td></tr>
<tr><td>工作激情、进取精神</td><td>积极、乐观、进取，注重目标，自动自发</td><td>□较好</td><td>□一般</td><td>□欠佳</td><td colspan="2"></td></tr>
<tr><td>学习能力</td><td>学习方法与习惯，学以致用</td><td>□较好</td><td>□一般</td><td>□欠佳</td><td colspan="2"></td></tr>
<tr><td>逻辑思维能力</td><td>思考系统性、逻辑性，讲究方法</td><td>□较好</td><td>□一般</td><td>□欠佳</td><td colspan="2"></td></tr>
<tr><td>适应与应变能力</td><td>适应环境，思路敏捷</td><td>□较好</td><td>□一般</td><td>□欠佳</td><td colspan="2"></td></tr>
<tr><td>创新能力</td><td>突破固有思维，产生新的想法</td><td>□较好</td><td>□一般</td><td>□欠佳</td><td colspan="2"></td></tr>
<tr><td>承压能力</td><td>能承受压力，能在压力中找到解决问题的方法</td><td>□较好</td><td>□一般</td><td>□欠佳</td><td colspan="2"></td></tr>
<tr><td>团队协作能力</td><td>宽容，注重团队工作</td><td>□较好</td><td>□一般</td><td>□欠佳</td><td colspan="2"></td></tr>
<tr><td>性格特征</td><td></td><td>□内向</td><td>□外向</td><td>□稳重</td><td colspan="2"></td></tr>
<tr><td>求职意愿</td><td></td><td>□强烈</td><td>□一般</td><td>□不强烈</td><td colspan="2"></td></tr>
</table>

续表

综合评价等级	□优秀　□良好　□一般　□不合格			
	综合评价			
初试评价	1. 个人特长：　　　；2. 希望薪资：　　　元；3. 预计报到日期：			
	是否推荐复试：□是　□否　面试官签名：　　日期：			
复试评价	是否建议录用：□是　□否　面试官签名：　　日期：			
	公司意见			
录用条件	试用薪资		入职时间	年　月　日
	转正薪资		试用期	个月

四、面试

在面试时，要说明招聘的详细流程与问题。通过面试，考查应聘者的价值观、事业观、儿童观，以详细的、具有指向性的问题，了解应聘者（教师）的基本想法与价值判断，以便托育机构做出选择。

（一）面试的步骤

托育机构面试应聘者（教师）时，尤其要注意该岗位的职位要求，具体流程可以按照以下步骤进行：

（1）个人介绍。

（2）为什么想要来本托育机构？

（3）你的目标是什么？

（4）谈谈你对 0～3 岁婴幼儿教育的认识。最核心的认识是什么？

（5）本托育机构最吸引你的是什么？

（6）你认为自己最大的优势是什么？

（二）面试的主要环节

（1）自我介绍（1 分钟以内）——关注应聘者的概括、表达能力，以及应聘者的创造力和思维的独特性。

（2）答辩（1 分钟以内）——关注应聘者的应变能力。

（3）试讲评析（8～10 分钟）——关注应聘者是否能大胆地展示表现自己，考查其专业知识的运用及自我分析能力、反思能力。

（4）自由提问——全面考察、重点评估。

托育机构在选聘教师的过程中设置的每一个环节都有着重要的意义。首先是常规问答环节，然后是比较有发挥空间的自主表现环节，一方面让应聘者能够多方面地展示自己，从不同的角度发挥自己的优势，另一方面也便于托育机构管理者更加全面地了解应聘者的情况。

五、人员任用

（一）关于教师入职后与聘用

托育机构管理者通过审核申请人资料和严格的面试，对应聘者的综合素质进行考核。考核合格后，由机构行政（人事）部门和机构管理者共同确定聘用人员。聘用人员依照规定日期报到，填写“员工入职登记表”（见表 2 – 3）等资料。“员工入职登记表”必须在到职当日填写，由人事主管写明薪资待遇和使用期限后在当日送交人事部门备案。

表 2 – 3　员工入职登记表

<table>
<tr><td>部　门</td><td></td><td>岗　位</td><td></td><td>填表时间</td><td></td><td rowspan="5">照片</td></tr>
<tr><td>姓　名</td><td></td><td>性　别</td><td></td><td>民　族</td><td></td></tr>
<tr><td>政治面貌</td><td></td><td>婚育状况</td><td></td><td>出生日期</td><td></td></tr>
<tr><td>英语水平</td><td></td><td>计算机水平</td><td></td><td>健康状况</td><td></td></tr>
<tr><td>入职时间</td><td colspan="2"></td><td>身份证号码</td><td colspan="2"></td></tr>
<tr><td rowspan="2">通信方式</td><td>手机号码</td><td colspan="2"></td><td>家庭电话</td><td colspan="2"></td></tr>
<tr><td>居住地址</td><td colspan="2"></td><td>户口地址</td><td colspan="2"></td></tr>
<tr><td rowspan="4">家庭及紧急联系人</td><td>姓名</td><td>与本人关系</td><td>工作单位</td><td>现居住地</td><td colspan="2">联系方式</td></tr>
<tr><td></td><td></td><td></td><td></td><td colspan="2"></td></tr>
<tr><td></td><td></td><td></td><td></td><td colspan="2"></td></tr>
<tr><td></td><td></td><td></td><td></td><td colspan="2"></td></tr>
<tr><td rowspan="6">教育培训经历（大学及更高学历、专业资格证书）</td><td>起止时间</td><td colspan="2">学校 / 机构名称</td><td colspan="2">专业 / 培训内容</td><td>取得证书</td></tr>
<tr><td></td><td colspan="2"></td><td colspan="2"></td><td></td></tr>
<tr><td></td><td colspan="2"></td><td colspan="2"></td><td></td></tr>
<tr><td></td><td colspan="2"></td><td colspan="2"></td><td></td></tr>
<tr><td></td><td colspan="2"></td><td colspan="2"></td><td></td></tr>
<tr><td></td><td colspan="2"></td><td colspan="2"></td><td></td></tr>
<tr><td rowspan="4">工作经历</td><td>起止时间</td><td colspan="2">工作单位</td><td>工作岗位</td><td colspan="2">离职原因</td></tr>
<tr><td></td><td colspan="2"></td><td></td><td colspan="2"></td></tr>
<tr><td></td><td colspan="2"></td><td></td><td colspan="2"></td></tr>
<tr><td></td><td colspan="2"></td><td></td><td colspan="2"></td></tr>
<tr><td colspan="7">其他补充事项：</td></tr>
<tr><td colspan="7">本人承诺以上所有信息真实有效，且可作为审查依据，若出现问题愿意承担法律责任，自填表之日起一个星期之内将所需资料交给公司，若本人信息变更及时通知公司，否则按公司规定处理。
签名：</td></tr>
</table>

（二）人事部与新进员工签订劳动合同

首签期限及所含试用期期限的比例按劳动法的有关规定办理：最长不得超过 6 个月。除特别在劳动合同中注明者外，一般员工试用期为 1 ～ 3 个月，员工如在试用期内品行或能力欠佳，不适合岗位工作，托育机构可随时停止试用。表现优异的员工可由部门负责人提出申请，经园长批准，在试用期内申请提前转正。试用期内累计迟到、早退 5 次（含）以上，累计病、事假 3 天以上者，不得提前转正。

（三）员工入职培训及考核

新进员工试用期结束前一周内，由部门负责人完成试用期考评，交人事部报园长或托育机构最高负责人签署意见后，决定是否留用及留用方式。确定留用人员由人事部发出“转正通知单”，人事部与其签订劳动合同并办理正式聘用手续及国家规定的各项保险。确定不留用人员由人事部提前一周通知其离职。

园长要重视入职后的考核，对教师考核不是一成不变的，考核要注重过程、注重日常，引领教师更加关注日常、关注细节、关注质量。

第三节 人事管理

一、薪资及福利

（一）薪资制度

托育机构依据年度经营计划与方针，统一制订薪酬计划和调整工资管理制度，经托育机构负责人批准后执行。员工薪酬构成分为基础工资、岗位工资、绩效工资等几部分。托育机构每月实行绩效考评，根据绩效考评的结果确定员工每月薪资总额。根据托育机构的业绩情况及考核结果，可酌情给予员工发放奖金。

工资发放和领取：员工办理入职手续并在某岗位工作，人事部按照当月实际出勤天数和员工薪酬标准为员工核算当月工资，代扣个人所得税后，在次月 5 日或 10 日发放。员工可在次月 5 日或 10 日到人事部领取工资条。以基本工资为例，可以根据个人学历核定。员工结构工资表，如表 2 - 4 所示。以成都为例，保底工资 2 100 元［按《四川省人民政府关于调整全省最低工资标准的通知（川府规〔2022〕1 号）》文件要求］。

表 2-4　员工结构工资表　　单位：元

<table>
<tr><th colspan="6">转正员工</th><th colspan="3">试用员工</th><th colspan="2">跟岗、岗位实习</th><th>备注</th></tr>
<tr><td rowspan="30">完整工资</td><td rowspan="5">学历</td><td colspan="3">研究生</td><td>700</td><td colspan="2" rowspan="5">按工资的80%发放</td><td rowspan="5">教师按学历核定试用工资</td><td>2 000</td><td>2 300</td><td rowspan="27">转正后工资按结构工资核准；每月进行绩效考核，核定月工资</td></tr>
<tr><td colspan="3">本科</td><td>300</td><td>1 200</td><td rowspan="3">1 800</td></tr>
<tr><td colspan="3">大专</td><td>200</td><td>1 100</td></tr>
<tr><td colspan="3" rowspan="2">中专</td><td rowspan="2">100</td><td>1 000</td></tr>
<tr><td colspan="2">各类教师</td></tr>
<tr><td rowspan="9">基本工资</td><td colspan="3">教师</td><td>2 100</td><td colspan="3" rowspan="9">按工资的80%发放</td><td colspan="2" rowspan="9"></td></tr>
<tr><td colspan="3">特色教师</td><td>2 100</td></tr>
<tr><td colspan="3">保育员</td><td>2 100</td></tr>
<tr><td colspan="3">保健医生</td><td>2 100</td></tr>
<tr><td colspan="3">课程顾问（招生老师）</td><td>2 100</td></tr>
<tr><td colspan="3">厨师</td><td>2 100</td></tr>
<tr><td colspan="3">助厨</td><td>2 100</td></tr>
<tr><td colspan="3">保安</td><td>2 100</td></tr>
<tr><td colspan="3">保洁</td><td>2 100</td></tr>
<tr><td rowspan="6">津补贴</td><td rowspan="4">岗位补贴</td><td colspan="2">班长</td><td>300</td><td colspan="3" rowspan="6">园龄工资根据工作年限调整，1年以上100元，逐年递增至2 000元（根据各机构规则制度定）</td><td colspan="2" rowspan="6">无</td></tr>
<tr><td colspan="2">年级组长</td><td>100</td></tr>
<tr><td colspan="2">教研组长</td><td>200</td></tr>
<tr><td colspan="2">党支书记</td><td>200</td></tr>
<tr><td rowspan="2">所有员工</td><td colspan="2">电话</td><td>100</td></tr>
<tr><td colspan="2">园龄</td><td>100～2 000</td></tr>
<tr><td rowspan="10">绩效工资</td><td rowspan="7">岗位权重</td><td colspan="2" rowspan="2">教师权重</td><td colspan="2" rowspan="2">保育权重</td><td colspan="4">后勤权重</td></tr>
<tr><td colspan="2">保洁（助厨）</td><td>厨师</td><td>保安</td></tr>
<tr><td>安全</td><td>150</td><td>安全</td><td>150</td><td>安全</td><td>100</td><td>400</td><td>400</td></tr>
<tr><td>全勤</td><td>150</td><td>全勤</td><td>150</td><td>全勤</td><td>100</td><td>200</td><td>100</td></tr>
<tr><td>出勤率</td><td>200</td><td>出勤率</td><td>100</td><td>出勤率</td><td>100</td><td>200</td><td>100</td></tr>
<tr><td>规范</td><td>200</td><td>规范</td><td>100</td><td>规范</td><td>100</td><td>400</td><td>200</td></tr>
<tr><td>质量</td><td>200</td><td>质量</td><td>100</td><td>质量</td><td>100</td><td>400</td><td>200</td></tr>
<tr><td rowspan="3">据实而定</td><td colspan="2">超教（连代班）</td><td colspan="6"></td><td rowspan="3"></td></tr>
<tr><td colspan="2">其他</td><td colspan="6"></td></tr>
<tr><td colspan="2">职称</td><td colspan="6">区级示范托育100元；市级示范托育200元；省级示范托育300元</td></tr>
</table>

（二）福利机制

在托育机构中，为充分调动员工工作积极性，落实托育机构“以人为本”管理理念，更好地体现机构用人单位对教职工的人文关怀，会制定一些福利政策以及福利发放标准。

员工子女入读可按当年费用标准计算，工作年限越长，享受的优惠福利越多。

小案例

某托育机构教职工福利发放标准

适用人群： 转正后的员工（试用期与实习期的员工可享受教师节与中秋节福利）。

员工生日： 发放 100 元购物券；工作未满一年的员工不享受。

元旦： 所有员工发放 100～200 元节日福利（实物或其他）。

三八妇女节： 所有员工发放 100～200 元节日福利（实物或其他）。

端午节： 所有员工发放价值 50～100 元的节日礼物（粽子、巧克力或其他）。

国际儿童节： 有 14 周岁以下子女的员工派送礼物一份（价值 50～120 元）。

教师节： 发 200 元节日福利；工作未满一年的员工发 100 元。

中秋节： 发放价值 50～200 元的节日礼物（月饼、水果或其他）。

国庆节： 所有员工发放 200 元节日福利。

奖励员工知心之旅： 组织员工外出旅行（一般放在暑期中进行，根据表现和考核情况，分组分地区区别进行，金额、方式根据托育机构当学年度效益核定）。

年终奖（根据当年经济效益核定总量，以园所经营目标考核为基准）： 设置基础奖励、星级奖励、评优奖励，具体方案另行制定。

二、绩效考核

为了对员工进行有效管理，提升管理水平，托育机构可将考核分为月度考核、季度考核、晋升考核等，主要针对员工品德、能力、考勤及绩效等方面进行综合考察。

员工考核是员工聘用、岗位确定、职级升降、薪酬增减等方面的重要依据，托育机构应按照“公平、公正”的原则对每位员工进行考评。托育机构的各部门、各职位具体考核标准应按各职位工作内容及要求制定。托育机构对绩效考核不达标者，视为不胜任本岗位工作，机构有权扣发其全部绩效工资、奖金，并且保留调整其固定薪资额度的权力。以下为托育教师关键绩效考核评价表（见表 2－5，仅供参考）。考核中分值比例比较重的考核指标分值可参考表 2－6。

表 2－5 托育教师关键绩效考核评价表

考核内容		目标值（%）	实际得分（%）	目标完成率（%）	权重（%）	考核基数（元）	实际绩效工资（元）
行为规范（40 分）	仪装						

续表

考核内容		目标值（%）	实际得分（%）	目标完成率（%）	权重（%）	考核基数（元）	实际绩效工资（元）
行为规范（40分）	规范语言						
	物品管理						
	环境卫生						
	师德						
教学活动（23分）	教学						
	班级安排						
	教学理念						
教学服务（30分）	教研						
	家长沟通						
	班级出勤						
	投诉						
业务考核（5分）	业务考核						
工作态度（2分）	其他任务						
绩效工资合计							

表 2－6 考核中分值比例比较重的考核指标分值

考评人	考核指标	分值	XX 班		
			（主班）	配班	保育
保健医（教学主管）	出勤率	30			
	事故率	20			
副园长	满班率	15			
	投诉、退费率	5			
执行园长	综合考评	30			
合计总分		100			

注：以上 100 分为主班指导老师每月工作考核参考值，每月实领绩效工资＝考核工资 × 考核分数 %。

在实施绩效考核前，要先与被考核人进行深入沟通，确保其了解考核内容以及考核标准。在发工资时，针对其加分和扣分项目进行沟通，尤其是扣分项，一定要做备注说明，告知员工缘由并让其签字确认，可以作为日后调岗或辞退时的依据，降低劳动仲裁风险。

三、考勤制度

（一）工作时制

招生是托育机构的重点工作之一，因此在安排工作时间时，可以根据营业时间和工作时间的不同，分为运营、行政、财务、市场等部门进行排班。各部门自行安排工作时间，原则上行政、市场、课程顾问（招生老师）休息日不应安排在周末，若需周末调休，需提前协调。早教授课教师工作时间根据教学安排执行，每周休两天；中午就餐时间，因工作要求，员工需轮班就餐。具体排班各机构根据情况自行确定，原则上确保营业时间内相应的岗位始终有人在岗。

1. 迟到、早退

在上班途中难免会遇到一些突发情况等不确定因素导致上班迟到，托育机构可根据园区的运营情况酌情考虑，每次迟到的时间可设定时间限制，如超过 10 分钟按 1 元 / 分钟计算（下同）；迟到 3 次及以上，无全勤奖；单次迟到超过 30 分钟按半天事假处理，无全勤奖；允许一学期有 2 次迟到不计考勤；打卡失败者至主管部门领导处签字确认，否则以迟到处理；下班忘记打卡，必须上报相关考勤记录人，每个月可以设置次数，如忘记打卡 3 次以上，无全勤奖。

2. 旷工

托育机构教师岗位具有特殊性，如无正当理由未办理请假手续或假期已满未办理续假手续而擅自不到机构上班者、虽然请假但未经批准而擅自离开机构或不到机构者均为旷工。

（二）请（休）假

1. 请（休）假流程

员工因病、因事请假，依照劳动法相关规定执行，且应在劳动合同和员工手册中进行说明。由于教师岗位的特殊性，因此请假必须先提交书面申请（见表 2－7），请假 2 天以内由部门领导审批，请假 2 ～ 5 天由园长审批；部门主管请假 2 天以内由园长审批；园长请假由集团审批。急病、急事可事后补办请假手续，但是必须由本人事先电话请示领导同意，方便管理人员有足够的时间调整人力。

表 2－7 请（休）假申请表

<table>
<tr><td>姓名</td><td></td><td>部门</td><td></td><td>职位</td><td></td></tr>
<tr><td colspan="6">请假类别：
□事假 □病假 □婚假 □丧假 □年休假 □工伤 □调休 □产假 □护理假 □其他</td></tr>
<tr><td>请假事由</td><td colspan="5"></td></tr>
<tr><td colspan="6">请假时间：自　　年　月　日至　　年　月　日　　共计　天　时</td></tr>
<tr><td>请假人签字</td><td colspan="2"></td><td>批准人签字</td><td colspan="2"></td></tr>
<tr><td>日　期</td><td colspan="2"></td><td>日　期</td><td colspan="2"></td></tr>
</table>

请假后需填写代班请假交接表，如表 2－8 所示。

表 2－8 代班请假交接表

日期:____年__月__日　星期____

<table>
<tr><td colspan="2">请假日期</td><td colspan="2"></td><td>请假人</td><td></td></tr>
<tr><td colspan="2">当日工作或教育活动摘要</td><td colspan="4"></td></tr>
<tr><td>实出勤人数</td><td></td><td>缺勤人数</td><td></td><td>其他人数</td><td></td></tr>
<tr><td>缺勤情况</td><td></td><td>因病人数</td><td></td><td>因事人数</td><td></td></tr>
<tr><td colspan="2">幼儿基本情况</td><td colspan="4"></td></tr>
<tr><td colspan="2">班级安全检查</td><td colspan="4"></td></tr>
<tr><td colspan="2">午餐情况</td><td colspan="4"></td></tr>
<tr><td colspan="2">午睡情况</td><td colspan="4"></td></tr>
<tr><td colspan="2">午检情况</td><td colspan="4"></td></tr>
<tr><td colspan="2">代办人签字</td><td colspan="2"></td><td>审批人签字</td><td></td></tr>
</table>

2. 请（休）假注意事项

（1）员工申请各类假期均需事先填写“请（休）假申请表”，并附上所需的有关证件或证明，经代班人、班长、部门领导、园长同意，办理好交接手续交行政部门方可休假。

（2）员工因突发事件未能按照上述手续事先请假，应在事发时致电班长、园长，说明请假事由，经批准后方可休假。休假后，员工在返回托育机构上班的当天补办请假手续。

（3）员工休假后，如不按托育机构规定出示相关的证明文件，假期将被视为年休假扣除，年休假不足的，按旷工处理。

（4）员工在休任何假时如超假，将视为旷工。

（5）如员工有以任何欺瞒或不当的行为骗取假期的，托育机构根据实际情况的严重性，对违例者采取纪律处分，包括立即解除劳动合同。

（6）员工应严格遵守各类假期的管理制度，按托育机构要求办理请假手续。

四、奖惩制度

奖励是对人的某种思想或行为给予肯定与表扬，使人保持这种思想或行为。奖励分为物质奖励和精神奖励。惩罚是对人的某种思想或行为的否定，目的是预防或者消灭这种思想或行为。有了健全的制度，还需要制定奖惩制度与之配合，赏功罚过、功过分明，从而保证制度的贯彻落实。如果没有奖惩制度，即便有了制度，也会造成有章不循的现象。奖罚制度往往与很多制度是配套的。

第四节 员工培训

一、培训方式

《中华人民共和国劳动法》第六十八条规定：“用人单位应当建立职业培训制度，按照国家规定提取和使用职业培训经费，根据本单位实际，有计划地对劳动者进行职业培训。从事技术工种的劳动者，上岗前必须经过培训。”人力资源是托育机构的核心竞争力，员工培训是竞争力永续的重要手段。员工培训能够使托育机构迎接市场不断变化的挑战。0～3岁婴幼儿的早期教育十分重要，从业人员的专业性直接影响到孩子未来的发展。为提高员工素质和工作效率，加强员工的品德教育及知识技能的培训，托育机构可以根据各部门工作需要及工作性质开展具体的岗位培训，帮助员工不断更新知识、提高技能。托育机构员工的培训方式分为以下几种。

（一）职前培训

职前培训主要指新员工在入职前的培训，又称为岗前培训。新员工经过职前培训合格后，方可上岗。托育机构新招聘员工在上岗前均须接受职前培训，内容包括两大部分：第一部分是基础教育，第二部分是专业培训。基础教育内容主要包括：行业概况、园所介绍、园所文化、经营理念、规章制度与基本服务规范。专业培训内容主要包括：园所管理、教务管理、市场营销、财务管理等针对各种职位的专业知识。培训周期标准为一个月，员工岗前培训不合格者不得录用。

（二）在职培训

在职培训可为园所提供持续的培训服务，以提高员工的从业水平和职业能力。培训类型主要包括指令性培训与选择性培训两种。指令性培训主要指必须参与的培训，包括岗位技能培训，婴幼儿权利及其保护、保育师的权利义务、婴幼儿家庭照护政策法律、托育机构的管理与婴幼儿伤害预防、托育机构中常见的事故及其法律责任等婴幼儿照护政策、法规的培训。选择性培训包括部分专业技能的培训、管理知识培训、走访学习、知识讲座等。累计 3 次在职培训不合格者，由人事部提请园长同意后予以降薪或降级处理。

（三）自我教育

托育机构要建成学习型组织，要为员工的自我学习创造环境和条件。园长要为员工建立学习机制、制定学习目标，把培养优秀员工作为自己的重要工作目标。鼓励员工自我学习的主动性，激发员工提升自我学习的愿望，在工作中不断总结经验，学习新知识、新能力。

二、培训模式和手段

托育机构要根据不同的培训内容选择最佳的培训方式，要呈现灵活性与多样性的特点。“做中学、研中学”的培训模式对教师的专业成长具有重要意义。大力加强教师在职培训的同时，必须根据教师专业发展的实际需要及各地的实际情况，灵活采取不同的培训模式，让各个层次的教师都有培训的机会。

（一）订单式培训与菜单式培训相结合

订单式培训指托育机构根据长远发展需要和教师队伍情况安排的培训内容。菜单式培训指教师根据自身需要向托育机构提出培训需求。

订单式培训与菜单式培训相结合的方式是遵照“缺什么补什么”和“需要什么培训什么”的原则，尊重教师的实际需求，让教师主动参与培训，发挥教师学习的主动性与积极性。

（二）按需培训与集中培训相结合

按需培训旨在根据教师的实际需求，开展具有针对性的个性化培训活动。集中培训旨在因某种需要集中提高教师水平，如因课题开展对教师进行高密度的集中培训。

（三）分层培训

在教师培养中，虽然要坚持分层培养，以提高教师培养的针对性与实效性，但是层与层之间并不是完全孤立的，还要加强层级之间的合作与互动。为了让教师职级提升或调薪有客观依据，可设立职级培训，根据教师的不同情况，将其分成A类、B类和C类三个层级，制定各自相应的培养目标、实践要求和行动策略，以合理分类开展专业培训。

1. A类——新教师

新教师步入工作岗位时对自己的职业道路无比憧憬，但他们有教师之“名”，却缺乏教师之“能”。因此托育机构要有针对性地帮助新教师掌握一定的教育理念、教育技能，从而更快、更好地适应工作的需要。通过培训使新教师缩短磨合期，尽快成为合格的教师。具体培训方法为：（1）引导新教师做好角色转换，为他们提供各方面的培训；（2）抓教学常规，在备课、上课、听课、评课等方面进行专题讲座，并进行面对面的指导；（3）借鉴幼儿园“青蓝工程”，实行师徒结对，每位新教师自拜“教学师傅”，根据任务目标带教，跟岗学习，并且每月进行量化考核；在骨干教师的专业引领下，依靠托育机构搭建的各种平台，引导新教师参加各类展示课活动等，通过自身努力，快速成长起来。在为新教师开展培训时，可以采用小组交流、座谈访问、实操体验、视频培训等多种形式。

2. B类——入门教师

安排骨干教师带教（培），创设条件，优化培训环节，对事业心强、有培养潜力的教师进行重点培养，让他们参加行业协会教学展示、研讨培训，促使他们快速成长，成为园级骨干教师。

3. C类——骨干教师

骨干教师是一个托育机构的中坚力量，他们的师德、专业知识、保育教学质量、教育科研能力在托育机构的各项工作中发挥着引领作用。托育机构应合理利用骨干教师的资源，充分挖掘骨干教师的能力。具体方法如下：（1）以科研为先导，骨干教师可进行教保科研，结合自己的业务能力特长，进行主课题引领示范；（2）安排带教任务，发挥骨干教师的示范引领作用。

分层培养满足了不同教师的提升需要，不同培训方法也为教师提供不同的发展路径。

三、教学研讨

（一）教研

教研工作是托育机构教学工作的重要组成部分，也是促进机构发展、提升机构水平的力量之源。托育机构的教学管理者，不能仅凭经验管理和教学，要有理论和实践依据。教学管理者要有研究意识，而且要带领教师做研究。

作为教研工作推进第一责任人的园长，应切实担负起责任，以行动研究为主要方法，与实际工作相联系，脚踏实地地解决教育教学过程中遇到的实际问题，把研究的重点放到教师专业发展及研究能力的提高上。

小案例

问题引领的教研方式，可以解决年轻教师在开展家长工作中遇到的问题与困惑，满足年轻教师的教学需求。年轻教师可以以开展家长工作为教研主题。

1. 发放家长教研工作调查问卷，解决年轻教师的工作困惑

在婴幼儿入托前发放家长教研工作调查问卷，教师将自己在班级家长工作中存在的具体问题写出来，采用“自下而上”的教研模式，做到真问题真研究，从而解决实际问题。

教师遇到的问题有：幼儿不小心弄伤了自己，应该怎样和家长沟通？婴幼儿之间容易发生抓、咬等情况以致受伤，应如何与家长沟通？如何向家长反映婴幼儿自身存在的问题？

2. 理论研读与自学相结合，提升教师理论水平与学习能力

对年轻教师存在的家长工作问题，分析归类，一一解答。骨干教师或教研组长可以利用多媒体形式对年轻教师进行理论培训，如“家长工作的原则与技巧”“教师、家长的关系与沟通技巧”“如何书写宝宝成长记录册”等。

以“如何书写宝宝成长记录册”这个问题为例，教研组长等通过日常的指导工作发现年轻教师在书写时存在的问题主要有：对婴幼儿的专业观察和关注不够客观准确，措辞随意、不严谨（如使用“淘气”“爱动手打人”等词句）；对婴幼儿身心发展特点不够熟悉，字迹凌乱、语句不通顺、有错别字等。通过业务学习促使年轻教师了解成长记录册的重要性。成长记录册是家长了解婴幼儿在托育机构一日生活及各方面发展情况的重要渠道，针对教师对婴幼儿发展评估提供科学合理、有针对性的教育建议进行家园配合，促使婴幼儿全面和谐的发展。托育机构可以组织教师相互学习，观摩骨干教师优秀成长记录册的书写，与骨干教师进行讨论。骨干教师可以介绍具体书写原则，如主要写宝宝的优点，给“父母的建议”要针对该婴幼儿的发展需求提出教育建议，要体现正面鼓励及发展性原则等。

3. 分析总结不同年龄段家长的不同需求，帮助教师提高开展家长工作的能力

只有充分了解本年龄段家长的实际需求，才能使教师在做家长工作时有的放矢。在对家长调查分析的过程中，教师应分析总结不同年龄段家长的不同需求。

乳儿班家长的需求：婴儿在园区生活护理是否得当、是否吃饱吃好、睡眠是否充足及情绪是否愉快等。

托小班家长的需求：婴幼儿在园区生活护理是否得当、一日三餐是否吃饱吃好、情绪是否愉快、是否能主动表达生理需求，以及升班后能否顺利融入集体，能否与其他小朋友主动交往等。

托大班家长的需求：一日三餐是否吃饱吃好、能否与其他小朋友主动交往、活动游戏时表达是否大胆、活动中能否积极参与等。

4. 以情境演练等教研形式帮助年轻教师梳理家长工作中的实际问题

在教研活动中，根据年轻教师在家长工作中遇到的实际问题，设计情境故事，由年轻教师扮演教师角色，经验型教师扮演家长角色，进行现场模拟演练。例如，婴幼儿不小心弄伤了自己，应如何与家长沟通？婴幼儿之间互动，不小心发生抓、咬受伤，应如何与家长沟通？在活动后及时梳理总结家长工作经验，形成文字资料，进行存档推广。

（二）评课

教师之间互相观摩学习是一种能有效提升业务能力的方式，又称为评课。评课可以由上级主管（教学主管或园长）来主导，做好记录，并提出建议和表扬。也可以教师互相评课，这对于被观摩教师来说也是一种学习和促进。不论以哪种方式评课，都要做好记录，方便在随后的教研会中进行交流讨论。

托育机构的教学中，“上课”的占比比较低，可以将保育中的婴幼儿互动等作为评比的一部分。托育机构教师教学评估表如表 2－9 所示。

表 2－9 托育机构教师教学评估表

评课人： 填表时间：

班级： 执教人： 日期：

项目	评定标准	分值	得分
活动目标（10 分）	1. 符合本班婴幼儿发展水平特点	3	
	2. 领域价值明确	2	
	3. 目标表述清晰、具体，操作性强	5	
活动准备（10 分）	1. 准备充分，提供丰富多彩的教学情境	4	
	2. 教学具与其他材料投放丰富，材料准备与环境创设能为完成目标而服务	4	
	3. 活动情境利于婴幼儿本次活动与学习	2	
活动过程（45 分）	1. 教态自然大方，富有感染力、亲和力	3	
	2. 语言简练、儿童化，提问富有启发性	3	
	3. 活动设计符合教学实际内容，能激发婴幼儿兴趣，满足婴幼儿的学习需要	5	
	4. 活动设计思路新颖，具有独创性，自然地与其他领域进行整合或渗透	5	
	5. 活动环节脉络清晰、转换自然、有逻辑性，能层层递进	5	

续表

项目	评定标准	分值	得分
	6. 活动结构安排得当，时间把握有度	5	
	7. 了解婴幼儿，能引导婴幼儿进行多种体验，善于发现问题并认真对待婴幼儿的问题，课堂把控能力强	10	
	8. 教学方法与手段灵活多样，注重与婴幼儿互动是否自然亲切，并能及时回应	5	
	9. 尊重婴幼儿，保护婴幼儿自尊心，培养婴幼儿自信心	4	
活动效果（35 分）	1. 婴幼儿知识、技能、情感态度得到提高	10	
	2. 每位婴幼儿都得到教师的关注	5	
	3. 活动氛围轻松、愉快，婴幼儿参与度高	5	
	4. 活动过程中充分体现婴幼儿主体性，婴幼儿能主动探究，合作交流	10	
	5. 婴幼儿有充分的提问和思考时间	5	
总分		100	
总体评价			

四、团队建设

（一）稳定团队人员的原则

作为托育机构负责人，面对托育机构繁杂的事务，一定要注重管理的艺术。以人为本，是稳定教师队伍管理的内核。托育机构从业人员工作压力很大，如何利用团队建设的各种活动调节员工的工作状态，也是管理者在人事管理中很重要的一部分。俗话说，“留人要留心”，就是要把幸福感带给每位教职工。幸福的关键是让教职工有归属感，让教职工感受到所在机构的和谐氛围、同事间的友爱真诚。稳定教师队伍建设应把握以下几个原则。

1. 自主原则

尊重与理解教职工是托育机构人员队伍管理的前提。作为机构负责人，过于精明、能干，凡事亲力亲为，看似非常负责，实则是剥夺了教师自主发展的权利。作为机构负责人，应知人善任，给予中层管理者、教师充分发展的机会。

2. 幸福原则

作为托育机构负责人，首先就是要做好教师的服务工作，真关怀、真服务，在教师情绪低落、工作遇到困难时，要主动伸出援手，使其感受到领导对他（她）的重视。领导在关心教师生活的同时，应多听取大家的心声，时刻传递尊重和关爱。让教师感受到在本托育机构工作很幸福，既有作为托育教师的幸福体验，又有实现其他社会角色的幸福体验。

3. 服务原则

托育机构负责人要坚持“全心全意为教师服务”的基本理念与原则，做到真正地把每位教师放在心里。要洞察每位教职工的心理变化与思想动态，注重自身人格修养和专业提升，真正和教师平等相处。

4. 发展原则

托育机构需要发展，其关键之一就是教师的发展。当教师感受到机构的支持，获得个人专业提升时，会更好地为机构服务。为教师提供发展的条件和机会，能够使每位教师找到自己的位置，发挥自己的潜能。

（二）稳定团队人员的方法

双激励指精神激励和物质激励，托育机构应通过两种激励方式，满足教职工精神、物质上的需求。精神激励和物质激励联系紧密，互为补充，相辅相成。精神激励需要借助一定的物质载体，而物质激励则必须包含一定的思想内容。只有精神激励手段和物质激励手段相结合，才能事半功倍。

1. 精神激励满足精神需求

精神激励主要是指精神方面的无形激励，包括向员工授权、工作认可、公平公正的晋升、提供学习发展的机会等，它是管理者倡导机构精神的手段，也是调动员工积极性、主动性和创造性的有效方式。

2. 物质激励满足生活需求

物质激励是指运用物质手段（发放奖金、物品等）使受激励者得到物质上的满足，从而进一步调动其积极性、主动性和创造性。物质激励体现了托育机构关心教职工的切身利益，满足了教职工的物质生活需求。

（三）促进内部沟通

内部沟通包括园长与员工、员工与员工的沟通。内部沟通需要养成良好的沟通交流习惯，不仅在工作上彼此了解工作进度、状况，在日常生活中也应保持良好的沟通，使团队形成默契与信任。

（四）建立共同目标

共同的目标能使全员一心向前、齐心协力达成目标，因此在制定工作目标与任务时，可以召集员工对目标与任务进行讨论，既可以听取员工的意见，也可以使员工通过这种形式达成共识，并深刻理解目标与任务。

（五）遵守园所制度

遵守制度是团队合作至关重要的一环。“没有规矩不成方圆”，园长需要给每位员工明确的定位，在任务中给每位员工明确的分工，并要求员工严格执行园所规章制度，对违反规则的员工要及时予以纠正。

（六）提高指导能力

在团队建设中，园长需要提高自身的素质与能力，为自己制定学习目标，努力在业务开展、经营管理、自身修养等方面获得全面的发展。

（七）培养竞争意识

托育行业的快速发展、竞争时代的到来使市场机遇更为广阔，在优胜劣汰的市场规则下，托育机构需要树立竞争意识，提高核心竞争力，使团队更具有凝聚力、保持竞争力。园长要帮助业务落后者提高业务能力与素质，在日常工作中给予指导。倡导互帮互学，在团队中形成相互学习、相互促进的氛围，充分发挥学习型组织的作用。

拓展阅读

劳动合同范本

劳动合同书

甲　　方：____________________________________

地址及邮政编码：______________________________

乙　　方：____________________________________

身份证号码：__________________________________

住址及邮政编码：______________________________

甲方因生产经营需要，按照中华人民共和国及省、市人民政府劳动法规和政策，聘用________（乙方）为合同制职工，双方根据平等自愿、协商一致的原则，签订本合同，确定劳动关系，并共同遵守履行。

一、本合同自________年______月______日起生效，生效后前__________个月为试用期。

合同期限________年______月______日至________年______月______日止。

二、工作岗位与职责任务：

乙方的工作部门及岗位（职务）：________________________________。

乙方在合同期内，应遵守国家的法律法规及甲方依法制定的规章制度，按本职位的职责要求，完成甲方安排的正常生产（工作）任务。甲方可视企业生产经营需要，经协商或依照合同约定可调整乙方工作，同时甲方可依乙方的工作表现按规定给予奖惩。

三、劳动时间与休假：

1. 执行标准工时制度。特殊情况听从甲方安排，并予以适当补贴。

2. 甲方对乙方实行的休假制度有国家法定的节假日、产假、婚丧假。

四、劳动报酬：

1. 甲方每月____日前以货币形式支付乙方工资，月工资为________元。

乙方在试用期期间的工资为________元。

2. 甲方生产工作任务不足或特殊情况使乙方待工的，甲方支付乙方的月生活费________元。

五、保险福利待遇：

1. 乙方患职业病及因工负伤医疗终结期内，甲方按本市社会工伤保险有关规定发给工伤生活费和报销医疗费。

2. 乙方在合同期内享受国家、省、市规定的因病和非因工负伤医疗期，女工孕期、产假期及哺乳期等保险福利待遇，以及乙方子女的劳保医疗等各种保险福利待遇。

3. 甲方负责为符合条件的员工购买意外伤害险种，乙方在合同期内因工负伤或患职业病以及非因工伤亡，按国家及本市有关规定由社会保险机构负责，甲方协助办理。

4. 合同期内，甲、乙方须按照本市政府的规定，为符合条件的员工缴纳退休养老保险基金、失业保险基金、工伤保险基金等社会保险基金，甲方应定期向乙方通告交缴社会保险基金情况。

六、劳动保护：

1. 甲方按照国家有关劳动保护规定和本市《劳动安全卫生条例》，提供符合安全卫生要求的工作环境，切实保护乙方在生产、工作中的安全和健康。

2. 甲方按国家有关规定，为乙方配备符合国家标准的劳动保护用品和健康安全保障。

3. 甲方按国家有关部门规定对乙方进行安全生产知识、法规、规程的教育培训。

4. 甲方执行国家有关女职工及未成年工（16 周岁至未满 18 周岁）的劳动保护规定。

5. 乙方严格遵守劳动纪律和安全卫生法规、规章、制度和操作规程，正确使用劳动保护用品，不得违章作业。乙方有权拒绝违章的指挥，对甲方及其管理人员漠视员工安全健康的行为，有权提出批评并向有关部门检举、控告。

七、续订、变更或解除、终止劳动合同的条件：

1. 本合同期限届满即自然失效，双方终止执行。如经双方协商同意，可以续订合同。

2. 甲方因生产经营情况变化，调整生产任务，或者乙方因个人原因要求变更合同条款，经双方协商同意，可以变更劳动合同的相关内容，并由双方签字（盖章）。

3. 有下列情况之一的，劳动合同即告终止：

（1）乙方离职年龄不得超过65岁；

（2）乙方死亡；

（3）甲方被依法撤销、解散或宣告破产；

（4）劳动合同约定的终止条件出现。

4. 在下列情况下，甲方可以解除劳动合同：

（1）试用期内乙方被证明不符合录用条件的；

（2）合同期虽未满，但甲方因生产（工作）任务不足，以及破产或濒临破产处于法定整顿期间，需要裁减人员，甲方依据生产情况斟酌处理。

（3）乙方违反国家法律、法规被判刑的；

（4）乙方严重违反甲方依法制定的劳动纪律，按规定应予辞退的；

（5）乙方患病或非因工负伤，医疗期满后仍不能从事原工作，也不能从事由用人单位另行安排的工作的。

5. 下列情况下，甲方不得解除劳动合同：

（1）合同期未满，又未发生本合同第7条第4款规定；

（2）乙方因工负伤或患职业病医疗终结期内，和未做出劳动能力鉴定前以及医疗终结后，经劳动鉴定委员会确认完全或大部分丧失劳动能力的（国家另有规定者除外）；

（3）乙方患病或非工负伤在规定医疗期内，以及医疗期虽满但仍需住院治疗的。非因工伤病医疗期限标准为：本企业工作五年以内的为三个月；六年至十年的为六个月；十一年至十五年的为九个月；十六年至二十年的为一年；二十年以上可视伤病情况延长半年至一年；

（4）女职工在怀孕、产假和哺乳期间；

（5）乙方经批准享受法定休假期间。

6. 在下列情况下，乙方可以解除劳动合同：

（1）试用期内；

（2）经政府劳动部门确认，甲方劳动安全、卫生条件恶劣，严重危害乙方身体健康；

（3）甲方不能按照劳动合同规定的数额和如期支付劳动报酬的；

（4）甲方不按规定为乙方缴纳养老保险、失业保险、工伤保险等社会保险基金的。

八、违反合同承担的责任：

试用期内或乙方符合本中心工作要求的情况下，甲方可以随时解除此劳务合同，或符合本合同第 7 条第 4 款（2）（3）以及第 6 款（1）（2）（3）规定可构成立即解除合同外，其他情况需要解除劳动合同的，劳动合同甲、乙双方都必须提前 60 天以书面形式通知对方。提前通知时间不足者，按相距的实际天数以乙方当月实得工资的日平均数计算补偿。

九、双方履行劳动合同如发生争议，应当先协商解决；协商无效，向甲方所在地的劳动争议仲裁委员会申请仲裁；对仲裁不服的，可在收到仲裁裁决书之日起 15 天内，向甲方所在地的人民法院起诉。

十、本劳动合同未尽事宜，按国家有关规定办；在合同期内，如本合同的条款与本市有关劳动管理新规定不符，双方按新规定执行。

甲方（盖章）：　　　　　　　　　　乙方（签名或盖章）：

法定代表人（或委托代理人）：

年　　月　　日　　　　　　　　　　年　　月　　日

本章小结

飞速发展的托育行业更应该重视人力资源管理。本章主要介绍人力资源管理，分别就园长岗位职责、教学组长岗位职责、后勤组长岗位职责、教师岗位职责、保健人员岗位职责、厨工岗位职责，以及其他岗位职责进行讲解。从从业人员的基本要求、各岗位的任职要求、招聘流程、面试技巧、任用五个方面阐述招聘与任用；从薪资福利待遇、绩效考核制度、考勤制度、奖惩制度方面阐述人事管理；从培训方式、教学研讨、团队建设方面阐述员工培训。

思考与练习

一、判断题

1. 托育机构应加强园所的伤害预防控制工作，建立因伤害缺勤登记报告制度，及时发现安全隐患，做好园所内伤害干预和评估工作。（　　）

2. 保育员不需要协助教师组织各项活动和游戏。（　　）

3. 有些食品外表看不出质量问题，但在烹调时发现变质，应立即与送货单位联系，及时处理变质食品，并重新购买。（　　）

4. 托育机构根据工作需要，可配置综合管理、保育照护、卫生保健、安全保卫、后

勤保障等工作人员。(　　)

5. 新员工不需要参加职前培训就可上岗。(　　)

二、选择题(多选)

1. 托育机构主要工作岗位有(　　)。

A. 园长　　B. 教师　　C. 保育员　　D. 厨工

2. 员工培训包括(　　)。

A. 职前培训　　B. 在职培训　　C. 职后培训　　D. 自我培训

3. 教师在职培训可以采用的培训模式有(　　)。

A. 订单式培训与菜单式培训相结合　B. 按需培训与集中培训相结合

C. 分级培训　　D. 不同教师统一培训

4. 以下关于新教师培训方法正确的是(　　)。

A. 引导新教师做好角色转换，为他们提供各方面的培训

B. 抓教学常规，在备课、上课、听课、评课等方面进行专题讲座，并面对面地进行指导

C. 借鉴幼儿园“青蓝工程”，可实行师徒结对。每位新教师自拜“教学师傅”，根据任务目标带教，跟岗学习，并且每月进行量化考核

D. 在骨干教师的专业引领下，在园区搭建的各种平台上，引导教师参加各类展示课活动

三、简答题

如何做好团队建设?

四、思考题

谈一谈在应聘面试中如何给用人单位留下深刻的印象。

第三章 园务管理

学习目标

知识目标

1. 了解托育机构园务管理基本工作；
2. 熟悉托育机构工作的基本流程；
3. 熟悉托育机构各类活动；
4. 掌握托育机构各类大型活动计划的实施。

能力目标

1. 学会安排管理园务工作；
2. 学会计划各类活动并实施。

素质目标

1. 热爱托育专业；
2. 树立科学安排工作计划的观念。

知识点导图

- 园务管理
  - 托育机构的计划与报表
    - 托育机构计划概述
    - 制订托育机构全年计划
    - 编制托育机构月度工作报表
    - 编制托育机构周工作报表
  - 托育机构行政管理工作
    - 行政管理制度
    - 行政管理工作标准流程
  - 托育机构大型活动计划与案例
    - 节日活动计划
    - 学期固定活动及案例
    - 园内大型活动案例
  - 拓展阅读
    - 园区大型活动应急预案

知识背景

2019年，为加强托育机构专业化、规范化建设，按照《国务院办公厅关于促进3岁以下婴幼儿照护服务发展的指导意见》（国办发〔2019〕15号）的要求，国家卫健委组织制定了《托育机构设置标准（试行）》和《托育机构管理规范（试行）》，对托育机构设立与管理工作做了详尽的指导。下面，针对机构的规范化管理问题，我们一起来探讨管理者如何更好地掌握机构的运营状况。

第一节 托育机构的计划与报表

“凡事预则立，不预则废。”计划是指根据社会的需要以及组织的自身能力，通过工作任务的编制、执行和检查，确定组织在一定时期内的奋斗目标，有效地利用组织的人力、物力、财力等资源，协调安排好组织的各项活动，取得最佳的经济效益和社会效益。托育机构工作计划可以分为两类：一类是园长及管理层使用的预算和收支的计划表，另一类是让全体员工了解全年活动的计划表。

托育机构计划工作主要体现在执行上，这是发挥计划工作价值的关键。计划执行阶段需要加强管理，使得计划能有效执行。一般而言，托育机构需要基于自身发展实际，整合各方面资源和信息，制订切实可行的计划。

一、托育机构计划概述

（一）托育机构计划的含义

托育机构计划是指托育机构依据保教目标，组织全员共同拟订的、针对机构发展的具体工作内容和实施步骤。制订计划是托育机构管理活动的起始工作，是机构在各项管理工作实施之前需要做好的工作。托育机构管理者要以达成发展目标为目的，对机构各项管理工作进行前期规划，如提出工作目标、工作内容、具体实施方法和完成时间等，同时要及时检查管理工作开展的效果，以确保园内各项工作有序地进行。托育机构计划管理的过程可由计划制订、执行、检查和总结四个环节构成。托育机构计划管理的全过程应始终围绕着管理目标一环扣一环，有目标、有程序地向前运转，形成计划管理的周期性。

（二）托育机构制订计划的周期

制订计划要从年度或学期开始，再逐步分解到每月和每周，同时也要进行复盘，审查计划是否已在规定的时间内完成。要考虑计划的可执行性，包含人员和预算的安排。人员安排一定要灵活机动，以应对人员调整。

二、制订托育机构全年计划

托育机构工作分为对外和对内两个板块，对内是指后勤，包含卫生保健、安全、行政、人事；对外则是指教学、教研、培训、招生（宣传计划）活动。托育机构根据计划编列预算，如对内计划需预估维修费、预估新增或替换的设施设备、预估行政办公等消耗类物资费用。

全年计划中，预算支出的编列尤为重要。因为托育机构保育费收入多为一次性收取的季度或年度费用，周期比较短，所以可以学期初或月初为时间节点，将收入分配至各类、各月支出中，同时预留部分作为备用金，以备不时之需。

托育机构工作年度（学期）计划表如表 3－1 所示。

表 3－1　托育机构工作年度（学期）计划表

<table>
<tr><th>计划实施时间</th><th colspan="2">部门</th><th>目标</th><th>措施及实施要点</th><th>完成时间</th><th>负责人</th><th>备注</th></tr>
<tr><td></td><td rowspan="2">后勤</td><td>行政／人事</td><td></td><td></td><td></td><td></td><td></td></tr>
<tr><td></td><td>卫生保健（安全、设施、设备）</td><td></td><td></td><td></td><td></td><td></td></tr>
<tr><td></td><td rowspan="3">教学</td><td>保教（教研、培训、教学环创等）</td><td></td><td></td><td></td><td></td><td></td></tr>
<tr><td></td><td>招生</td><td></td><td></td><td></td><td></td><td></td></tr>
<tr><td></td><td>大型活动</td><td></td><td></td><td></td><td></td><td></td></tr>
<tr><td></td><td>其他园务工作（临时调整）</td><td colspan="2"></td><td></td><td></td><td></td><td></td></tr>
</table>

以下以托育机构招生工作计划为例来讲解全年计划的制订。

托育机构的招生工作非常重要。在前期的招生工作中，托育机构应对家长需求和周边市场环境进行调查分析，机构的管理者根据市场调查结果，在学期初、年初或每月月初制订招生工作计划。

一份完整的招生计划，是以市场方案策划为主、以季度性招生方案为辅的规范化招生流程，从而达到托育机构的招生目标最大化。

托育机构管理者根据当下的运营情况制定业绩目标，明确招生任务，以结果为导向，带领招生团队积极开展各项招生活动并顺利完成目标。具体工作内容如下：

（1）地推派单。计划中要合理安排派单时间和人员，以及合理地制定派单人员任务目标，有条件的机构可以聘请兼职人员进行该项工作。

（2）招生活动。招生活动一般分为线上活动和线下活动，托育机构可根据当下的市调工作以及节气活动制订招生计划。招生计划应具体到时间、地点，以及参与人员。每场招生活动计划中要明确招生的目标任务数，计划中要有备选方案及策略。

（3）自媒体宣传。托育机构招生计划里要包含线上平台的目标任务。机构通常会与某平台进行合作，平台也会协助机构获取更多的信息资源以帮助机构进行自媒体招生宣传。

托育机构全年招生业绩任务拆分表，如表3－2所示。

表3－2 托育机构全年招生业绩任务拆分表

时间		1月	2月	3月	4月	5月	6月	7月	8月	9月	10月	11月	12月
占比	任务计划基础目标/冲刺目标												
	实际完成基础目标/冲刺目标												
	目标差额												

托育机构地推计划分配表，如表3－3所示。

表3－3 托育机构地推计划分配表（××年）

目标													
时间		1月	2月	3月	4月	5月	6月	7月	8月	9月	10月	11月	12月
目标数（个）		80	50	100	100	80	80	100	100	80	60	60	60
实际完成	第一周												
	第二周												
	第三周												
	第四周												
总计													

托育机构招生活动计划，如表3－4所示。

表 3－4 托育机构招生活动计划（×× 年）

序号	活动主题	活动简介	活动时间	年龄阶段	活动人数	活动费用	地点	活动预算	活动负责人	协助人	邀约目标	成交目标	备注

三、编制托育机构月度工作报表

（一）工作报表的含义

工作报表是对计划执行情况的全面评估。通过回顾计划执行过程，从正反两个方面分析本阶段计划中的工作，得出有指导意义的结论，从而提高工作进度与工作效率。工作报表以总结报告形式为主，可根据不同的分类标准分类。第一，按范围划分为托育机构整体工作报告、各部门工作总结报告、教师个人工作总结报告等。第二，按内容划分为教学工作总结、招生工作总结、后勤工作总结等。第三，按性质分为全面工作总结、专题工作总结等。

（二）月度工作报表的意义

月度工作报表主要是各部门管理人员在月末工作总结会议时进行的总结性汇报工作。月度工作报表基于每周的“周工作报表”编制，对已实施的工作或未完成和完成的工作任务实事求是地进行总结。在月末汇总报告里必须要明确提出计划执行过程中存在的主要问题，并对问题进行深入分析，为下一个阶段工作计划的制订提供依据。

（三）编制月度工作报表的注意事项

1. 总结汇报要呼应计划

对工作全过程的回顾，做总结时应对照计划，分析计划中任务的完成情况、取得的经验及存在的问题。如脱离计划进行总结汇报，将会成为一种形式化的活动，失去总结汇报的作用。

2. 总结汇报要突出重点

虽然对照计划进行总结，但是不能以流水账的方式进行，要运用报告表，以数据为主进行提炼和概括，突出重点问题，以利于改进和提高。

3. 总结汇报要实事求是

总结的对象是机构已实施的工作或完成的任务，要实事求是地进行总结，不能好大喜功，避免以偏概全，要特别注意平时资料的积累，有理有据才更有说服力。

4. 总结汇报经验与不足

总结汇报中要明确地提出计划执行过程中存在的主要问题。总结成绩、工作执行的经验和优点，重点找出这一阶段存在的问题，进行深入分析，对下个月度工作计划做铺垫。

（四）月度工作表分类

1. 园务工作汇总表

园务工作汇总表是将各部门的月度工作进行数据（财务支出）汇总、问题分析及工作需求上报给托育机构总负责人，由托育机构总负责人汇总整理的报表。园务工作汇总表包括园务工作报告表（见表 3－5）、月预算（支出）表（见表 3－6）等。

表 3－5　园务工作报告表

序号	部门	事项	完成情况	备注
1	教学部	教学上进行了专题教研	对此培训以看评课的形式进行学习考核	
2	招生部	招生部本月共计完成了 4 场活动	活动效果整体满意度较好（具体情况以招生汇报表进行说明）	
		自媒体运营	（1）汇报网络运营支出费用； （2）汇报市场分析（目标值、完成率）结果	
3	后勤部	卫生保健、安全	（1）开展一次地震演练活动； （2）对婴幼儿易发生碰撞的区域进行了防撞处理； （3）对园区的安全隐患进行排查，更换了班级卫生间的挂钩，并对损坏物品进行了维修维护	维修费用见收支表
		行政、人事	（1）招聘育儿主班教师 2 名； （2）本月通过试用期员工 2 名	
4	其他工作（临时调整）			
5	下个月工作调整			

表 3－6　月预算（支出）表

单位：元

序号	分类	项目	预算金额	实际金额	差额	备注
1	后勤 / 行政	办公费用				
2		教职工工资				
3		奖金				
4		公积金				
5		清洁用品				
6		婴幼儿伙食费				
7		成人伙食费				
8		电话费				
9		招待费				

续表

<table>
<tr><th>序号</th><th>分类</th><th>项目</th><th>预算金额</th><th>实际金额</th><th>差额</th><th>备注</th></tr>
<tr><td>10</td><td rowspan="9">后勤/行政</td><td>水费</td><td></td><td></td><td></td><td></td></tr>
<tr><td>11</td><td>电费</td><td></td><td></td><td></td><td></td></tr>
<tr><td>12</td><td>燃气费</td><td></td><td></td><td></td><td></td></tr>
<tr><td>13</td><td>代扣代缴个人所得税</td><td></td><td></td><td></td><td></td></tr>
<tr><td>14</td><td>福利费</td><td></td><td></td><td></td><td></td></tr>
<tr><td>15</td><td>日常维修费</td><td></td><td></td><td></td><td></td></tr>
<tr><td>16</td><td>园长应急备用金</td><td></td><td></td><td></td><td></td></tr>
<tr><td>17</td><td>房租费</td><td></td><td></td><td></td><td></td></tr>
<tr><td>18</td><td>物业费</td><td></td><td></td><td></td><td></td></tr>
<tr><td>19</td><td>市场</td><td>招生活动费</td><td></td><td></td><td></td><td></td></tr>
<tr><td>20</td><td rowspan="2">教学</td><td>职工培训费</td><td></td><td></td><td></td><td></td></tr>
<tr><td>21</td><td>教玩具材料费</td><td></td><td></td><td></td><td></td></tr>
<tr><td>22</td><td>其他</td><td>其他支出</td><td></td><td></td><td></td><td></td></tr>
<tr><td>23</td><td colspan="2">合计</td><td></td><td></td><td></td><td></td></tr>
</table>

2. 市场数据汇总表

市场数据汇总表是对当月招生、市场运营情况进行分析并汇总整理的报表。例如，把当月线上和线下招生情况的具体数据进行统计（见表 3－7）；把当月的收生费用及各项市场运营的数据明细进行统计汇报（见表 3－8）。

表 3－7 市场数据表

<table>
<tr><th colspan="21">市场____月数据汇总</th></tr>
<tr><td colspan="5">市场名单：</td><td colspan="6">到访量：</td><td colspan="10">转化量：</td></tr>
<tr><td>中心任务明细</td><td>第一周</td><td>第二周</td><td>第三周</td><td>第四周</td><td>合计</td><td>第一周</td><td>第二周</td><td>第三周</td><td>第四周</td><td>合计</td><td>第一周</td><td>第二周</td><td>第三周</td><td>第四周</td><td>合计</td><td>第一周</td><td>第二周</td><td>第三周</td><td>第四周</td><td>合计</td></tr>
<tr><td>完成值</td><td></td><td></td><td></td><td></td><td></td><td></td><td></td><td></td><td></td><td></td><td></td><td></td><td></td><td></td><td></td><td></td><td></td><td></td><td></td><td></td></tr>
<tr><td>目标值</td><td></td><td></td><td></td><td></td><td></td><td></td><td></td><td></td><td></td><td></td><td></td><td></td><td></td><td></td><td></td><td></td><td></td><td></td><td></td><td></td></tr>
<tr><td>完成率</td><td></td><td></td><td></td><td></td><td></td><td></td><td></td><td></td><td></td><td></td><td></td><td></td><td></td><td></td><td></td><td></td><td></td><td></td><td></td><td></td></tr>
<tr><td>本月名单数量</td><td colspan="4"></td><td colspan="2">到访率</td><td colspan="3"></td><td colspan="3">报名率</td><td colspan="8"></td></tr>
<tr><td rowspan="4">数据明细</td><td>线上</td><td colspan="19">名单数量：　；报名人数：　；学费（元）：</td></tr>
<tr><td>转介绍</td><td colspan="19">名单数量：　；报名人数：　：学费（元）：</td></tr>
<tr><td>地推</td><td colspan="19">名单数量：　；报名人数：　；学费（元）：</td></tr>
<tr><td>续费</td><td colspan="19">名单数量：　；报名人数：　；学费（元）：</td></tr>
</table>

续表

<table>
<tr><td colspan="3">市场____月数据汇总</td></tr>
<tr><td colspan="2">市场名单：</td><td>到访量：　　　转化量：</td></tr>
<tr><td rowspan="2">数据明细</td><td>主动到访</td><td>名单数量：　　；报名人数：　　；学费（元）：</td></tr>
<tr><td>渠道合作</td><td>名单数量：</td></tr>
<tr><td>当月累计收入合计</td><td colspan="2"></td></tr>
</table>

表 3-8　月市场活动计划表

<table>
<tr><td colspan="8">202× 年 9 月（参考范例）</td></tr>
<tr><td rowspan="6">日历</td><td>周一</td><td>周二</td><td>周三</td><td>周四</td><td>周五</td><td>周六</td><td>周日</td></tr>
<tr><td></td><td></td><td>1</td><td>2</td><td>3</td><td>4</td><td>5</td></tr>
<tr><td>6</td><td>7</td><td>8</td><td>9</td><td>10（教师节）</td><td>11</td><td>12</td></tr>
<tr><td>13</td><td>14</td><td>15</td><td>16</td><td>17</td><td>18</td><td>19</td></tr>
<tr><td>20</td><td>21（中秋节）</td><td>22</td><td>23</td><td>24</td><td>25</td><td>26</td></tr>
<tr><td>27</td><td>28</td><td>29</td><td>30</td><td></td><td></td><td></td></tr>
<tr><td>9 月主题</td><td colspan="7">中秋团圆月</td></tr>
<tr><td>线下活动</td><td colspan="7">各园区组织教师节活动</td></tr>
<tr><td>线上拉新活动</td><td colspan="7">中秋之夜、线上直播推广</td></tr>
<tr><td>品牌活动</td><td colspan="7">社区开放日、社区服务日、示范性托育挂牌</td></tr>
<tr><td>营销活动</td><td colspan="7">开学季优惠</td></tr>
<tr><td>品牌宣传</td><td colspan="7">活动海报（电子版）、教师节、中秋节</td></tr>
</table>

3. 教务数据汇总表

教务数据汇总表是对当月的班级教务情况进行汇总整理的报表。例如，对当月已完成的续费人数进行统计；对当月幼儿的考勤（出勤率）进行统计。托育机构总负责人通过月教务数据汇总表（见表 3-9）掌握机构的运营动态。

表 3-9　月教务数据汇总表

班级	应出勤	实出勤	出勤率	应续人数	已续人数	活动试听人数	试听报名	试听报名率	转介绍人数	毕业人数

四、编制托育机构周工作报表

（一）编制周工作表的原则

1. 明确计划目的的原则

将工作细化到每天，能增强工作主动性，有条不紊地进行工作，避免盲目无计划地工作。

2. 推动性和指导性原则

周工作报表可有效地推动和指导每天的工作，是建立良好的工作秩序、提高工作效率的重要手段。

3. 实事求是、突出重点原则

客观地查找工作中存在的不足和问题，正视自己的缺点，避免犯同样的错误；运用数据说话，体现说服力，忌事无巨细，应突出重点。

4. 防患于未然原则

总结每周的情况，针对计划明确相关的保护和预防措施，做到有的放矢。

（二）编制周工作报表的意义

周工作报表（见表 3－10）主要是对每周工作进行总结梳理，帮助管理者更好地对照计划（见表 3－11）进行工作，并能从中总结经验，及时发现托育机构在运营过程中存在的问题。通过周工作报表和月工作报表的对比，鞭策各部门积极工作，有所创新，使决策更加灵活，适应市场变化。

表 3－10　周工作报表

项目	内容	备注	
上周工作总结	教学：		
	后勤：		
	市场：		
每周数据汇总			
区域	**具体内容**	**金额 / 数量**	**备注**
市场部	招生汇总金额及课程顾问个人业绩		
	线上平台、大众点评、体验卡		
	续费人数		
	园区人员地推总数量		
	兼职人员地推总数量		
	活动邀约人数、实到人数		
行政、人事	员工出勤人数		
	员工病事假、调休等具体人数		
	办公用品消耗		
	前台预约人数、自然到访人数		

续表

区域	具体内容	金额 / 数量	备注
教学部	婴幼儿在册人数		
	出勤人数		
	请假人数		
	出勤率最高班、最低班		
	教师一日活动班级巡查情况（听课次数、教师谈话记录）		
卫生保健、安全	员工、幼儿伙食开支；安全事故数		
家长工作	客诉数；接待数		
问题及建议			

年　月　第　周（　月　日）　　园区负责人：

表 3－11　周工作计划表

____周工作计划						
工作板块	序号	具体内容	工作目标	截止日期	配合人	跟进情况
后勤	1	后勤工作督促管理				
	2	行政、人事				
	3	安全工作				
教学	4	托育、早教				
市场	5	招生活动				
		地推				
		线上推广				

说明：周工作计划表是将每天的工作细化到具体的事务，跟进情况方便管理者随时批注自己在执行过程的记录和提醒，由此可以清楚地看到执行情况，未完成或是进度提前完成的可以在下周进行调整。

第二节　托育机构行政管理工作

托育机构的行政管理工作在整个机构运营中有着承上启下的作用。托育机构总负责人总揽托育机构的行政管理全局。行政专员或者行政前台是一般托育机构的行政管理岗位，也是托育机构的“门面”和规范管理的监督者，在机构里扮演着至关重要的角色。

一、行政管理制度

（一）着装管理

托育机构职工的着装及仪容仪表要求：所有托育机构教职工工作期间必须按照规定

统一着工装；工装应经常换洗，不得出现掉扣、错扣、脱线、破损、污损现象。托育机构教职工要保持良好的精神面貌，注意仪容仪表，穿着整洁、大方、得体。

（二）接待管理

托育机构的接待工作是行政人员的一项重要工作。托育机构一般会将行政人员的工作岗位设立在前台，行政人员主要有以下几项重要工作：

（1）负责各项行政制度的执行和落实情况。例如，监督入园时教职工的仪容仪表和着装规范。

（2）协助教师与婴幼儿及家长搭建良好的沟通桥梁。例如，早接晚送时在入园区迎接、协助婴幼儿穿脱鞋袜，收集家长的意见和建议等。

（3）负责接待来访人员、接听电话、传递信息和收发快递。例如，自然到访人员的接待和登记工作，以及线上平台电话的招生咨询等。

（4）负责托育机构的门店形象，确保后勤接待到位，工作顺畅和环境优雅。例如，茶歇饮品的接待准备、前台物品收纳整齐、公区洗手池保持干净整洁等。

（三）物品管理

在托育机构中办公物品、设施设备以及维修由行政人员统一管理。例如，水、电、空调等设施，所有硬装、家具、玩具、展示面，有需要维修的由行政人员联系相关的工作人员进行维护。

（四）行政事务管理

行政人员负责托育机构的所有在册婴幼儿的信息收集与档案资料管理，以及对每周各部门的各项周数据进行整理并上报。

二、行政管理工作标准流程

（一）开园闭园

托育机构的正常营业时间为周一至周五 8:00—18:00，所有园区按照要求准时打开大门及侧门，开启所有灯光，做开园准备。一天工作结束后，关闭所有灯光（除消防应急灯正常开启外），收纳整理各区域，需特别注意厨房设备安全，所有项目检查完毕后锁门。

以某婴幼儿活动中心为例，行政人员具体工作如下：

1. 准备工作

所有上班人员的体温检测；换工服、整理仪表的监督；协助保健医监督健康台账的填写；准备笔、预约表、体温计、洗手液等必备物品；开启电脑，播放音乐；开启大厅电视，设置舒适管家或监控或宣传视频；开启饮水机，备好干湿纸巾等常用物品；检查POS 机是否有电，打开验钞机；检查签单资料、赠送礼物是否充足；检查玩具，如有破损应及时更换；检查环境卫生，玻璃、地毯、鞋柜、门窗防护贴条、桌椅是否松动或破损等，及时安排处理。

2. 营业工作

面带微笑，主动礼貌地与家长打招呼；确认收取金额正确、账目录入正确，主动提供小票或收据；确认家长和孩子都穿了袜套，为入园的孩子及家长测体温，指导孩子与家长洗手（用洗手液洗手，每次挤压用量不超过鹌鹑蛋大小）；提醒家长照看好自己的贵重物品，游乐区禁止吃东西，换尿不湿需要去母婴室；随时关注园内动态，及时整理各种玩具，尽量保持干净整洁（沙池区）；游乐区人很少或无人时可以随时做好清洁消毒工作。

3. 打烊工作

每日结算营业额，核对当日收入金额、笔数与收银条数据是否一致；游戏区整理，玩具摆放规范管理，对未进行整理的做好巡查登记并告知该区域负责人及时处理；前台物品收纳整齐，冰箱、公区洗手池保持干净整洁；关闭收银机电脑、验钞机、POS 机等收银设备，关闭电视机、饮水机、门窗及所有照明灯；锁好大门及滑梯门，开启广告灯牌；清洁工作参照《托育机构清洁要求》进行。

4. 收尾工作

检查窗户、教室灯、饮水机、园区大门及消防门是否关好；关闭音乐播放器和音响；关闭消毒灯。

（二）接待工作

1. 自然到访

行政人员为家长介绍机构（中心）品牌故事、课程体系、园区环境等。

托育机构：

Q：您好，请问您是第一次来（机构名称）吗？

Q：请问您是从哪里了解到我们（机构名称）的？

Q：请介绍一下宝宝的基本情况（名字、年龄、性别等）。

Q：请问您是住在附近吗？

咨询者：

Q：你们的课程有哪些？

Q：课程是怎样收费的？

托育机构：如果您想详细了解，可以由我们专业的顾问老师先带您参观一下，课程老师会根据您和孩子的具体情况进行介绍。

2. 预约到访

行政人员应确认预约信息，避免撞单，为家长介绍对应的顾问老师。

托育机构：

Q：请问您是第一次来（机构名称）吗？宝宝姓名是什么呢？（信息知晓后查询对应顾问）

Q：之前是 ×× 顾问老师跟您对接的吗？（得到回复后请顾问老师接待家长）

3. 通过其他渠道到访

行政人员应确认资源信息，为家长介绍顾问老师。

托育机构：

Q：请问您是第一次来（机构名称）吗？宝宝姓名是什么呢？（了解基本信息）

请您稍做休息，我马上为您安排一位顾问老师（与顾问老师进行对接）

4. 电话接待

电话铃响两声后接听，拿起电话，一定要让别人觉得接电话的人心情是愉悦的，吐词要清晰。全程普通话、微笑接听。仔细倾听家长需求，不打断家长。记录家长需求及基本信息（特别是电话号码及宝宝出生年月，不要仅问几岁）。待对方挂机后方可放下电话挂机。如遇到不确定的问题，不可直接回复“不知道”，可换了解情况的老师回复或留下信息，稍后及时回复。

（三）关系维护

1. 生日统计

行政人员每月末统计下月生日的在册婴幼儿并做出列表，在册婴幼儿生日当日通过客服微信送出祝福。

2. 在册婴幼儿关怀

行政人员每月统计连续一个月未出勤的在册婴幼儿，了解原因，通过微信或电话联系，表达对婴幼儿的关怀。

3. 将即将到期的在册婴幼儿进行分类

对于还有 3 个月到期的在册婴幼儿，可通过微信或短信告知。

亲爱的 ×××，欢乐的时光总是过得很快，您的 VIP 卡未来 3 个月即将到期了。如果您对我们的服务认可，并希望延续 VIP 卡，请在本月底前和我们的客服人员沟通，以保证享受最优惠的价格。感谢您对我们托育机构的喜爱与支持！

对于还有 2 个月到期的在册婴幼儿，可通过电话联系。打电话前的准备工作：查询该在册婴幼儿的历史入场情况；对照现有的课程按照在册婴幼儿的年龄进行推荐。

4. 在册婴幼儿请假管理

（1）和在册婴幼儿确认请假日期、时长。（2）查询档案，确认在册婴幼儿是否还有请假期限。（3）办理在册婴幼儿卡暂停。（4）记录在册婴幼儿请假的日期、时长、原有效期、暂停后的最新有效期并更新电子记录。（5）将便签放在在册婴幼儿档案中。

5. 接待反馈意见的在册婴幼儿家长

（1）带家长进入接待室。（2）认真倾听在册婴幼儿家长的想法，让在册婴幼儿家长充分诉说，站在在册婴幼儿家长的立场给予理解和关心。（3）对在册婴幼儿家长的不满表示歉意。（4）提出相应的解决方案。（5）可以当下立即解决的问题及时处理。（6）对于暂时解决不了的问题，将问题记录下来汇报上级，给出反馈时间。（7）对在册婴幼儿家长的提议表示感谢。（8）未解决的问题要注意跟进并告诉在册婴幼儿家长相关处理进度。

6. 数据统计

（1）月底将新进的在册婴幼儿信息录入在册婴幼儿数据表。（2）月初统计上月数据报表，和以往数据作比较，发现问题，及时汇总并作汇报。

目前，关于托育机构行政人员的工作要求，国家和地方标准尚未正式出台，这里介绍的制度和流程，仅供大家参考学习。

第三节　托育机构大型活动计划与案例

一、节日活动计划

托育机构可以选择一些具有代表性的节日并结合招生活动计划或教学计划举办主题活动。某托育机构上、下学期活动计划，如表 3－12 和表 3－13 所示。

表 3－12　某托育机构上学期活动计划表

月份	托育机构亲子（招生）主题活动	班级（日常）主题活动
9 月	中秋佳节、教师节和国庆节	家长会； 以“老师像妈妈”为主题的教师节活动 以“我爱祖国”为主题的国庆节活动
10 月	家长进课堂	重阳节举办“爱的传递——中国传统文化”主题教育
11 月	第二届冬季运动会	以“懂得感恩”为主题举办教育活动
12 月	元旦活动	元旦主题活动
1 月	新年音乐会	新年音乐会

表 3－13　某托育机构下学期活动计划表

月份	托育机构亲子（招生）主题活动	班级（日常）主题活动
3 月	“春暖花开”植树节	3・8 妇女节活动
4 月	家长开放日（半日）	健康主题教育月活动

续表

月份	托育机构亲子（招生）主题活动	班级（日常）主题活动
5月	围绕“五·一”劳动节开展主题教学	母亲节活动； 防震减灾主题安全教育月
6月	儿童节和端午节活动	父亲节主题活动
7月	园区周年活动	建党日活动

（一）托育机构亲子（招生）主题活动

一般用于机构内、外招生，根据月主题筹划活动方案，邀请对象可为意向性报名家长以及在读婴幼儿及家长。通常参加园内大型活动家庭控制在15～20个，人数可以根据园区的场地来设定。通过此类活动使得家长进一步体验机构的特色课程及教师风采，起到促单和推广作用。

（二）班级（日常）主题活动

班级主题活动主要是随课堂进行的，根据每月的节气或节日计划活动，让婴幼儿了解不同的节气或节日的由来及意义等。这类活动不仅包括主题游戏，还有亲子共情类活动，例如在母亲节、父亲节，让家长和孩子一起参加手工制作活动，增进亲子关系。在制作过程中，教师可拍摄照片或录制视频，待活动结束后发给家长，使其感受婴幼儿在园所的快乐生活。

二、学期固定活动及案例

（一）生日会

托育机构招收的宝宝的年龄段是0～3岁，可以为满周岁的婴幼儿组织一场有趣的抓周活动（见图3-1），可邀请婴幼儿家长一同参与。注意：要婉拒家长自带蛋糕以及小礼物，告知家长园区的食品管理制度，避免食品安全问题及攀比现象的出现。园区可为宝宝准备一些有纪念意义的小礼品作为生日礼物。

图3-1　生日会（抓周活动）

图片来源：好宝家托育中心.

（二）周年庆

托育机构的运营不同于幼儿园，因此每家机构的周年庆尤为重要。每年的周年庆活动是机构的重头戏，例如，整月围绕周年庆活动主题进行线上线下的互动宣传活动，可以开展亲子阅读类、亲子游戏类活动，以调动家长参与其中。

（三）亲子运动会

亲子运动会是可以增进亲子关系的有趣活动。活动方式应设为竞技类，尽可能让父母一起参与。例如亲子爬行比赛，一位家长在终点用玩具逗引并呼唤宝宝的名字，另一名家长与宝宝一起爬行，几组家庭参与比赛，看谁先到终点。运动会可根据婴幼儿不同年龄段设计 5 ～ 6 个活动。因托育机构场地限制，一般可以以游园形式划分活动区域，这样不仅可以维持良好的活动秩序，也可以让家长在转换场地的同时感受游园的趣味性。

（四）毕业典礼

每年的 7 月至 8 月，在幼儿离开园所前，可以为他们组织人生中的第一次毕业典礼，邀请对象可以是在读婴幼儿家长，还可以是意向家长，在毕业典礼上进行教学成果展示，能起到很好的宣传作用。

三、园内大型活动案例

托育机构中的园内大型活动注意事项如下所述。

1. 活动时间与目标要明确

活动时间、目标要明确，要紧跟国家政策要求开展有意义的活动，不盲目跟风开展崇洋媚外活动。可以以教学理念或传统的节日节气为活动指导方向，结合实际情况有序开展。

2. 活动对象恰当

活动对象以在读婴幼儿及家长为主，活动家庭的人数不宜过多或过少，可根据机构场地而定。

3. 活动方案要合理分配人员

活动方案要合理分配人员，每一个流程环节落实到相应的责任人。责任人应熟悉活动方案，提前做好演练与彩排工作，避免在活动中出现不必要的工作失误。

4. 做好相关预算

活动方案中需要把活动所需的所有物料等相关费用编制预算，采购工作责任到人。每一场活动结束后，要有复盘整理工作，以便于日后开展此类活动避免出现类似的问题。

小案例

“中秋节”活动方案——中秋佳节游园会

一、活动目的

1. 通过中秋活动，让园所婴幼儿了解中秋传统文化。
2. 通过活动，让家长了解托育机构的教学理念，增加家长和园所的黏度。
3. 增加来园上门量，提高园所知名度。

二、活动时间

2023 年 9 月 29 日 18:00—19:30（全员）。

三、活动筹备

1. 意向客户定向邀约（托育会员、意向非会员）。
2. 活动推广海报制作，利用朋友圈、微信群等途径进行活动预热。
3. 托育机构卫生及环创。
4. 婴儿车的停放及位置管理。
5. 活动材料采购。
6. 活动音乐准备。

四、活动前准备

人员分工及时间节点表，如表 3－14 所示。

表 3－14 人员分工及时间节点表

序号	项目	负责人	说明	时间节点
1	活动材料采购	张玉	根据活动内容采购相关材料；大厅冷餐食材 / 活动环节物料	除食材外，物品在 9 月 27 日下班前完成
2	中心环创卫生	王伟	保证中心地面、桌椅、台面、软包的清洁	9 月 29 日 17:00 前，完成中心保洁工作
3	教室整理	李强	桌椅摆放，材料摆放，教室卫生	9 月 29 日 17:00 前完成
4	非会员邀约 / 会员邀约	张海	统筹顾问定向邀约客户，每个家庭最多两大两小参与活动，提前确定好宝宝小名、出生年月、联系电话，询问交通方式，如驾车，请提前	9 月 28 日 18:00 前完成
5	签到表	刘丽	根据邀约名单，打印签到表，写好名帖	9 月 28 日 18:00 前完成
6	户外接引	李泽	停车场接引	活动正式开始前
7	停车协调	李泽	沟通确认入场方式，保证车位充足	9 月 28 日 15:30 完成
8	活动主持人	杨升	提前熟悉活动流程、主持稿	第二次彩排前完成
9	音乐准备	许东	提前找好活动音乐，交给负责播放音乐的老师	9 月 28 日 16:30 完成
10	活动环节	多人	每个游戏点位及环节负责人安排	方案定稿时完成
11	道具准备	李强	配合活动主题进行必要的氛围布置	9 月 28 日 18:00 完成
12	入园检查准备	王伟	准备好入园检查所需的物品，如体温计、消毒洗手液等	活动当天
13	音响调试	许东	活动当天进行播放音乐，提前调试好设备，确保音乐可以正常播放，音量合适	9 月 28 日 18:00 前
14	材料准备	李强	放好活动所需的物品	9 月 28 日 18:00 前

活动流程及具体说明，如表3-15所示。

表3-15 活动流程具体说明

序号	项目	负责人	活动内容	活动物料	备注
1	迎接签到	刘丽	引导家长停放婴儿车，提醒家长带走婴儿车上的所有物品，保证婴儿车无损坏、丢失		
2	入园检查	王伟	负责引导家长签到、换袜套、贴名帖、放置物品； 保健医坐在进门处，相关医疗用品两放在旁边，负责入园检查	袜套、鞋套、名帖等	
3	音乐播放	许东	根据活动流程，播放大厅各环节音乐； 游戏点位负责人播放各点位音乐	音乐准备	
4	前台值班	张玉	活动开始后，需留1名工作人员前台值班		
5	开场舞	孙倩	舞蹈一：《中秋节》教师开场舞； 舞蹈二：《爷爷为我打月饼》全体家长幼儿一起参与。	两首音乐	提醒家长椅子往后挪
6	中秋节的由来	许东	观看投影《中秋节的由来》	动画视频，投影仪（提前调整位置）	提醒家长椅子的摆放
7	拍合照	杨升	主持人组织现场家庭集体合影，安排人员负责拍照		进行游园会预告
8	点位一：猜灯谜	王珊	拿到灯谜的家长，猜出答案后到负责人处核对答案，猜对5个灯谜可集得一个印章（尽量不借助手机，每个灯谜在负责人处可有两次提示机会）	灯谜规则版画一张；印章1个、麻绳、彩色手工纸打印灯谜100条（提前布置好走廊装饰）	同时可容纳5个家庭
9	美食分享	李强	在家长与婴幼儿进行分散点位活动后，活动大厅布置冷餐会	长条桌两张、桌布两张、精美展盘若干、饼干若干、水果若干、干果零食若干	主持人可在活动预告中进行提示
10	活动跟拍	赵涛	在活动过程中分工到各个活动区域进行拍照		
11	活动结束	刘丽	主持人在大厅告知活动结束，提醒家长检查随身物品，并告知在园所门口处凭“中秋游园通关卡”领取伴手礼		

续表

序号	项目	负责人	活动内容	活动物料	备注
12	伴手礼派发	王伟	核实“中秋游园通关卡”，派发伴手礼，送中秋祝福	伴手礼 25 份	已领取伴手礼的家长需在签到表上备注好
13	活动材料清洗		负责游戏项目的人员负责自己所在区域卫生，进行物品归位，清洁整理工作，其他人员辅助		

说明：此案例中的游戏点位可根据婴幼儿不同年龄点需求设定，就不一一举例。

物料及预算清单格式如表 3－16 所示。

表 3－16 物料及预算清单

序号	环节	地点	物料 / 名称	单位	数量	预算	负责人	备注

五、活动流程

15:00 老师检查卫生、核实活动材料、完善前台签到物资。

17:00 播放暖场音乐，开始早到家长及婴幼儿的接待工作。

18:00 活动开始：

开场舞——《中秋节》(教师舞蹈)＋《爷爷为我打月饼》(全体舞蹈);

《中秋节的由来》(投影播放);

主持人向家长介绍活动形式、活动内容及活动注意事项。

主持人介绍完活动，组织全体人员拍集体照，合影后家长带着小朋友自由参与游园活动。

六、活动回顾

1. 活动复盘。
2. 活动照片整理及发送。
3. 活动总结文案（自媒体 / 公众号）。

拓展阅读

园区大型活动应急预案

托育机构安全管理工作尤为重要，应急预案就是其中一部分。应急预案主要是针对可能发生的重大事故（件）或灾害，为保证迅速、有序、有效地开展应急与救援行动、降低事故损失而预先制订的有关计划或者方案。做好应急预案的相关管理工作是降低突发事件发生概率，及时有效地开展应急救援工作的救援保障。

托育机构的应急预案通常包含：公共卫生应急预案、火灾事故应急预案、自然灾害应急预案、暴力事件应急预案、大型活动应急预案等。

园区大型活动应急预案（范本）

一、预案适用范围

为预防托育机构大型活动中不安全事故的发生，保障大型活动有序、顺利、安全地进行，保证婴幼儿及相关成人的安全，特制定本预案。本预案适用于托育机构开展的各类大型活动，如家长开放日、节庆活动、出游活动等。

二、应急处置部门与职责

（一）人员构成

大型活动应急领导小组组长：机构负责人（园长）；

副组长：后勤主任 / 教学园长（副）园长；

组员：各部门负责人。

（二）工作职责

（1）指挥有关教师立即到达规定岗位，采取相应的应对措施。

（2）安排教师开展相关的抢险、排危或者实施求救工作。

（3）根据需要对师生员工进行疏散，并根据事件性质，报请上级迅速依法采取紧急措施。

三、托育机构大型活动安全预防措施

（1）严格执行组织大型活动前的申报制度，事先应向主管部门提交书面报告（包括活动地点、行进路线、安全组织措施、紧急情况预案等内容），获得批准后方可进行。

（2）在组织大型活动的前几天，托育机构要用书面形式告知家长，让家长明确安全要求，协同做好教育工作。

（3）活动前对婴幼儿进行纪律和安全教育，增强婴幼儿的自我保护意识。活动中婴幼儿要在专人带领下，在指定的范围内活动，不得进入危险区域，不得动用危险物品。

（4）活动前，园方要派专人到活动场所实地检查活动器械（具）、设备、设施等是否存在安全隐患。

（5）需要车辆的活动，要求车辆单位选派能自觉遵守交通法规、驾驶经验丰富、技术熟练的驾驶员和车容、车况、安全性能好的车辆为在园婴幼儿集体活动服务。

（6）活动期间要有专人负责看管大门，保障出入畅通。

四、大型活动安全应急处理程序

（1）领导小组应当根据“生命第一”的原则，在第一时间内向上级安全工作领导小组报告。

（2）立即将突发事件所致的伤病人送往就近医院，对无法判断伤情的伤病员，应及时报警求救、求援。

（3）组织人员立即保护现场，采取疏散、隔离等措施。

（4）根据事件性质，应及时与涉及事件的婴幼儿家长、教师家属联系，在适当条件下，告知事件原因、处理结果，或者联系家属进行救治。

（5）采取有效措施，做好善后处理工作。

本章小结

本章主要讲解托育机构园务管理工作计划和园内大型活动计划，分别从园务管理工作计划、行政接待工作、园内大型活动、成功案例等四个方面阐述托育机构园务管理工作和计划性工作；从全年计划、月报表、周计划、总结几个方面进行示例讲解；结合托育机构案例讲解各类活动的策划。学生在了解托育机构园务管理的重要性和园内大型活动的策划注意事项后，学会制订园务管理计划；学会将全年工作计划与各种活动结合；树立热爱托育专业、科学制订各类管理计划的观念。

思考与练习

一、判断题

1. 园区内的大型活动设计方案必须由园区负责任人策划。(　　)

2. 托育机构的应急预案通常包含：公共卫生应急预案 、火灾事故应急预案 、自然灾害应急预案 、暴力事件应急预案、大型活动应急预案等。(　　)

3. 托育机构的接待工作是行政人员的一项重要工作，托育机构会将行政人员的工作岗位设立在前台。(　　)

4. 托育机构的“毕业典礼”是一种形式而已，孩子太小可以不用做。(　　)

5. 托育机构的招生工作是不需要做计划的。(　　)

二、选择题

1. (多选) 月度工作表分为 (　　)。

A. 园务工作汇总表　　B. 市场数据汇总表　　C. 教务数据汇总表

2. (多选) 招生工作内容主要有 (　　)。

A. 地推派单　　B. 招生活动　　C. 自媒体宣传

3. 园区的园务工作计划是由 (　　) 进行计划编排的。

A. 教师　　B. 园长　　C. 副园长

4. 托育机构计划管理的过程可由计划制订、执行、检查和（　　）这四个环节构成。

A. 总结　　B. 监督　　C. 总结和监督

5. 托育机构安全应急演练一学期至少需要做（　　）次。

A. 1　　B. 2　　C. 3

三、简答题

1. 托育机构园务管理全年计划包含哪两个版块？具体有哪些方面？

2. 月报表可分为哪几类？

四、思考题

1. 行政工作管理制度有哪些？

2. 托育机构制定大型活动方案的注意事项有哪些？讨论并选择策划一个活动。

第四章 财务管理

学习目标

知识目标

1. 掌握财务管理的基本理论知识和基本方法；
2. 掌握财务管理制度与规范；
3. 掌握财产管理制度与规范。

能力目标

具备财务、财产管理的能力。

素质目标

1. 具有敬业精神和良好的职业道德；
2. 增强财务管理的风险意识和责任意识。

知识点导图

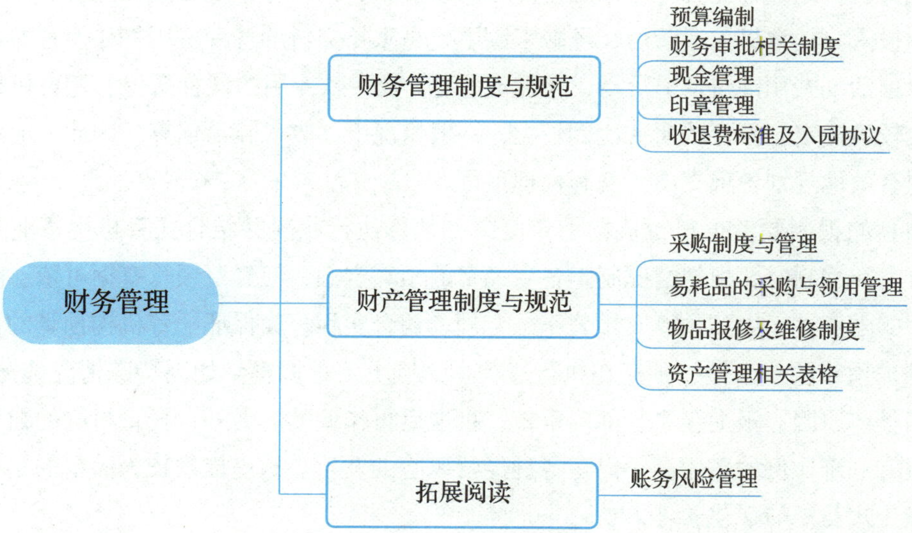

知识背景

财务管理既是单位管理的综合反映，又是内部管理的重要基础，因此，托育机构必须加强财务管理工作。托育机构管理人员要提高对规范财务管理的正确认识，财务人员要提高专业技能，确保托育机构财务管理的规范化，保障财政资金的安全、高效使用，维护家长和儿童的利益。

第一节 财务管理制度与规范

财务管理是组织资金运动，处理同有关方面财务关系的一项经济管理工作。它渗透和贯穿于托育机构的一切经济活动之中。托育机构的资金筹集、使用和分配，一切涉及资金的业务活动都属于财务管理的范围。托育机构的财务管理制度应该以国家现行财务管理制度为依据，财务人员应该具备相关资质并取得相关资格证书，在经费预算、执行和决算中要协助机构负责人合理计划、统筹和使用资金并做好现金收支、账册登记、票据管理、报表制作与呈报等相关工作。小型托育机构可以将财务核算、记账、报税等工作委托给会计公司完成，但是托育机构同样应掌握资金筹集、使用和分配。在当前托育行业迅速发展的形势下，托育机构的兴衰与财务管理息息相关，良好的财务管理能为托育机构负责人提供决策依据。

一、预算编制

托育机构的开办经费一般来源于国家财政拨款、民办非企业赞助和托育机构法定责任人的投入。托育机构运营后，经费来源主要是家长交付的各种费用，如保育费、代办费、专项活动费用（如亲子活动、兴趣班课程）及专款专用的伙食费等。托育机构的入园人数较为固定，保育费所占比例较大，一般情况下，收入较易估算。因此，应在收入范围内有效地规划各项支出，编制合理预算。

预算的编制要依据托育机构上年度财务预算执行状况并结合托育机构事业开展需要进行。在编制时要根据情况制定各项经费的预算定额，使经费预算有据可依，防止预算编制的随意性，做到预算安排公正、合理、切合实际。为保证托育机构预算的良好执行，维护预算的严肃性，预算在执行过程中原则上不得调整。如因特殊情况确需调整，应说明具体原因，报上级主管部门审核，批准后再作调整。另外，托育机构的财务预算还要留有一定比例的备用金，以防各种经营风险的发生。这里提供较为简单的年度收支预算表（见表 4－1）供参考。

表 4－1 年度收支预算表

填表单位： 填表日期：

序号	项目名称	金额（元）	说明
一	年收入合计		
（一）	学费		
1	报名费		
2	月费		
3	兴趣班		
4	延时保育		
（二）	伙食费		
（三）	代办费		
1	教材		
2	书包		
3	制服		
4	床上用品		
5	材料费		
（四）	活动费		
1	主题亲子活动		
2	毕业典礼		
3	生日会		
4	其他活动		
二	全年支出合计		
（一）	人员经费支出		
1	基本工资		
2	福利费		
3	奖金		
4	加班费		
5	培训费		
（二）	场地费用		
1	房租		
2	物业费		
3	修缮费		

续表

序号	项目名称	金额（元）	说明
（三）	办公费		
1	水费		
2	电费		
3	天然气费		
4	差旅费		
5	快递费		
6	印刷费		
7	低值易耗品		
8	招待费		
（四）	伙食费		
1	食材费		
2	厨余垃圾清运费		
3	油污处理费		
（五）	业务费		
1	教具教材		
2	玩具		
3	设施设备		
4	园区活动		
（六）	招生宣传费		
1	广告费		
2	宣传活动费		
（七）	预留备用金		
1			
2			
3			
三	年度结余		

园长：　　　　　　　　　　　　　　　　　　　　填表人：

二、财务审批相关制度

为了加强托育机构财务管理、规范财务行为、杜绝不合理支出、减少资金占用、提高托育机构资金使用效率，下面就财务审批相关制度做简要说明。

（一）暂借款管理规定

暂借款是指因公产生的暂时预付或垫付给有关单位或个人的各种款项，包括购买货物、服务的预付款；基建、大修项目的预付款；预借的差旅费；其他暂借、预付款项。

（1）申请暂借款须由托育机构负责人签字。超过章程规定的托育机构负责人权责范围以外的金额需由上级主管决定并签字。

（2）暂借款只能用于因公的各项开支，因私一律不予借支。

（3）暂借款必须在预算范围内借支，无预算、无经费来源一律不予借支。

（4）暂借款应“一事一借”，按指定用途专款专用，不得挪作他用。

（5）“前款不清，后款不借”，及时清理结算，原则上不允许跨月借款。如出差返回7日内办理还款或报销手续。

（二）费用报销规定

（1）报销手续必须齐全，原始发票必须具备名称、填制日期、经济业务内容、数量、单价和金额，大小写必须相符，开票人签字。原始发票内容如不能反映具体状况的，需附件说明。

（2）报销人所持报销发票必须有市级及以上税务机关统一印制的发票监制章，事业收据必须有省级或市级财政部门统一印制的收据监制章。若发票丢失，不得报销。

（3）购置实验耗材、办公用品、日用品、劳保用品、教材、图书、设备等，应加附收款单位出具的明细清单，并加盖与发票一致的财务专用章或发票专用章。

（4）各种原始凭证的报销，必须由经办人签字，然后由托育机构负责人、财务审核或验证人签字后，方可报销。重大开支须报托育机构行政探讨确定。

（5）财务人员要对各项开支的合法性、合规性、真实性进行审核，对于不合规定或手续不全的，有权拒付。非正式发票或非行政事业单位收据均不予报销。

（6）员工因公出差的差旅费，按有关规定限额。出差人员填制好报销单凭证，由财务人员审核，经托育机构负责人审批后方可报销。

（7）以原始凭证上的日期为准，当月发生的费用需在当月或次月提报完成，当年发票次年2月前有效。

三、现金管理

托育机构要加强对现金的管理，及时将家长所交的费用填入财务日报表中，避免遗漏或错记。家长的缴费时间相对集中，不论现金支付、刷卡支付，还是其他方式支付，必须填入财务报表。

（1）严格执行托育机构备用金限额制度，收取现金金额超过2 000元时，须立即存入银行，不得以当日收入直接支付费用或报销。

（2）每日核对银行账户金额、财务账面金额和实有金额，保证账实相符，同时财务或出纳人员应每日向托育机构负责人汇报账面金额和可用金额。

（3）存款不得存入私人账户，转账也不得以任何理由转到个人银行账户、微信、支付宝或其他互联网金融账户。

（4）预支和报销要留凭证，避免现金支付。对特殊情况必须现金支付的，需由领取人签字确认后领取。

（5）预支和报销应在每月固定时间将申请和凭证当面交给财务或出纳人员，其他时间除非特殊情况，由托育机构负责人签字特批后才予以处理。

四、印章管理

印章包括公章、法人印章、财务专用章、发票专用章、合同专用章等具有法律效力的印章。印章是托育机构经营管理活动中行使职权的重要凭证和工具，印章的管理关系到托育机构正常的经营管理活动的开展，甚至影响托育机构的生存和发展。

（1）印章要有专人保管，不得转借他人。保管人应正直可靠、责任心强、作风正派、坚持原则。

（2）印章必须妥善保管，不得擅自将印章带出办公室外使用。特殊情况确需外出使用的，必须经审批人批准并由印章保管人现场监印。

（3）印章的使用要严格审批手续，做到先审批后用印。使用前填写《印鉴使用签批单》(见表 4－2)，审批通过后方可使用。

（4）用印审批人要在核实的基础上签署意见，凡涉及承包、对外签订合同、报批项目等重大问题使用本托育机构印章的，必须经上级主管召开会议通过，由法定代表人或指派代表签署后方可使用。

（5）严禁在空白合同、协议、证明及介绍信上用印。因工作特殊确需用印时，须经托育机构负责人签字同意，并要做好特别登记，追踪管理。使用完毕后必须到印章管理人处登记其用途，未使用的必须交回销毁。印鉴使用签批单和特别登记须永久存档。

表 4－2　印鉴使用签批单

用途		外带	□是　　□否
用印内容		用印时间	年　月　日
用印类型	□公章　□法人印章 □财务专用章 □发票专用章 □合同专用章	用印数量	共　份，每份　页
用印人		责任人	
审批人		备　注	

五、收退费标准及入园协议

园所要和入园的婴幼儿家长签订入园协议并明确收费金额、请假和收退费标准。收退费标准可参考当地幼儿园的标准，避免家长过多疑义。

以下为入园协议范本，供参考。

入园协议

甲方：

新生/续费注册信息：________________

幼儿中文名：________________ 幼儿英文名：________________

出生日期：________________性别：男/女

监护人信息：

父亲姓名：________________移动电话：________________

母亲姓名：________________移动电话：________________

家庭住址：________________家庭电话：________________

紧急联系人：________________电话：________________邮箱地址：______________

乙方：

园所名称：________________

地址：________________前台电话：________________

甲乙双方皆了解并认可本合同对彼此的约束，甲方已经仔细阅读本合同，并向乙方工作人员详细询问，__________对各项条款均无异议。本合同有效期内，甲乙双方必须遵守及履行下列义务：

课程及费用

原价：__________学费 定价：__________ 优惠价：__________

定金（已付款）：__________付款日：__________□现金□信用卡□微信□支付宝

待付：__________付款日：__________□现金□信用卡□微信□支付宝

一次性付款：__________付款日：__________□现金□信用卡□微信□支付宝

合同到期日：有效期__________至__________（续报再签新合同）

一、甲方孩子从________年______月______日入读，幼儿入园作息时间为：上午__________至下午__________，若在园时间发生如下事故：摔伤、扭伤、走失，或在园时间食物中毒由乙方负责，其他不在园时间发生的事故甲方承担责任。甲方如有急事不能按时接孩子请及时来电话联系老师，并告知接孩子的大概时间。

如果您的孩子因为某种原因不能来园，请您及时向当班老师请假，以便我们做好孩子的考勤工作。因各种原因当月幼儿连续____天以上未入园，家长需申请顺延，保留学位，且在再次入园时需提前一个月告知乙方，重新安排入园时间。

二、当孩子入园时，甲方要明白乙方办学本质是为了培养孩子的知识、技能，呵护、看管孩子使其能健康成长，同时解决家长工作的后顾之忧。因此，当幼儿在园时间患病时我们会第一时间致电家长，若家长没有空时，我园会第一时间带幼儿到医院就诊。若因幼儿自身的疾病引起的全部治疗费用由甲方负责，乙方不承担。

三、由于孩子年龄较小，而且第一次离开家人来到新的环境中，孩子有哭闹的情绪是非常正常的，请各位家长积极配合班级老师工作，每天送幼儿入园时不要在幼儿园逗留。请您相信我们，我们会用爱心照顾好每一位孩子。

四、若甲方的孩子入园前已患有如癫痫病、心脏病等不属传染的病，入园时甲方必须如实告知乙方负责人，以便工作人员能更好地关照孩子，否则，产生的一切后果由甲方负责。

五、幼儿入园和离园必须由父母接送，若甲方有特殊原因不能接送孩子需要委托他人接送的，请甲方必须提前通知或电话通知乙方工作人员，当幼儿被委托接出幼儿园后发生的一切事故由甲方负责。乙方不负任何责任。

六、收费、顺延期限：

1. 凡入园在册的幼儿所交纳的费用一律不转不退。

2. 请假。

凡是因国家规定的节假日而放假的，本园不退任何费用。正常上课时间若因特殊原因不能来园的，家长必须提前请假，且一个月内请假 5 天之内的不能顺延，连续一周（5 天）以上请假可以顺延，顺延期限不能超过合同到期日。

七、甲方每天送孩子来园时需向带班老师交代清楚有无特别注意事项，当天需要服药的幼儿请在幼儿服药登记本上写清楚药名及用药量，以便工作人员能给幼儿按时服药。

八、未尽事宜双方可参照教育部《学生意外伤害事故处理办法》来协商解决。

九、为了孩子的安全，入园期间甲方一律不能给孩子佩戴任何饰品（项链、手链、耳环、玉器等），否则如有遗失或者因饰物造成的安全事故，一律由甲方承担责任。

十、我们有多种联系方式，如：家访、电访、微信群、面访等，请甲方选择最适合自己的联系方式与老师进行沟通。如在教育过程中有任何意见和建议也请随时向园长反映交流，以便我们更好地照顾您的孩子。

入园请提供如下物品：孩子体检证明、孩子干净毛巾一条、孩子干净衣裤两套、孩子一寸照片、与接送人合影。当甲方的孩子退学时，本协议终止。

以上几点，甲乙双方共同遵守，双方签字之后协议立即生效。

本合同最终解释权属乙方。

本协议一式两份，一份由甲方保存、一份由乙方保存，两份合同具有同等的法律效力。

争议解决：甲乙双方因本合同发生争议，任何一方均可向乙方所住地有管辖权的人民法院提起诉讼。

甲方：本人声明，已详细阅读并接受本合同所列全部条款。

甲方：________________（签章）乙方：________________（园所盖章）

日期：________________ 日期：________________

特别提醒：婴幼儿出勤记录在计算婴幼儿学费时尤其重要。因此，托育机构每日开园后，保健人员在确认各班用餐人数的同时，要再次点名确认各班人数。一旦有婴幼儿请假或延时晚到时，一定要与家长确认，以免结算时引起纷争。

第二节　财产管理制度与规范

一、采购制度与管理

（1）设置专岗负责托育机构的采购，其他人员无特殊情况不得擅自购买。

（2）物品采购提前拟定计划申请，按照付款规范执行。临时性的采购申请至少提前1周提交。

（3）采购物品应先搜集相关信息，对外观样式、材料品质、供应资质、价格等进行比对。

（4）至少提供3家供应商，经由托育机构负责人确认后再进行采购。

（5）达到一定数额的批量物品必须按规定和程序招标采购，招标必须有两家以上单位参加竞标才能视为有效，并做到监督有力，公开、公平、公正。

（6）发票应完整准确填写园所或公司名称、纳税人识别号、物品名称、数量、单价等内容。报销应由采购人提出申请，经由托育机构负责人签名批准方可执行报销。

（7）购回物品必须经相关责任人严格验收，登记入账和整理入库。物品的发放也应由相关责任人和仓库管理员进行领用登记、签名和记录。

（8）采购人员应拒收当事人的物品或回扣，拒绝当事人的吃请，如发生此类问题要严肃处理；违反法律的，移交公安机关处理。

二、易耗品的采购与领用管理

（1）低值易耗品多为一次性用品，如打印纸、文具用品、卫生纸、纸杯等。

（2）低值易耗品要统一计划、统一购置、统一发放与管理，须遵从“方便工作、节省开支”的原则。

（3）相关工作人员要不定时抽查领用人使用情况，避免浪费。

（4）对于易耗品，在每周领用后要及时更新登记资料，并估算一定时间内的平均用量、方便制订采购计划，确保一定的库存量。

三、物品报修及维修制度

（1）财产、设备是保证托育机构教育教学顺利进行必不可少的物质基础。后勤负责托育机构维修、赔偿、报损、更换的统筹管理，最大程度发挥托育机构财产、设备的使用价值。托育机构仓管员负责设备的修理、报损、报废、更换统计工作，并登记造册及承担具体的维修工作。

（2）设备有自然损坏的、小的故障，当天报修，当天修复；较大的故障，仓库有配件的，24 小时内修复；若仓库无配件，需请人维修的，7 天内修复。特殊情况需由仓库管理员及时说明原因。

（3）物品维修后应详细记录，包括维修公司或维修人员以及维修的情况，有助于后续追踪处理。

（4）如延缓报修会影响教育教学工作，可申请由托育机构负责人批示限时修复。执行不力，导致影响教育教学工作的，须追究仓库管理员及相关人员责任。

（5）托育机构财产主要由教室财产、寝室财产、办公设备和公共财产四部分组成（公共财产指：专用教室财产设备、体育器材、音乐器材、实验器材、校园绿化设施等）。托育机构应由专人负责设施设备的维护和保养，每周定期检查各类物品，并做好记录。实行“谁使用，谁保管，谁损坏，谁赔偿”的管理原则。

（6）物品借用，应执行物品借用请示、登记、签名、归还、确认的程序，遇到归还时有损毁的情况，应由借用人进行赔偿。

（7）物品如有损坏，应由使用人及时报修。如能移动，需先将物品移至婴幼儿无法接触到的位置；如不能移动，则需贴上明显标志或用其他物品隔开，避免发生意外。

（8）每学期由后勤主管负责对托育机构财产、物品进行账物盘点核查并形成书面报告或报表提交托育机构负责人。托育机构负责人应对盘点核查结果进行抽查，以确保盘点与核查工作的落实情况和数据准确。

四、资产管理相关表单

资产管理相关表单包括：物品采购申请表（见表4－3）；物品领用登记表（见表4－4）；园所财产登记表（见表4－5）；物品盘点清单（见表4－6）；园所物品借用登记表（见表4－7）；园所设备定期清洁检修记录表（见表4－8）；园所设备设施维修记录表（见表4－9）。

表4－3 物品采购申请表

<table>
<tr><td colspan="3">部门及申请人</td><td colspan="4"></td><td>申购日期</td><td colspan="2"></td></tr>
<tr><td colspan="7">物资申请人 / 部门填写</td><td colspan="2">采购人员填写</td><td>园长 / 董事长填写</td></tr>
<tr><td>序号</td><td>物品名称</td><td>品牌</td><td>规格型号</td><td>数量</td><td>建议厂商</td><td>需求日期</td><td>单价</td><td>总金额</td><td>领导意见</td></tr>
<tr><td></td><td></td><td></td><td></td><td></td><td></td><td></td><td></td><td></td><td></td></tr>
<tr><td colspan="7">物资申请人 / 部门填写理由</td><td colspan="3">采购人员填写</td></tr>
<tr><td colspan="7" rowspan="3"></td><td colspan="2">采购方式</td><td></td></tr>
<tr><td colspan="2">付款方式</td><td></td></tr>
<tr><td colspan="2">采购人员签字</td><td></td></tr>
<tr><td colspan="4">园长 / 董事长审批</td><td colspan="6"></td></tr>
</table>

表4－4 物品领用登记表

序号	物品名称	库存数量	领取数量	剩余数量	领用日期	领用人	使用班级	备注
1								
2								
3								
4								
5								
6								
7								
8								
9								
10								

表 4－5 园所财产登记表

教室：　　　　　　　　　　填表人：　　　　　　　　　　填表日期：

序号	物品名称	数量	
		期初	期末

表 4－6 物品盘点清单

______年第_____学期　　　　　　　　　　　　　　　　　日期：__________

序号	名称	单位	数量	剩量	使用程度
1					
2					
3					
4					
5					
6					
7					
8					
9					
10					
11					
12					
13					
14					
15					
16					

园长：　　　　　　　　后勤园长：　　　　　　　　教务主任：　　　　　　　　主班老师：

备注：1. 每学期末盘点人经过主任复盘后送园长审核，由主任存档备查。

　　　2. 教学物品由教务主任复盘，卫生物品由行政主任复盘。

表 4－7 园所物品借用登记表

借用日期	物品名称	数量	借用人签字	归还时间	归还人签字	备注

续表

借用日期	物品名称	数量	借用人签字	归还时间	归还人签字	备注

表 4-8 园所设备定期清洁检修记录表

清洁检修日期	清洁检修情况	保养人单位、姓名	保养费用	主管签名	备注

表 4-9 园所设备设施维修记录表

报修日期	报修部门	报修情况	维修情况	维修时间	验收签名

拓展阅读

财务风险管理

一、企业财务风险管理存在的问题

1. 财务风险的管理意识淡薄

企业财务风险管理水平将会给财务管理效果带来一定影响，结合当前情况来说，大部分企业在财务风险识别、财务风险管理上面临一些问题，财务风险管理意识薄弱，存在侥幸心理，不利于财务风险管理工作开展，影响管理效果。

2. 财务风险管理体系不完善

当前，我国部分企业没有构建完善的财务风险管理机制，体系缺失，无法给经营活动的开展提供正确引导，不能形成集采购、生产、营销等环节协调配合的管理机制，导致资金大量占用，影响资金使用效率，容易引发财务风险。

3. 财务预算管理不规范

由于预算管理意识薄弱，因此企业缺少有效的管理方法对企业战略进行部署和调整，无法实现对企业发展目标和发展计划的细化处理，不利于企业长效发展。

4. 财务风险管理预警系统不科学

风险预警是一种高效的财务风险管理方式，但是当前大部分企业没有建立有效的财务风险管理预警系统，使得企业风险系数增加，再加上企业部分管理者不具备较强的风险防范意识，对风险预警系统建设重视度不高，在开展投融资活动时，对具体项目了解不全面，判断不精准，相应的风险管理体系不完善，再加上企业过于强调短期效益，忽略对事物两面性的思考，使得决策判断失误，影响企业更好发展。

5. 财务会计信息化建设水平低

因为缺少专业的财务系统，在设计环节、财务流程、信息处理等方面软件升级比较烦琐，在某种程度上制约了财务会计管理工作的顺利开展。除此之外，企业财务会计信息化水平低，阻碍了财务风险管理水平的提高。受到财务会计信息化水平、风险防范意识等因素影响，财务风险问题频繁出现，不利于企业长效发展。

二、企业财务风险管理问题的处理对策

1. 强化财务风险管理意识

首先，企业领导应该定期组织安排学习活动，主动参与其中，了解财务风险对企业的影响，掌握风险类型和产生原因，给企业制定管理决策提供数据参考，将财务风险控制在合理范围内。企业管理者应具备较强的风险管理意识，能够营造良好的财务风险管理氛围，由上至下强化财务风险管理，这样才能提高企业财

务风险管理水平，获取理想的管理效果。其次，企业财务人员作为财务风险的管理者，其专业水平和综合素养将会给财务风险管理效果带来直接影响。因此，企业应加强对财务人员的专业培训，尤其是把财务风险管理内容融入其中，让财务人员从中学习更多的知识，提高财务风险防范意识，了解财务风险管理本质，对企业各项经营活动进行科学判断，及时找出潜在风险并处理，让财务风险管理渗透在财务管理整个过程中，让企业经营发展保持安全状态。

2. 完善财务风险管理体系

一方面，完善风险管理机制，结合企业经营发展状况和现代化管理理论，建立与企业战略发展要求相适合的财务风险管理纲要，给财务管理工作的开展提供指导。另一方面，结合企业各个部门实际情况和特点，完善财务管理体系，提高财务管理体系的专业性和规范性，在管理纲要的引导下，保证各部门财务活动有序进行，提高财务风险管理水平。完善责任机制，合理划分各个部门工作职责，形成一个由上至下的财务审批和管理体系，把财务审核落实到位，减少财务风险的出现。

3. 强化企业财务预算管理

为了防范财务风险，做好财务预算管理工作是非常必要的。对预算执行过程进行动态追踪，一旦发现问题，及时调整预算计划，提高预算执行水平，保证预算目标顺利完成。企业可以根据预算执行情况，建立激励约束机制，对员工进行有效激励。在激励对策上，可以采用物质激励、精神激励等方式，通过增加日常工资标准、提高津贴水平、提供晋升机会等，强化员工职责意识，挖掘员工工作潜力，调动员工工作积极性，提高自身专业能力，为企业发展做出更多贡献。

4. 加强财务风险预警系统建设

建设财务风险预警系统是强化财务风险管理的重要方式。财务风险预警系统建设需要把信息化作为根本，对企业经营活动中各项风险问题进行动态监管，其渗透在企业经营管理各个环节中，以财务报表、经营目标为根本，通过采取比例分析、数学模型等方式，找出企业经营发展中存在的风险问题，及时向企业经营者预警，调整财务风险管理方案，提高企业财务管理水平。

5. 提升企业财务信息化管理水平

在信息化背景下，信息技术更新速度加快，企业各个环节都需要得到信息技术的支持，如计算机网络技术、财务管理信息化软件等均是现阶段企业财务管理模式优化改革的载体，不但要从思想上防止监控脱节，还可以利用现代化财务管理软件促进企业财务风险管理信息化水平的提升。当然，人为因素将会给财务风险管理信息化水平带来影响，应强化对财务人员的信息化业务培训，从制度、管理、预测、防范等多方面出发，提高财务风险管理水平，降低财务风险给企业发展带来的不良影响。

资料来源：朱伟琼．财务风险管理．商业现代会，2022（2）．

本章小结

本章主要讲解托育机构的财务管理，分别从预算编制、财务审批流程、现金管理、印章管理、收退费标准及入园协议五个方面讲解财务管理制度与规范；从采购制度与管理、易耗品的采购与领用管理、物品保修及维修制度三个方面进行财产管理制度与规范的阐述。学习者应重视财务管理，增强风险防范意识，积极地提升责任意识，加强财务管理，促进托育机构教学活动的正常和健康开展，提高托育机构竞争力。

思考与练习

一、判断题

1. 预算规划要依据托育机构上年度财务预算执行状况并结合托育机构事业开展需要进行编制。(　　)

2. 暂借款是指因私产生的暂时预付或垫付给有关单位或个人的各种款项。(　　)

3. 预支和报销可以不留凭证。(　　)

二、选择题

1. 预算编制要做到（　　）。

A. 公正　　B. 合理　　C. 切合实际　　D. 以上都是

2. 下列说法不正确的是（　　）。

A. 印章要有专人保管，不得转借他人

B. 不得擅自将印章带出办公室外使用

C. 空白合同上的用印没有法律效力

D. 严禁在空白合同、协议、证明及介绍信上用印

三、简答题

1. 费用报销有哪些规定？

2. 印章有哪几种？

四、思考题

托育机构如何降低财务风险？

第五章 保育与教育

学习目标

知识目标

1. 了解托育机构日常作息安排；
2. 熟悉婴幼儿日常生活护理和婴幼儿活动设计的内容；
3. 熟悉托育机构各类婴幼儿日常生活护理和婴幼儿活动设计的注意事项。

能力目标

1. 学会对婴幼儿进行各类日常生活护理；
2. 学会结合婴幼儿身心特点设计各类活动。

素质目标

1. 热爱托育专业；
2. 树立科学的保育和教育观念。

知识点导图

- 保育与教育
  - 托育机构作息表的制定
    - 作息表的制定原则
    - 婴幼儿一日生活作息
  - 婴幼儿日常生活照料
    - 入园流程
    - 早餐和吃点心流程
    - 晨间游戏活动
    - 午睡流程
    - 户外游戏
    - 离园流程
  - 婴幼儿活动设计
    - 7～12月龄婴儿活动设计
    - 13～36月龄幼儿活动设计
    - 婴幼儿亲子游戏活动设计
  - 拓展阅读
    - 回应性照护

知识背景

智能发育的生物学基础是脑的发育。脑科学研究表明，0～3 岁是大脑发育最快的时期，婴儿出生后的第一年尤其明显，伴随脑重的增加，神经细胞不断增加，树突迅速发育，突触连接不断增多。婴幼儿不断的感知和运动，可刺激大脑相应区域的生长。大脑的发育特点决定了婴幼儿的大脑具有很大的可塑性和代偿性，给婴幼儿提供良好、丰富的环境刺激可以促进其大脑的发育。3 岁以前是人学习的关键期，人一生来就有很多潜能，如果给予丰富的环境刺激，这些潜能就会充分发挥出来。早期教育正是根据人脑的发育规律，对大脑潜能进行开发。

第一节　托育机构作息表的制定

婴幼儿时期作为人生发展的重要阶段，承载了极为重要的养成任务。在此期间，婴幼儿生长速度快，照护者制定作息表时应当遵循其生长基本规律，尤其应该考虑婴幼儿的年龄特点及季节特点。无论是动作、知觉的发展还是认知、情绪、社会性的发展，婴幼儿期都是人身心发展的关键时期。其中社会性的发展的顺利与否直接关系到其对周围事物的接受与融入程度。婴幼儿在家时可能由于长辈的照顾及环境的依赖，不会产生严重的生活作息紊乱。进入托育机构，环境的改变会造成婴幼儿适应不良。一份科学的、联动的、弹性的作息表是为婴幼儿生活习惯奠定良好基础的重要载体，对其具有很大的教育价值。

一、作息表的制定原则

（一）作息表应该是科学的

科学地安排和组织婴幼儿的一日生活，尽量减少不必要的行为和过渡环节，减少和消除消极等待现象。托育机构一日作息表的各项时间安排是否科学合理直接影响到活动实施的质量，关系到婴幼儿一日生活的质量。

（二）作息表应该是联动的

作息表应该是整体的，以起到对婴幼儿的一日生活做出建议性的指导作用。其中每个环节和活动项目的设置都应有其教育价值，且每个活动项目都应该建立在符合婴幼儿身心健康发展的基础上，以全方面地培养健康的作息制度。在制定作息表时应注意处理好如下关系。

1. 动态活动与静态活动相交替

在提供多样性的活动中，要注意婴幼儿活动之间的节奏感，避免单调和疲劳。应遵循动静交替的原则来规划婴幼儿的一日生活节奏，同时也可以根据其在活动中的反应，灵活地进行调整。

2. 室内活动与室外活动相交替

每天尽量保证婴幼儿有 1 ～ 2 小时的室外活动时间。如果室外活动时间因为天气原因而被减少或取消，可利用其他的活动来替代，帮助婴幼儿达到每天所需运动量，以促进身体健康。例如，在下雨天可以停止预设的活动，带领婴幼儿拿着小伞去户外走一走，感受伞的作用以及听雨滴敲打伞的声音。

3. 集体活动与个体活动相交替

在一日生活活动中，必须保证婴幼儿有充足的参与互动活动的时间。对于婴幼儿而言，游戏不仅是一种玩耍，也是一种学习和生活。托育机构一日生活作息时间将集体活动与个体活动相交替的安排更趋于科学合理。

（三）作息表应该是弹性的

固化的作息制度对婴幼儿的生长发育有伤害。固化的作息时间会造成个性化发展被遏制，婴幼儿将失去自我管理的机会，只能被动地、低效地进行一日生活。托育机构可以尝试实行弹性作息表，即在稳定的、有规律的一日生活流程中，除了进餐和午休时间，其他时间允许老师根据婴幼儿活动、环境等实际情况，对一日活动的时间安排进行自主调整、自主选择和自主安排，从而提升教育质量。弹性作息表不仅考验教师的语言组织能力、引导能力、情绪控制，而且考验教师对婴幼儿的情绪状态、之前活动完成情况的判断力和掌控力。

（四）作息表应该是有爱的

作息表的制定要从关爱婴幼儿情绪入手。教师在教学过程中要善于观察婴幼儿的感受，这是教师专业性的重要体现。针对每名婴幼儿不同的性格状况，教师应该对婴幼儿的情绪状态、婴幼儿活动的有序程度、婴幼儿的活动完成情况进行细致观察后确定活动的时长和强度。

二、婴幼儿一日生活作息

为给婴幼儿提供良好的生活、教育环境，使其能健康、快乐地成长，照护者应该为婴幼儿提供适当的游戏化课程和生活化活动。遵照作息时间制定的原则，本章参考幼儿园和其他托育机构的模式来构建婴幼儿适宜的一日生活作息。将一日活动中的各类生活活动的时间进行调整，给婴幼儿更多的自主性。

（一）活动安排注意事项

（1）一日生活作息中的各项活动要求婴幼儿尽可能按时、独立地完成，目的是锻炼其自主探索和发现的能力，从小形成良好的生活、学习习惯。

（2）拒绝“填鸭式教育”，避免“小学化倾向”的出现。

（3）可以让家长走进专业机构，在学习托育机构或幼儿园的婴幼儿培养标准的同时帮助家长提高教育能力，家长们深入了解后可以更好地评价和引导婴幼儿健康成长。

（4）注重睡眠，建议 0～3 个月的婴儿每天睡眠时间为 13～18 小时，4～12 个月的婴儿每天睡眠时间为 12～16 小时，1～2 岁的幼儿每天睡眠时间为 11～14 小时，3～5 岁的儿童每天睡眠时间为 10～13 小时。

（5）注重饮食规律，两餐（正餐）间隔 3～4 个小时。

（6）保证婴幼儿每日有 1～2 小时体育锻炼或户外活动；有 1 小时游戏时间；有一定的自由活动时间。

（7）连续游戏活动时间为 15～30 分钟，可以采取集体、分组、分区域等灵活的活动方式。

（二）活动安排及要求

基于婴幼儿生长规律并参照部分托育机构的相关作息安排，编者编制了不同年龄婴幼儿的一日生活作息表（见表 5－1、表 5－2），可根据各地生活习惯和气候略做调整。

表 5－1　乳儿班一日生活作息表

时间	活动项目名称	活动要求
7:50—8:40	早餐、入园	开窗通风，清洗饮水装置、准备热水，保证婴儿一日的饮水量； 打扫室内卫生：擦灰尘，整理用品； 用消毒液擦拭玩具柜、水龙头等； 入园、晨检、家长沟通、交接婴儿； 接待带药的家长，登记记录，将药品放置在指定的安全地点； 餐前准备：消毒餐桌、摆放餐具
8:40—9:30	生活	生活（营养早餐，照顾婴儿愉快进餐；盥洗、换纸尿裤）
9:30—10:00	晨间活动	餐后打扫，保证餐桌桌面及地面清洁； 消毒餐具、餐巾、擦桌毛巾； 早操（配合教师完成音乐会、儿歌、被动操等活动）
10:00—10:30	吃水果	协助婴幼儿换纸尿裤后洗手、加餐水果
10:30—12:00	睡眠时间	备好床铺、拉好窗帘、营造安静的睡眠环境，促进婴儿入睡； 巡视婴儿睡眠情况
12:00—12:30	午检	午检、起床整理、换纸尿裤

续表

时间	活动项目名称	活动要求
12:30—13:00	餐前游戏	安静游戏；餐前准备：消毒餐桌、摆放餐具
12:30—13:00	午餐	午餐（辅食），照顾婴儿愉快进餐
13:30—14:00	餐后整理	餐后整理，保证餐桌桌面及地面清洁； 安静游戏；协助照顾管理婴儿
14:00—14:30	教学活动	室内活动、户外活动，密切观察婴儿的情绪变化、精神状态
14:30—15:00	加餐	吃点心
15:00—16:20	睡眠时间	备好床铺、拉好窗帘、营造安静的睡眠环境，促进婴儿入睡； 巡视婴儿睡眠情况； 下午检、换纸尿裤
16:20—16:30	餐前准备	消毒餐桌、摆放餐具
16:30—17:00	晚餐	照顾婴儿愉快进餐； 离园准备（为婴儿整理着装、婴儿自身用物）
17:00—17:10	离园	离园、婴儿交接、家长沟通； 清洁消毒活动室、盥洗室等

表 5－2　托小班、托大班一日生活作息表

时间	活动项目名称	活动要求
7:50—8:40	入园	开窗通风，清洗饮水装置、准备热水，保证幼儿一日的饮水量； 打扫室内卫生：擦灰尘，整理用品； 用消毒液擦拭玩具柜、水龙头等； 入园、晨检、家长沟通、交接幼儿； 接待带药的家长，登记记录，将药品放置在指定的安全地点； 餐前准备：消毒餐桌、摆放餐具
8:40—9:00	生活照护	早餐，照顾幼儿愉快进餐；盥洗、换纸尿裤
9:00—9:40	教学活动 根据天气选择 适合的活动	餐后打扫，保证餐桌桌面及地面清洁； 消毒餐具、餐巾、擦桌毛巾； 各种类型的活动均可：配合教师完成教学活动，协助管理幼儿
9:40—10:00	水果时间	协助幼儿换纸尿裤后洗手、加餐水果
10:00—11:00	户外活动	认知、音乐、绘本等教学活动； 密切观察幼儿的情绪变化、精神状态

续表

时间	活动项目名称	活动要求
11:00—11:20	餐前准备	小游戏、音乐欣赏、绘本阅读等餐前活动； 消毒餐桌、摆放餐具
11:20—11:50	午餐	盥洗、换纸尿裤、午餐
11:50—12:10	餐后轻度活动	餐后打扫，保证餐桌桌面及地面清洁； 消毒餐具、餐巾、擦桌毛巾； 听轻音乐或室内散步等安静游戏
12:10—14:40	午睡	备好床铺、拉好窗帘、营造安静的睡眠环境，促进幼儿入睡； 巡视幼儿睡眠情况
14:40—15:20	生活环节	起床、午检、更换纸尿裤、盥洗、点心
15:20—16:20	教学活动	配合教师完成音乐会、儿歌、体能活动等教学活动； 协助管理幼儿； 密切观察幼儿的情绪变化、精神状态
16:20—17:00	晚餐	盥洗、换纸尿裤； 餐前准备；消毒餐桌、摆放餐具； 照顾幼儿愉快进晚餐； 离园准备（为幼儿整理着装、幼儿自身用物）
17:00—17:10	离园	幼儿交接、家长沟通； 清洁消毒活动室、盥洗室等

第二节 婴幼儿日常生活照料

一、入园流程

托育机构，也称为托育园，是婴幼儿日常生活和开展其他活动的重要场所，也是婴幼儿走出家门，离开家人踏入社会的第一步。婴幼儿进入托育园是开启他们人生新旅程的重要环节，也是托育园一日生活中的第一个环节。入园流程一般包括环境准备、婴幼儿接待、晨间检查、物品交接、婴幼儿交接等环节。“一日之计在于晨”，早晨入园对于婴幼儿在园的一天生活有着很大的影响，良好的入园流程不仅能让孩子消除陌生感，获得婴幼儿及家长的信任，还能很好地体现托育园的精神风貌。

(一) 环境准备

1. 保证园区环境的安全

托育园的环境是否安全，是婴幼儿在园生活的重中之重。一个安全的托育教育环境，在满足婴幼儿生存的基本条件外，还应满足既可保障教学质量，又能促进婴幼儿身心健康全面发展的要求。因此，在排除园区基础设施建设的安全隐患后，更应时刻关注婴幼儿在园区各活动区域的安全。如在婴幼儿入园前，工作人员必须对整个园区进行巡视，发现存在安全隐患的设施，应当停止使用，及时维修或者更换，并在维修、更换前采取必要的防护措施或者设置警示标志；应将各个活动场所的窗户打开以通风换气，并根据气候特点及当日气温把室内温度调至适当的区间；应准备好当天的饮用水和消毒水。

2. 保持园区卫生的清洁

在保证环境安全的基础上，更要做到园区卫生的清洁，保洁人员须在婴幼儿入园前做好室内、室外的清洁卫生和各类物品的消毒工作。如每日用拖布擦拭地面，用抹布擦拭桌椅、柜，擦去门窗及其他设施上的污迹，并清除废弃物；地面无污渍，无纸屑、果壳、碎末等废弃物，无任何卫生死角；桌椅摆放整齐，桌椅表面无积尘和污渍；垃圾篓及时清理等。

3. 合理安排活动物品

在安全合理的教学原则下，根据教学活动计划中的每日活动安排，准备好当天婴幼儿活动所需的各类物品，同时检查核对物品的数量和质量，保证活动所需物品的安全卫生，并确保每个婴幼儿都能分配到活动物品，共同参与活动。

4. 准备相应的记录表格

不同婴幼儿的身体素质和健康状况都不相同，需要根据婴幼儿实际情况，对其进行个性化的托育管理。因此，托育园须提前准备好“婴幼儿考勤表”“家长交代事项记事本”“喂药委托及服药记录表”等，在接待婴幼儿入园时，针对家长提出的要求及建议，反映的实际情况，婴幼儿携带的各项物品、药品（如需要喂药，应告知药品用量、服药次数、服药时间等），要如实且详细地填写在相应表格中，防止工作人员遗忘。

(二) 婴幼儿接待

婴幼儿接待是婴幼儿从园外到园内的中心环节，会影响婴幼儿及其父母对托育园的最初印象。园区工作人员的情绪、态度对婴幼儿有着非常大的感染作用，要时刻以饱满的热情为每位婴幼儿服务，体现出以婴幼儿为本的中心思想。要使婴幼儿感受到来自工作人员的喜爱和热情，婴幼儿才会由衷地喜欢上托育园。不同的婴幼儿来自不同的家庭，其入园时间不一致，因此需要工作人员分别接待、逐个了解。接待婴幼儿入园时要注意以下几点：

（1）接待期间，同班教师应做到分工明确，一位接待家长并把婴幼儿引入活动室，另一位负责孩子的后勤及室内活动。

（2）接待教师要主动站在教室门口，面向婴幼儿和家长来的方向，热情迎接婴幼儿。

（3）看到婴幼儿和家长迅速迎上去，态度要亲切、热情，面带微笑，弯腰或下蹲拥抱婴幼儿，使用规范用语向婴幼儿和家长表示欢迎。

（三）晨间检查

晨间检查应根据托育园的具体情况，安排相关人员在入园处检查婴幼儿的个人健康、卫生情况，以便能积极应对各种疾病和其他突发状况，做到“早发现、早隔离、早治疗”，实现托育园的“全园健康”。相关人员可以是保健人员、带班教师或保育人员。晨间检查须提前准备好相关物品，如酒精棉球、体温计、压舌板、手电筒、笔、晨检本等。晨间检查的一般方法主要包括：一问、二看、三摸、四查。

一问：询问婴幼儿在家时的各种健康状况，如婴幼儿的睡眠时长及质量、三餐饮食状况、大小便的排便规律等，特别注意询问近日有无外来人员接触史。

二看：查看婴幼儿的神态、面色、皮肤，尤其注意手足四肢处的皮肤有无淤青、出血点、伤口等，口腔黏膜是否有脱落，牙齿有无异常。

三摸：抚摸婴幼儿额头试温，必要时可用水银体温计或智能体温枪进行准确的体温监测；摸腮腺有无肿大，摸颌下及颈部淋巴结有无肿大。

四查：根据婴幼儿各种常见传染病的发病特点，在传染病的流行季节，检查相应部位，如皮肤、咽喉等；检查婴幼儿有无携带危险的物品、食品，及时发现引发危险的因素；检查婴幼儿卫生情况，如是否携带手帕，手指甲有无修剪等。如有异常情况，及时做好记录。

（四）物品交接

（1）教师接过家长手中的物品，叠放整齐，放进婴幼儿的储物格。

（2）耐心询问家长是否有其他交代事项，将家长交代的事项详细写在“家长交代事项记事本”上，及时分工处理，并于处理完毕后签字确认。

（3）需喂药的婴幼儿，请家长务必填好“喂药委托及服药记录表”并签字。保健医生将婴幼儿药品写上姓名，放入药盒中，进行统一妥善保管。

（4）教师应查看婴幼儿有无携带危险物品，帮助婴幼儿取下书包，指导婴幼儿将书包放到指定的位置。

（五）婴幼儿交接

婴幼儿交接是婴幼儿入园的最终环节，须保证婴幼儿入园后的人身及财产安全，婴幼儿入园后的所有活动都需在工作人员的看护下进行。因此，在每一次婴幼儿更换活动场所时，相关工作人员都要做好婴幼儿的交接工作。

首先，接待教师带领婴幼儿进园并将婴幼儿交给班级内教师，同时将婴幼儿身体、情绪等方面的情况如实告知班级内教师。接待教师若因故要临时离开，需请他人代岗。

其次，接待教师向保育员递交“家长交代事项记事本”。

最后，每位婴幼儿进班时，班级内教师需即时填写“婴幼儿考勤表”。

二、早餐和吃点心流程

（一）早餐流程

早餐是婴幼儿一天生活中的重要环节，按时吃早餐既能让婴幼儿保持旺盛的精力，保持活动的积极性，又能促进婴幼儿的身体发育和大脑发育。因此，制定合理科学的早餐流程，对保障婴幼儿的营养与健康，培养良好的饮食习惯和进餐能力，促进婴幼儿健康成长起着重要的作用。

1. 桌面消毒工作

餐厅应保持整洁、明亮、舒适，餐点前的桌面消毒要使用专用抹布，先用毛巾蘸清水擦净餐桌，再用配制好的含氯消毒液擦拭，20 分钟后再用毛巾蘸清水擦净桌面，去除残留的消毒液。

2. 餐前准备工作

（1）婴幼儿准备：就餐前，完成洗手、如厕、喝水等准备工作。

婴幼儿在盥洗室进行洗手和如厕时，容易出现滑倒、玩水将衣服弄湿等意外。园区工作人员应重视这一环节，注意全面照顾、及时督导、仔细检查，必须等最后一个婴幼儿洗手、如厕后，指导婴幼儿整理好毛巾，才能从盥洗室出来。

组织婴幼儿喝水时需明确专人专杯，引指婴幼儿到指定的座位上喝水。在婴幼儿喝完水后，再指导婴幼儿将自己的杯子放回杯柜，方便下一次取杯饮水。在整个饮水过程中，要时刻注意观察婴幼儿饮水状况，教育幼儿适当、适量、缓慢饮水，谨防摔跤或呛到。

（2）教师准备：合理组织餐前安静活动，稳定婴幼儿情绪。

帮助孩子调节情绪，让孩子在良好和愉悦的情绪下进餐，是组织餐前安静活动的主要目的。婴幼儿在刚从家里来到园区的这个特殊时段，有一些不安、烦躁情绪在所难免，这些不良情绪很难一下子转变为安静状态。在有序的如厕、洗手后，可以组织一些安静的活动来调整孩子们的情绪，如听一首轻松、舒缓的音乐；讲一个生动有趣的童话故事；做一个益智、发散思维的手指游戏等。让孩子们的情绪稍稍趋于平静，并在参与这些活动的过程中变得更轻松、更愉快，从而带着愉快的心情进入早餐环节。

（3）保育员准备：早餐菜谱介绍，激发食欲的同时，帮助孩子拓展知识。

保育员接触婴幼儿食物前必须先戴好口罩，用肥皂和流动水洗净双手。饭菜须放在备餐桌上或餐车上，如吃干点应使用食品夹。保育员可在早餐前进行简单的菜谱介绍，激发婴幼儿食欲。如让婴幼儿根据闻到的香味猜猜“今天我们将吃什么菜、喝什么汤？”通过“闻一闻”“猜一猜”“说一说”等活动，使婴幼儿被早餐中食物的色香味所吸引，有效地激发孩子们想吃的欲望。在这个过程中，还蕴藏着丰富的教育资源，因为孩子们还可以进一步知道这些食物的营养成分对人体的好处，帮助孩子们改善不良的饮食习惯，达到均衡地摄取营养。

3. 餐中指导

保育员在分餐桌旁进餐，带班教师坐在保育员关注不到的位置同婴幼儿一起进餐。教师应坐姿自然、安静用餐、细嚼慢咽做好示范，轻声细语指导婴幼儿，不催促婴幼儿，不训斥婴幼儿。教师巡回指导，纠正婴幼儿不良用餐习惯。为需要的婴幼儿添加饭菜，同时照顾进餐慢或身体不适的婴幼儿。用正向的策略鼓励婴幼儿不挑食、不撒饭、不剩饭。食用含有骨头、鱼刺等的食物时，教师要关注到每个孩子，以防意外。

4. 餐后管理

保育员要事先准备好餐后擦嘴的毛巾，可放在餐前准备桌上。婴幼儿用完餐后让其将餐具放到餐前准备桌上的盆里或桶里（不要用筐，以免汤汁流出来）。婴幼儿放餐具时告诉其轻轻地分类摆放，然后拿一块毛巾擦干净嘴巴和小手，将擦过的毛巾放在一边待洗。

待全部婴幼儿用餐完毕后，保育员清理桌面，收拾餐具送至营养室，用洗洁精擦洗桌面后再用清水擦干净，清扫地面后再用湿拖把拖干净。

（二）吃点心流程

良好科学、规范合理的吃点心过程，除了能让婴幼儿养成基本的卫生习惯及饮食习惯，还可以用来提升婴幼儿自主的能力，培育美好的情感，丰富婴幼儿知识。照护者应注重婴幼儿健康成长过程中的每一个生活小环节，更要注重婴幼儿全人格整体、全面地养成。

餐前准备：餐前半小时不组织运动，教师根据婴幼儿具体情况，采用适当的方式组织婴幼儿有序地洗手。餐前谈话，与婴幼儿一起讨论吃点心时的规则。保育员在餐前20分钟要规范地擦洗和消毒餐桌。

分发点心：保育人员在消毒双手后，戴上一次性手套、口罩分发点心。

进食点心：吃点心时教师注意观察婴幼儿饮食习惯，指导婴幼儿独立进餐，吃点心时细嚼慢咽，注意桌面卫生。

食后管理：教师及保育员应有序指导婴幼儿将餐具分类放好，适当清洁桌面残渣，有序组织餐后漱口并擦干净嘴巴，带领婴幼儿进行餐后散步、观察等安静活动。

三、晨间游戏活动

婴幼儿晨间游戏主要是指在晨间开展的轻松活泼、调动婴幼儿积极性的活动的总称。因为时间比较短，所以晨间游戏的特点是注重轻松、活泼而非技能技巧的提高，而且运动量也不宜过大。在满足走、跑、跳、投、平衡、钻、爬等对婴幼儿基本能力训练要求的基础上，更注重形式的多样性和趣味性，利用丰富而有趣的内容及形式，吸引婴幼儿积极主动地参与晨间游戏活动，以达到锻炼的目的。

网小鱼

游戏玩法：

教师扮渔翁，用圈做渔网，小朋友扮鱼，在池塘里面游（要求幼儿用前脚掌着地），被网住的“鱼”站在池塘边。

看谁钻得快

游戏玩法：

用两根长绳把圈固定成一行，终点悬挂一面小鼓。分两组进行比赛，每组第一位幼儿出发，钻过所有的圈去敲响小鼓，后面的幼儿再继续像前面的幼儿一样完成，两组谁先完成即为胜利。

四、午睡流程

托育园日常管理过程中，午睡是非常重要的环节。

（一）婴幼儿午睡的卫生保健要求

（1）培养婴幼儿午睡的习惯，知晓午睡对身体的益处。

（2）做好情绪、如厕等方面的准备工作，安静进入午睡空间。

（3）学会独立有序地脱掉衣物（拖鞋袜—脱裤子—脱上衣）并摆放在指定位置。

（4）保持自然的睡眠姿势，盖好被子，不蹬被。

（5）遵守午睡规则，不交头接耳。

（6）有序穿衣（穿上衣—穿裤子—穿鞋袜），整理仪表。

（7）学习叠被，将枕头、被子摆放整齐。

（8）养成独立入睡、按时午睡、安静午睡、照顾自己的良好习惯。

（二）婴幼儿睡眠时间

托育园的婴幼儿日间睡眠时间和次数要根据婴幼儿的生理特点进行设计，年龄越小的宝宝睡眠时间越长，次数也越多；随着年龄增长，婴幼儿的日间睡眠时间逐渐缩短（见表 5 - 3）。刚入园的婴幼儿情绪不是很稳定，对托育园的生活还不太适应，建议将他们的起床时间延长，睡眠时间可以根据实际情况进行调整。对于托大班的幼儿，因为面临即将要升入幼儿园进行学习，所以可适当将睡眠时间缩短一点，以便他们将来能更好地适应幼儿园的生活。

表 5 - 3 婴幼儿日间睡眠时间

年龄	日间睡眠时间（小时）
新生儿	9 ～ 10
2 ～ 6 月	4 ～ 5
7 ～ 12 月	3 ～ 4
1 ～ 3 岁	2.5 ～ 3
3 ～ 6 岁	2 ～ 2.5

（三）婴幼儿午睡前后的工作

1. 睡眠前的准备工作

（1）环境创设。

1）温度适宜。室温一般以 26℃为佳，湿度控制在 55% ～ 65%。根据气温及天气情况，教师需提前开窗通风（至少提前 1 小时）或者打开空调、室内加湿器等，为婴幼儿创设较为适宜的温湿度环境，便于午睡。

2）光线柔和。就寝环境中要有窗帘，且颜色柔和、能遮光。窗帘可选择婴幼儿较为喜欢的动植物图案，颜色宜为淡蓝色，材质柔软。

3）准备床铺。根据气温及天气情况准备适合婴幼儿的床上用品，不能让婴幼儿受热或者受寒。婴幼儿用品要柔软轻便，照护者要做好清洁及消毒工作。婴幼儿枕头要选用低枕。

（2）活动准备。

1）安静活动。饭后不要立刻午睡，可安排婴幼儿玩玩具或者阅读读本，听听轻音乐、讲讲故事（故事情节不可过于紧张刺激），有利于放松心情，或者安排自由散步、观察自然等活动。入寝后，教师要提醒幼儿轻手轻脚，不要交头接耳，教师在说话时也要轻声，可以用悄悄话的方式，让婴幼儿做好午睡的心理准备。

2）安全检查。保教老师要提醒婴幼儿不要携带物品上床休息，需检查婴幼儿是否携带小玩具、小物件（发卡、皮筋、纽扣等），避免发生意外事故。

3）分批如厕。在睡前十分钟，提醒婴幼儿上厕所，排空大小便。可采取分批次的形式，让婴幼儿依次进行，避免尿床或者扎堆如厕。

（3）动作准备。

1）安静入寝。保教老师带领婴幼儿安静地进入寝室。

2）脱衣紧凑。教师在婴幼儿脱衣前，需关好门窗。指导婴幼儿自己依照脱鞋袜换拖鞋，然后再脱裤子、上衣的顺序脱掉衣物，并且引导婴幼儿将自己的衣服放在指定位置。教师要注意观察婴幼儿，及时给予指导和帮助。

3）轻松入眠。教师以轻柔的口吻引导婴幼儿放平枕头、整理好被子、盖好被子，把手放在被子里，以右侧卧或者仰卧姿势入睡。

4）个别照顾。教师应该着重关注个别新入园的婴幼儿及入睡困难或者有恋物习惯的宝宝，在必要的时候，需采取个别照顾的方式。可以给婴幼儿喜欢的安抚物，配合教师轻拍、抱抱、说悄悄话等方式安抚其情绪，协助入睡。

2. 睡眠中的指导与管理

（1）定时巡查。照护者每 15 分钟巡查一次，将所有婴幼儿都纳入自己的视线之中。重点巡查：婴幼儿是否入睡，睡姿是否正确，有无异常行为。一旦发现婴幼儿脸色潮红、呼吸急促、神情呆滞等，要及时联系保健医生采取措施，严重者要立刻送医。如果发现婴幼儿睡姿不对，出现趴着睡觉、蒙头睡觉、踢被子等情况，要及时帮助婴幼儿调整睡姿。如果发现婴幼儿出汗，要及时更换汗巾并擦汗，防止婴幼儿着凉，并且根据婴幼儿体温，及时调整空调温度。

（2）个别护理。对在午睡过程中有特殊需要的儿童，进行因人而异的个别护理。对入睡困难的儿童进行安抚；对实在毫无睡意的儿童，要避免其影响其他宝宝，可安排其他教师将婴幼儿带出寝室，进行一些较为安静的活动；对个别睡前喝水较多或者有尿床习惯的婴幼儿，教师要掌握时机，及时提醒婴幼儿排尿；对于体弱的婴幼儿，教师需安排在便于照顾的位置，做好观察及护理工作。

（3）做好记录。为每位婴幼儿建立午睡档案，档案应记录婴幼儿的入睡时间，入睡情况，情绪情况，是否咳嗽、流鼻血或者尿床，是否需要提醒排尿，是否需要调整睡姿，是否出汗过多，睡眠中是否磨牙或者吃手，呼吸是否异常等。针对这些情况，与主班教师进行交流，密切配合，在离园时向婴幼儿家长反馈，提醒家长在家里注意观察照料。

3. 睡眠后的整理工作

（1）音乐唤醒。保教人员在婴幼儿起床前 5 ～ 10 分钟播放轻柔欢快的乐曲，让早醒的婴幼儿欣赏，也可唤醒还在睡眠中的婴幼儿，使之做好起床的心理准备，防止婴幼儿产生突然被唤醒的恐惧和不适。

（2）收拾整理。保教老师在婴幼儿起床后，第一时间提醒他们穿好衣裤鞋袜。对于部分需要帮助或者体弱的婴幼儿进行及时的指导和帮助。

（3）提醒婴幼儿盥洗、喝水。保教人员要观察婴幼儿起床后的脸色、精神状态。发现异常要及时联系保健医生，及时处理。要引导婴幼儿观察整理自己的着装，做到衣着整齐，注意散热或者保暖。整理完毕后，要提醒婴幼儿盥洗、喝水，准备下一环节的活动。

五、户外游戏

婴幼儿户外游戏主要是结合大自然环境，通过户外活动给予婴幼儿充分的自主权，让婴幼儿自主地去探索、学习。婴幼儿户外游戏不同于户外运动，它更加提倡婴幼儿亲近大自然、探索大自然，与阳光、空气为伴，再以个体或集体的方式参与其中。

户外游戏的有效开展对婴幼儿的成长具有积极作用。婴幼儿正处于生长发育的快速增长期，身体各个器官还未发育完全，免疫力和抵抗力较低。适当开展户外游戏可以提高婴幼儿对外界环境的适应能力、增强婴幼儿体质、增加婴幼儿对外界事物的感知能力、促进四肢和触觉等器官的发育。通过团体性的活动，可以提高婴幼儿的分工、协作、配合等能力，培育婴幼儿团结协作的精神、勇敢坚毅的品质、乐观开朗的性格，提高社会适应性，进一步促进其身心健康发展。

根据活动内容和形式，户外游戏可以分为亲子游戏、主题性游戏、知识性游戏、趣味性游戏、运动性游戏等。比如，爬爬游戏、抢球大战游戏、小司机开火车游戏、动画游戏、定向寻宝游戏、亲子行游戏等。

亲子行

主要分为“亲子二人行”和“亲子三人行”游戏。

游戏玩法：

（1）亲子二人行：将若干家庭分为双数组（两组或四组），幼儿与一位家长面对面站立，幼儿的脚踩在家长的脚上，从起点出发，到达终点后返回，下一组家庭继续接力，用时最短者即为胜者。

（2）亲子三人行：将若干家庭分为双数组（两组或四组），幼儿与两位家长同向站立，幼儿的两只脚分别踩在两位家长的脚上，从起点出发，到达终点后返回，下一组家庭继续接力，用时最短者即为胜者。

球球大作战

游戏玩法：

将若干个篮球、排球、网球、足球、羽毛球等放在筐中，下达“运送 × 球”到“× × 地方”的指令，幼儿到筐中找到相应的球，运送到相应的地方，球和位置对应次数最多的幼儿即为胜者。

森林骑行

游戏玩法：

根据幼儿性别、运动能力等特点，在平衡车专业教练的引导下，设置直道、弯道、障碍物等不同的场景，开展平衡车追逐骑行游戏。

六、离园流程

离园活动是托育机构一日活动中的最后一个环节，它是婴幼儿由托育机构生活转向家庭生活的一个过渡环节。在这个环节要整理婴幼儿的离园物品，引导婴幼儿回顾一整天的学习活动，进行情绪上的调整。可见，婴幼儿的离园活动具有重要的意义。

（一）婴幼儿离园的卫生保健要求

（1）情绪安定、心情愉悦地等待家人。

（2）整理仪表，携带好自己的离园物品。

（3）选择离园前等待家长的活动，遵守规则，不打闹。

（4）将个人用具收纳整齐，归位摆放。

（5）礼貌有序地同老师、同学告别。

（6）跟随家人离园，不独自离开，不跟随陌生人离开。

（7）注意事项：

“两不要”：一是不要限制过多。如果在白天托育园活动中教师限制过多，婴幼儿完全无法进行自主选择，就会丧失对托育园的向往与期待，不利于婴幼儿返园。二是不要放任过度。如果教师没有组织较为有趣的活动，让婴幼儿感到无所事事、毫无趣味，婴幼儿会对托育园活动产生倦怠感。如果教师未及时关注婴幼儿的日常表现并做出及时的反馈，婴幼儿会觉得丧失被爱感，对教师和托育园难以产生归属感和依恋感。

“三关注”：一是关注婴幼儿的离园活动是否安排适当。二是关注婴动儿离园时的情绪，是高兴、放松还是焦虑、烦躁。三是关注及反思婴幼儿一天的活动表现，进行时间的纵向对比，看婴幼儿是否有收获。

（二）离园的组织原则

1. 渗透性原则

离园活动不是一个简单的活动，它渗透着婴幼儿在园区或者托育机构进行自我认知、人际交往、自我照顾能力、情感交流等方面的教育。离园环节可以观察到婴幼儿生活习惯、行为习惯，以及人际交往能力等。要注重在生活中挖掘教育目标的落地措施，有意识地加强教育与生活的联系，协助婴幼儿将已获得的零散知识或者经验进行系统化升级，发挥生活的育人效能。

2. 延伸性原则

当日的离园活动可视为第二日入园活动的延伸，起着承前启后的作用。离园活动也可以当做教师和婴幼儿的辅助课堂。当天因为教室空间和时间有限，部分婴幼儿可能无法完全参与学习和游戏活动，在离园环节，教师可以利用这个机会，安排这部分婴幼儿进行充分的体验和参与。

3. 游戏性原则

离园活动基本意味着一日活动的结束，不适合安排时间紧凑、知识量大的学习活动，可通过游戏活动来舒缓婴幼儿心情，或者鼓励婴幼儿自己玩玩具、读绘本，来进行休闲娱乐性质的活动。让婴幼儿在放松的状态下，做好离园的心理准备。

第三节　婴幼儿活动设计

0～3岁是婴幼儿动作、语言、认知、社会性发展的敏感期，通过掌握科学有效的活动方法，对促进婴幼儿的早期发展与未来的全面发展具有积极意义。婴幼儿的活动主要是以游戏的方式，针对婴幼儿的特定发展领域开展的活动。教育引导者通过巧妙的活动设计让孩子的肢体运动能力、语言能力、认知能力、情感与社会能力都得到不同程度的提高。婴幼儿活动设计应遵循婴幼儿各个时期发展的特点，制定合理的活动目标，选择合适的活动内容，采用有趣的活动形式，才能保证活动的有效性。

一、7～12月龄婴儿活动设计

宝宝出生的第一年是人生的“第一个生长高峰期”，7～9月龄时，平均每月体重增长0.27～0.37kg，身长增长1.65～1.75cm，头围增长约0.6cm，上颌、下颌会长出切牙；10～12月龄时，平均每月体重增长0.19～0.22kg，身长增长1.15～1.20cm，头围增长约0.4cm，乳牙会继续萌出，会萌出侧切牙，根据个体生长发育差异性，萌出时间会有差别。

（一）7～12月龄婴儿动作发展特点、训练原则与活动设计

1. 动作发展特点

（1）粗大动作：婴儿的各种动作开始具有意向性，会使用双手去拿目标物。7～12月龄为步行前行时期，仍然以移动运动为主，包括独坐、爬行、扶站、扶走等。婴儿能够灵活地前后爬行，爬行速度快，具有熟练的爬行技巧和极强的攀高欲望。婴儿爬行的时候，需要去维持自身身体的平衡，由此形成了一定的动作顺序，如先出左手，再出

右膝，后出右手，再出左膝。能够独自坐着，而且能从坐姿过渡到躺下，以及能够扶着床栏杆站立，扶站的同时会尝试迈步，不断地反复练习后，不必扶物就可以保持身体平衡。

（2）精细动作：婴儿在 7 ～ 9 个月可以用其拇指和食指配合着进行取物，此时标志着这一阶段的婴儿身体末端部位的动作得以逐渐开发。婴儿的手眼协调能力进步较快，能够握住画笔在纸上乱涂，能够在穿衣时知道配合，如做抬手、抬脚等动作。

2. 动作发展训练的原则

（1）婴儿动作发展首尾规律原则。任何婴儿的动作发展都应遵循从上到下、从头到脚的顺序，即遵循抬头—翻身—坐—爬—站—走的顺序。

（2）从粗大动作到精细动作原则。粗大动作是个体全身大肌肉或者大肌肉群参与的运动，粗大动作是儿童生长发育过程中非常重要的构成，良好的粗大动作发展会对其身体、心理等多方面产生积极影响。精细动作主要是手的动作，也称为小肌肉动作。鉴于动作发展的远近规律，精细动作的发展时间要晚于粗大动作，粗大动作在一定程度上是发展精细动作的基础，这种发展趋势可称为大小规律。

3. 动作发展活动设计

婴幼儿动作发展的早期训练需要父母或其他教养人能够运用科学的教养观念来促进其动作的发展，因此采取合理有效且科学的动作发展活动设计，有利于促进婴幼儿的身心健康发展。

（1）粗大动作活动设计。

翻滚游戏

活动名称：左右翻滚

适用月龄：7 ～ 9 月龄。

活动目的：锻炼宝宝左右翻滚的能力。

活动准备：玩具 2 个、地毯 1 张。

活动流程：

A. 在宝宝身体的两旁各放一个玩具；

B. 和宝宝一起躺在地毯上；

C. 对宝宝下指令：“翻滚过去”；

D. 轻轻地帮助宝宝往一边滚，宝宝会发现一个玩具，并且伸手去拿；

E. 帮助宝宝向相反方向翻滚，宝宝会发现另一个玩具并且伸手去拿。

活动名称：我爱裹春卷

适用月龄：7 ～ 9 月龄。

活动目的：练习连续翻滚，测试宝宝身体活动的协调能力。

活动准备：宝宝喜欢的玩具若干。

活动流程：

照护者用玩具诱导，让宝宝学会连续翻滚。如照护者把惯性车从宝宝手边推出一小段距离，让宝宝试着用“裹春卷”式的滚动方式过去拿惯性车，可以引导他（她）从仰卧变成侧卧、俯卧，再从俯卧转成仰卧，加以练习后，宝宝会为了拿到他（她）喜欢的玩具而主动连续翻滚。

活动指导：

在宝宝能做360° 翻身时，如果还有余力，就可以练习连续翻滚。有些宝宝翻身较迟，没有余力做，可以做“裹春卷”游戏。用床单把宝宝裹起来，照护者快速地拉动床单，让宝宝连续翻滚，多玩几次后宝宝就会借用惯性学会连续翻滚，从而使身体更加灵活。

爬行游戏

活动名称：爬行宝宝

适用月龄：9 ～ 12 月龄。

活动目的：锻炼宝宝的手脚协调能力。

活动准备：枕头 5 个、玩具若干。

活动流程：

A. 将 5 个枕头排成一列；

B. 把玩具放在枕头的尽头；

C. 鼓励宝宝从枕头上爬过去，伸手拿玩具。

活动指导：

A. 照护者在宝宝前面摆好宝宝感兴趣的玩具，然后在与宝宝保持一定距离的地方对宝宝说：“宝宝喜欢吗？快过来拿呀！”让宝宝产生想要移动身体的意识。

B. 如果宝宝还不会爬，可由两位照护者共同引导，一位拉着宝宝的双手，另一位推着宝宝的双脚，拉左手的时候推右脚，拉右手的时候推左脚，让宝宝的四肢协调地动起来，慢慢熟悉爬行的动作要领。

C. 当宝宝努力爬到终点时，照护者应给予及时的鼓励。

D. 爬行对宝宝来说并不是一件轻松的事情，照护者每天都应该让宝宝练习，可为宝宝准备一些有趣的玩具，如能发音的、能发光的、会动的玩具等，这些玩具能刺激宝宝的听觉、视觉等感官。照护者可在日常生活中创设空间足够、安全、有软垫的场地，在不同方位放置一些宝宝喜欢的玩具，创设宝宝爬行的环境，诱发其爬行动作的发展，另外还可以利用棉被、枕头或者衣物等设置障碍物，让宝宝爬上爬下，提高宝宝的爬行能力。

扶站游戏

活动名称：扶站

适用月龄：7～9月龄。

活动目的：训练宝宝下肢承受自身体重的能力。

活动准备：安全的支撑物体。

活动时间：5分钟左右。

活动流程：

A. 把宝宝带到一个安全的支撑物旁，如柔软的沙发旁，注意宝宝活动的四周没有能伤宝宝的其他家具。

B. 宝宝爬到这些支撑物旁边后，让宝宝用双手扶着支撑物站起来。开始会有些困难，需要家长扶着才能站起来。

C. 多次练习后，宝宝自己完全能扶站，不必家长帮助。

活动指导：

上肢能帮助身体站立。如果宝宝的上、下肢协调性良好，就能单手扶物站起来。如果宝宝的下肢不能负重，就会把身体靠在支撑物上，这时照护者应当扶着宝宝坐下休息，以免宝宝下肢负重太久而导致骨骼弯曲。

下肢游戏

活动名称：锻炼下肢

适用月龄：10～12月龄。

活动目的：训练宝宝的下肢力量。

活动准备：准备宝宝喜欢的玩具。

活动时间：5分钟。

活动流程：

A. 当宝宝能扶栏或扶物站立时，照护者可以把玩具放到宝宝身边。

B. 引导宝宝一手扶物然后蹲下，用另一手够取玩具，再慢慢站起来。

C. 如果宝宝能靠单手扶物来维持自己身体的平衡，家长可进一步把玩具放在离宝宝稍远处。宝宝蹲下后，要一手扶着物体，一手伸得很远才能够着，或者要趴在地上，甚至要爬行几步才能拿到玩具。然后让宝宝单手拿着够来的玩具，单手支撑身体再站起来。有时玩具太大，宝宝单手拿不住，宝宝就会用双手把玩具抱起来，这时可让宝宝背部靠着物体自己站起来，这种情况会使宝宝完全用自身的力量站立，渐渐可以练习自己站稳。

活动指导：

照护者可以给宝宝做示范，蹲下来时可先用一个膝盖着地，单腿跪下，使身体位置低一些再扶物坐下；站起来时也可单腿跪下再扶物站起，宝宝多学了一种动作，活动会更方便。宝宝开始扶物站立时，由于双腿还未能完全负重，站立一儿就会很累，宝宝还不会自己坐下来休息，照护者要帮助其坐下。宝宝学会用一个膝盖着地后跪下，就能很容易学会自己坐下了。

（2）精细动作活动设计。

手部游戏

活动名称：传玩具

适用月龄：7～9月龄。

活动目的：测试宝宝的双手协调能力，练习宝宝的传手能力。

活动准备：准备1～3个宝宝喜欢的玩具。

活动时间：5分钟。

活动流程：

A. 宝宝会用手拿稳两个玩具后，家长给他第三个玩具。

B. 宝宝想拿第三个玩具，就会扔掉一个再拿。

C. 过几天宝宝会把第一个玩具放在胳膊上，再拿另一个。玩具在胳膊上不能放稳，很快就会掉下来。

D. 家长示范拿第三个玩具，可在胳膊上夹一个玩具，然后把一只手掌打开，先把另一只手里的玩具放在打开的手掌里，再伸手拿第三个玩具。

E. 重复练习以上动作。

活动指导：

6个月时，宝宝学会对敲，两只手的动作相同。做传手游戏时，两手动作不同，要合作才能拿到第三件东西。宝宝学会传手后，开始以一手做主要的操作，另一手做配合操作，主要操作的手以后发展成利手，支配手的是对侧的大脑，它会渐渐成为语言中枢所在地。可见，传手有利于语言中枢的形成。宝宝无意的传手可能发生在140～150天，有意的传手可能发生在170～190天。宝宝双手合抱玩具时，有时松开一只手，一会儿再双手合抱，然后松开另一只手。家长会误以为这是宝宝已经学会传手了，其实这是无意识地松手，并非有意识地把玩具从一只手递到另一只手。测试宝宝的双手协调能力时，应当仔细鉴别，以免记录时间有误。

手指游戏

活动名称：捏捏乐

适用月龄：7～9月龄。

活动目的：练习捏起较为细小的东西，测试宝宝使用食指、拇指的能力。

活动准备：小馒头饼干、小盘子1个。

活动时间：5分钟。

活动流程：

A. 取少许小馒头饼干放在小盘子里。

B. 照护者和宝宝将手洗净，照护者用食指和拇指捏一个饼干放到嘴里，也给宝宝一个，让他（她）咀嚼。

C. 宝宝也想自己拿，会把整只手放在盘子里粘满饼干然后试图往嘴里放，但放不到嘴里。

D. 照护者帮宝宝把饼干弄下来，然后给宝宝做示范，用食指和拇指轻轻捏取，捏到一个就能吃到一个，让宝宝慢慢练习自己捏取饼干。

E. 当宝宝会用食指和拇指把饼干捏起来给照护者吃时，照护者不要忘记抱起宝宝亲一下，表示感谢和鼓励。

活动指导：

大多数9个月的宝宝都能用食指和拇指捏起细小的东西，如小饼干、葡萄干等。宝宝的手和眼已经能够相互配合得很好。食指和拇指是以后做一切精细动作的主要部位，所以练习这两个手指的动作很有必要。

活动名称：盖盖子

适用月龄：10～12月龄。

活动目的：练习盖盖子，测试宝宝的手眼协调能力和手部精细动作。

活动准备：带盖子的塑料杯子1个、奶粉罐1个、瓶子1个。

活动时间：5分钟。

活动流程：

A. 给宝宝看塑料杯子上带的盖子。

B. 照护者慢慢地把杯子的盖子打开，递给宝宝看。

C. 引导宝宝用双手操作，一手扶着杯子，一手拿盖，尝试把杯子盖盖上。

D. 给宝宝一个有盖的奶粉罐，把盖子打开，让宝宝试着把盖子放在罐上，只要求放正，不必让宝宝压紧。

E. 拿一个瓶子，照护者拧开盖子，让宝宝把盖子放到瓶口上，不要求拧上。这个动作要求的准确度更高，宝宝要经过多次练习才能盖上。

活动指导：

宝宝要看清楚盖子应该放的位置，才能把盖子放到最适当的地方。如果放歪了，盖子就会掉下来。照护者应耐心指导宝宝，及时给予鼓励。

（二）7～12 月龄婴儿语言发展与活动设计

7～12 月龄的宝宝能听懂简单的语言，懂得一些常用词语的意思，叫其名字时，会立刻做出反应。随着月龄的增长，宝宝能够听懂简单的指令，如“给我”，理解姿势手语，如“bye-bye”等。还能够模仿成人声音，发出双音节，如“baba”“mama”等，发音越来越像真正的语言，并且会用自己的语音表达不同的情绪。

语言发展活动

活动名称：叫“爸爸”“妈妈”游戏

适用月龄：7～9 月龄。

活动目的：让宝宝知道不同亲人的称呼，促进宝宝的认知能力。

活动准备：宝宝的父母或其他家庭成员的照片。

活动流程：

A. 妈妈和宝宝面对面坐着，妈妈使用较慢的语速，温柔地对宝宝说：“宝贝，我是妈妈，妈妈。”妈妈可重复说多次，并观察宝宝是否在专注地聆听妈妈讲话。

B. 妈妈拿着爸爸的照片给宝宝看，并慢速地说：“这是爸爸，爸爸爱你。”

C. 妈妈给宝宝看其他亲人的照片，告诉宝宝他们的称呼；还可以对照片里的亲人简单地进行描述。例如，“这是奶奶，奶奶马上来看宝贝了。”反复重复上述语句，让宝宝熟悉这些家庭成员的称谓。

活动指导：

可将词汇游戏内容从熟悉的亲人延伸到熟悉的生活事物，拓展宝宝的语言认知能力。如家长可以根据宝宝的实际情况，依据以上游戏方法，循序渐进地让宝宝通过聆听，认识生活环境中的常见物品、大自然中常见的事物等。

活动名称：看图回答

适用月龄：10 ～ 12 月龄。

活动目标：练习看图回答问题，测试宝宝是否能听懂故事的内容。

活动准备：既有情节又有图的故事书 1 本。

活动时间：5 分钟。

活动流程：

A. 宝宝睡觉前，照护者拿一本既有情节又有图的故事书，一边带着丰富的表情给宝宝朗读，一边向宝宝提问题，如“它去干什么？”“看见了谁？”“发生了什么事？”，让宝宝指出书中的图回答问题。

B. 如果宝宝指错了或者不会回答，照护者可以问一些更简单的问题或给宝宝举例，要慢慢地引导，让宝宝理解故事的内容。

C. 如果看的故事中有一两个字是宝宝认识的，照护者可以让宝宝指认几次，加以巩固。

D. 由于宝宝每次只能记住很少的内容，因此要多次重复，宝宝才能记住。

活动指导：

照护者平时在给宝宝讲故事时，如果有问有答，就会有趣得多。如果宝宝还不能听懂故事的内容，就需要多次重复讲给他（她）听，或者让宝宝指图回答问题。在宝宝还未开口说话之前，宝宝是用手来同成人对话的，几乎长达 1 年之久。因此，让宝宝指图回答问题对于宝宝理解故事的内容很有帮助，也有利于培养宝宝的倾听能力。

注意事项：

照护者给宝宝讲的故事要在宝宝能理解的范围内，或宝宝对这个故事感兴趣。故事的主人公最好是宝宝熟悉的事物，如狗、母鸡、小青蛙、小草、大树等。如果照护者给宝宝讲他（她）未见过或不能理解的事情，宝宝会不爱听。照护者讲故事时要鼓励宝宝参与，让他（她）指图回答问题；还可把书合起来，然后引导宝宝猜后面会怎样，引起宝宝好奇，使宝宝爱听故事。

（三）7 ～ 12 月龄婴儿认知发展与活动设计

著名儿童心理学家皮亚杰认为人的认知发展是一种建构的过程，是在个体与环境相互作用过程中实现的，而在这个过程中，会相继表现出顺序不变的四个阶段，即感知运动阶段（0 ～ 2 岁）、前运算阶段（2 ～ 7 岁）、具体运算阶段（7 ～ 11 岁）和形式运算阶段（11 ～ 16 岁）。而 7 ～ 12 月龄的婴儿正好处于感知运动阶段，这个月龄段的婴儿还不会使用语言，以感觉、知觉和动作来适应环境。婴儿最常用的认知方式是动作，如抓、握、嚼等，通过这样的动作来了解世界和事物。婴儿会注意大人的行动而模仿大人的动作，能够挑选自己喜欢的玩具。这个阶段的婴儿也能在镜子中发现自己，并与这个“新伙伴”聊天，照镜子时会笑；知道了自己的名字，听到叫他（她）的名字时会有反应。10 ～ 12 月龄的婴儿开始认识物品的颜色，形状等，如这个阶段认识的第一种颜色是红色，第一个形状是圆形。

认知发展活动

活动名称：有趣的红色

适用月龄：10 ～ 12 月龄。

活动目的：练习宝宝认识红色的能力，测试宝宝接受共性的概念的能力。

活动准备：红色物品。

活动时间：5 分钟。

活动流程：

A. 当宝宝已经认识若干物品之后，照护者可以教宝宝认识红颜色的东西。

B. 照护者拿出红色积木、红色杯子、红色盒子等。

C. 照护者拿起积木说：“这是红色的。”再指着塑料杯子和盒子说：“这些也是红色的。”

D. 照护者问宝宝：“哪个是红色的？”宝宝会指着积木。

E. 照护者接着问：“还有呢？”一般宝宝不作声，也不动手再指。因为在宝宝心目中，一个名字是指一样东西，宝宝只接受积木，不接受其他两种东西。要让宝宝学会一个词并不难，让他接受一个词能用来形容许多东西就比较难。

F. 在日常生活中练习。照护者要帮助宝宝在日常生活中练习认识红色，如在街上看到一个女孩子穿红裙子时，说：“看，红色的裙子多漂亮！”去商店或超市买东西时，问：“要不要红色的？”

G. 多次练习后将红色的玩具放在一边，其他颜色的玩具放在另一边，告诉宝宝：“这边是红色的，那都不是红色的。”让宝宝看相同颜色的东西放在一起，开始理解共性的概念。

活动指导：

开始学习时，宝宝只能认识第一次显示的东西，不能接纳第二种。因为宝宝以前认物都是一个词指一种东西。在多次学习后，宝宝也能接受多种东西是同一种颜色，等到真正理解共性的概念时，才会指出两种红色的东西。宝宝真正认识红色后，能从一堆杂色玩具中将红色的玩具挑出来，不错选或者漏选，这一般要经过两三个月的学习时间。照护者要多次反复对宝宝进行训练，让宝宝熟悉红色。然后，让宝宝接受双重的名称。例如，宝宝认识苹果，让他从苹果堆中挑出红色的苹果，逐渐让宝宝理解红色不是专门指某一个东西，红色可以指许多相同颜色的东西，接受共性的概念。如果从 10 个月学起，到 12 月龄或 13 月龄时宝宝才能认识红色。

（四）7～12 月龄婴儿情感和社会性发展特点与活动设计

1. 情感和社会性发展特点

7～12 月龄的婴儿的情绪开始呈现多样化，对照护者表现出依恋和喜爱，对陌生人会有害怕、拒绝等情绪反应。这个月龄段的宝宝很想表达自己，经常以哭闹、叫喊、咳嗽以及嘴里吐泡泡等方式来引人注意，也会表现出想要抓其他人的玩具或衣服，与他人玩游戏的愿望会比较强烈。

2. 情感和社会性发展活动设计

自我意识游戏

活动名称：顶顶小鼻子

适用月龄：7～12 月龄。

活动目的：让宝宝感受鼻子的存在，促进宝宝自我意识的发展。

活动准备：宝宝清醒时且情绪稳定。

活动时间：5～10 分钟。

活动流程：

A. 宝宝躺着或者坐着，照护者与宝宝微笑对视，问：“宝宝的鼻子在哪里呀？”

B. 照护者用手指轻轻地点着宝宝的鼻子说：“宝宝的鼻子在这里呢。”然后扶着宝宝的手去摸自己的鼻子。

C. 照护者再问：“妈妈 / 爸爸的鼻子在哪儿？”然后用手指点着自己的鼻子，再扶着宝宝的手去摸。

D. 照护者用手指点着自己的鼻子说：“这是妈妈 / 爸爸的鼻子，大鼻子。”再用手指点着宝宝的鼻子说：“这是宝宝的鼻子，小鼻子。大鼻子与小鼻子要做好朋友喽。”照护者用自己的鼻子去轻顶宝宝的鼻子。

活动指导：

除鼻子外，其他的五官也可以进行类似的互动，让宝宝逐步认识自己的五官。游戏过程中要与宝宝进行眼神交流，语气轻柔。

情感游戏

活动名称：我的亲情

适用月龄：7～12月龄。

活动目的：让宝宝感受亲情，增加对亲人的认知程度和亲密程度。

活动准备：玩具。

活动时间：5分钟。

活动流程：

A. 拿着有趣的玩具引逗宝宝。不能亲自照料宝宝的父母，可能常把宝宝放在其他家庭成员家生活，平时宝宝只能看父母的照片，到周末才能见到父母。有时父母见到宝宝时，妈妈想要抱抱宝宝，宝宝会拒绝。这时妈妈不要着急，先拿着有趣的玩具逗宝宝，让他（她）感到好奇，再慢慢亲近他（她）。

B. 父母要尽量利用周末的时间多同宝宝相处，多与他（她）做游戏或带他（她）到户外玩耍。爸爸可以与宝宝做一些活动量大的亲子游戏，如“举高高”“坐飞机”“翻滚游戏”等，使宝宝愿意亲近。

活动指导：

虽然父母与宝宝接触的时间不如照料人多，但父母的精心呵护会让宝宝感到与照料人不同，从而使宝宝愿意和父母亲近。如果父母都经常不在家，可以让宝宝参加亲子园的活动，经常到亲子园活动的宝宝会性格比较开朗。

二、13～36月龄幼儿活动设计

1周岁以后的宝宝逐渐进入到幼儿发展阶段，这一阶段宝宝已经学会了走路，自由活动能力增强，活动空间扩大，与人互动行为增多，探索外部世界的欲望表现明显，多种兴趣也已经开始发展。幼儿在1岁以后的发展表现与1岁前相比有显著差异，集中表现在身体位移能力之一——走，以及口语表达能力的初步发展。

（一）13～36月龄幼儿动作发展与活动设计

1. 动作发展特点

（1）粗大动作：宝宝的大肢体运动能力得到极大的发展，逐渐能够掌握并熟练跑、跳、钻、爬等基本动作。15月龄的宝宝，不需要帮扶自己能走得比较稳，同时学会了向后退；18月龄的宝宝可以在家具上爬上爬下，开始练习跑，可以根据音乐节奏做动作；24月龄的宝宝，大肌肉动作已经十分熟练，会跑、会双脚同时离地跳，能够顺利弯腰而不倒。

（2）精细动作：13～36月龄幼儿手部动作越来越灵活，能够自己拿水杯喝水，会一页一页翻书，可以自己拿着小汤匙吃饭，能模仿大人一起做家务，如擦桌子、扫地等。2 岁以后，会用铅笔画横线、竖线和圆圈，会拉拉链、拨开糖纸等，双手控制力有着显著提高。

2. 动作发展活动设计

粗大动作活动

活动名称：青蛙跳跳跳

适用月龄：24 ～ 36 月龄。

活动目的：促进宝宝下肢力量发展，提升跳跃能力，增强方向控制和距离感知能力。

活动准备：彩色体能圈（直径 40cm）10 ～ 12 个，间距 10 ～ 30cm，自由组合。

活动流程：

A. 家长创设跳跃游戏情景，引导宝宝模仿青蛙进行双脚跳。

B. 随着宝宝能力的增加，可以进行向前跳、左右跳、向后跳、隔圈跳、分组跳等。

C. 照护者在组合体能圈时要考虑宝宝的能力发展阶段，并且在跳跃过程中避免体能圈绊倒宝宝。

活动指导：

家长可以利用积木、卷纸、小汽车等当作障碍物，让宝宝在不触碰的情况下跳过障碍物，障碍物的大小和跳跃的难易程度可根据幼儿当前的发展水平来调整，也可以设置一些奖励，每当宝宝完成跳跃任务，便可获得相应的奖励。

精细动作活动

活动名称：好玩的硬币

适用月龄：13 ～ 18 月龄。

活动目标：训练宝宝的手眼协调能力，手指的精细技巧，以及认识方向的能力。

活动准备：一元硬币 10 个、1 个存钱罐。

活动时间：5 ～ 10 分钟。

活动流程：

A. 准备好一元硬币和 1 个存钱罐，成人先做示范：将 1 个硬币顺着窄缝投入存钱罐内。

B. 照护者递给宝宝1个硬币，让他（她）也投入罐内。宝宝首先要找到存钱罐口，一只手放在存钱罐口，另一只手拿稳硬币，靠着存钱罐口调整方向，最后顺着缝口把硬币投入罐内。

活动指导：

精细动作需要反复练习，练习的机会多了自然就熟练了。手指的精细技巧与肌肉的神经分布和肌肉本身生长的顺序密切相关，只有在1岁前后，宝宝学会放球入瓶之后才可以开始做这项训练。

（二）13～36月龄幼儿语言发展特点与活动设计

1. 语言发展特点

1～1.5岁的宝宝处于理解语言阶段，言语交流能力开始发展，对语言的理解能力超过语言表达能力，能听懂家长发出的简单指令，开始说出自己的名字、熟悉的人名和物品的名字，逐渐会使用日常生活中的动词，如“吃饭饭”“喝水水”“洗澡澡”。1.5岁以后，幼儿词汇量大大增加，语言表达能力显著增强，经常会问“这是什么？”“那是什么？”“里面有什么？”等，呈现出跳跃式的语言发展特点，从不成句的叽叽咕咕模仿大人说话到以完整句的形式表达个人需要，能够回答生活中的简单问题，可以正确说出日常物品或动物的名称，会对语言产生浓厚的兴趣。对于这一阶段的幼儿，家长及教师要多为其创造交流环境，让孩子多与人交流。

2. 语言发展活动设计

模仿发音游戏

活动名称：听天气预报

适用月龄：13～18月龄。

活动目标：训练宝宝的语言模仿能力。

活动准备：电视或广播。

活动时间：5～10分钟。

活动流程：

A. 照护者每天听天气预报，并引导宝宝也听。

B. 天气预报中经常有重复的用语，可引导宝宝跟着说，如“成都晴”“天津阴”“广州小雨”等。这些地名每天都重复，宝宝听多了自然喜欢跟着说。个别记忆力好的宝宝可能还会记住“乌鲁木齐”“呼和浩特”等字数多的城市的名称，这都是经常听天气预报的结果。有的宝宝更爱听某段广告词，甚至会跟着广告说“我喜欢”等。

活动指导：

宝宝除了跟着照护者学习语言外，还可以跟着电视、录音、广播等学习语言。除了天气预报以外，经常重复的广告词也是宝宝学习语言的对象。只要宝宝能跟着说词汇，照护者都应鼓励他，使宝宝更积极地学习语言。照护者一定要每天同宝宝说话，加强与宝宝的语言沟通。

歌曲游戏

活动名称：唱儿歌

适用月龄：25～30月龄。

活动目标：学唱儿童歌曲，培养宝宝的音乐表演能力。

活动时间：5～10分钟。

活动流程：

A. 教宝宝唱简单易懂的儿童歌曲，歌曲只限于5个音阶之内，歌词要简短，富有童趣。不宜让宝宝跟着照护者唱流行歌曲等内容与音域不适宜宝宝的歌曲。如果音域超过宝宝所能，他（她）会自己把音调降低，久而久之，宝宝就会不知不觉地唱歌走调，不易于改正。

B. 可以让宝宝跟着录音机学唱，也可以让他（她）同照护者一起唱，并且一边唱一边做动作，使唱歌更加有趣。

活动指导：

大多数2岁的宝宝都会唱歌。有的宝宝会唱好几首儿童歌曲，并且吐字清晰，声音甜美，节拍和音准也很好；有的宝宝则不敢唱或唱歌的声音较低，吐字不清，音调不准。无论宝宝唱得如何，照护者都要对其给予鼓励。暂时唱得不好的宝宝，可以先让他跟着大家哼唱，再慢慢一句一句地练习，不要剥夺他（她）跟着大家哼唱的权利。音质的好坏有先天条件，也有后天练习的因素。先天条件不好的宝宝，家长耐心教，不断地熏陶，也能使宝宝对音乐感兴趣。

（三）13～36月龄幼儿认知发展特点与活动设计

13～36月龄的宝宝依然喜欢探索周围的世界，在视觉、听觉、触觉方面的发展愈发成熟，并且能够协调统一起来，即在同一时间内，可以用眼睛看、用耳朵听、用手摸。能够在较短的时间内，集中注意力看图片、看电视、听故事等，开始理解事情发生的先后顺序。2岁以后，宝宝有了想象力的萌芽，会用玩具电话假装打电话，玩过家家游戏等。

注意与记忆游戏

活动名称：谁回家了？

适用月龄：13～24月龄。

活动目的：培养幼儿的注意力和记忆力。

活动准备：毛绒动物玩具5只（小鸭、小猪、小羊、小鸟、小老鼠），一个纸盒。

活动流程：

A. 家长把纸盒和毛绒玩具放在桌子上，与幼儿面对面坐在桌子旁。

B. 家长一边指着道具一边向幼儿介绍游戏方法：“宝贝，你看这里有好多小动物，它们是小鸭、小猪、小羊、小鸟、小老鼠，这个纸盒子是小动物们的家，宝贝要注意看哦，看看哪只动物回家啦。”

C. 家长将纸盒子放在腿上，让幼儿闭上眼睛，从桌子上的毛绒玩具中拿一个放进盒子里后让幼儿睁开眼睛，问幼儿：“宝贝，刚刚哪只小动物回家了呀？”幼儿回答后，家长可以把盒子放在桌子上让幼儿看看自己刚刚说的毛绒玩具是否正确，如果回答正确要及时表扬。

D. 家长依次将毛绒玩具放进盒子让幼儿猜哪只动物回家了，并模仿该种动物特征。

活动指导：

家长可将游戏拓展到日常生活中，例如，和幼儿一起观察户外的花草虫鸟，当再次遇到时让幼儿说说它们是什么，描述它们的特点，进而促进幼儿的注意力和观察力的发展。

感知觉游戏

活动名称：我会拨电话

适用月龄：31～36月龄。

活动目的：练习听数字拨电话，让宝宝学会记号码和按照号码的位置拨号，训练宝宝的视听觉和动手能力。

活动准备：玩具电话。

活动时间：随时。

活动流程：

A. 用一台玩具电话或者旧的可以拨打的电话机让宝宝练习拨电话，先练习拨号码1，2，3，每次练习两个数字。让宝宝自己随意边说边拨，直到熟练为止。

B. 练习拨号码4，5，6。成人每次念两个数字，宝宝拨。4，5，6拨熟练后，复习拨1，2，3。六个数字都拨熟练后，再练习拨3个数或者4个数。

C. 几天后练习拨号码7，8，9。照护者不必急于求成，要让宝宝感觉好像在玩，可以照护者念数字，宝宝拨号。宝宝拨对了，就让宝宝念数，照护者拨号。

D. 宝宝已经学会了，可以让宝宝给其他家人打电话，当宝宝从电话里听到了其他家人的声音时，知道自己拨对了，会体会到成功的喜悦，就会更加喜欢拨电话游戏了。

活动指导：

宝宝必须注意听才能记住成人念的数字，还要看准号码的位置才能拨对。一旦拨通了对方的电话，宝宝会很有成就感，之后会很喜欢给亲人拨打电话，以显示自己的能力。

（四）13～36月龄幼儿情感和社会性发展特点与活动设计

1. 情感和社会性发展特点

13～36月龄宝宝的情绪变得丰富，会有害羞、不安、沮丧、羡慕等情绪，开始观察周围人对自己的态度，能够辨别成人情绪中蕴含的含义。能够在很短的时间内表现出丰富的情绪变化，如兴高采烈、生气、悲伤等。另一方面，宝宝的社会性需要逐渐增多，开始对别的小朋友感兴趣，能共同参与游戏活动，逐渐建立自己的交际圈。

2. 情感和社会性发展活动设计

社会生活游戏

活动名称：给玩具娃娃洗澡

适用月龄：20～24月龄。

活动目的：培养幼儿养成良好的生活习惯。

活动准备：可以穿脱衣服的玩具娃娃，水、脸盆、毛巾、浴巾等。

活动流程：

A. 家长拿着娃娃，问幼儿：“娃娃刚刚去外面玩了泥巴，身上、衣服上、脸上有好多泥巴，变成了泥娃娃，该怎么办呢？”引导幼儿说出要给泥娃娃洗澡。

B. 家长问幼儿：“给娃娃洗澡我们先要干什么呢？”引导、提示幼儿说出准备沐浴用品。

C. 在给娃娃洗澡时，家长问幼儿：“洗澡的时候我们先洗哪里呀？再洗哪里呀？”引导幼儿说出身体的各个部位名称。家长继续问幼儿：“泥娃娃洗完澡后变成什么娃娃？”引导幼儿说“香娃娃”。

D. 家长和幼儿一起给泥娃娃洗澡，擦身体，穿衣服。

活动指导：

给玩具娃娃洗澡的游戏可以是模拟洗澡的过程，也可以在浴室中用水给玩具娃娃洗，水可以很好地激发幼儿的游戏兴趣。如果幼儿把衣服弄湿了家长不要责怪，可以顺便让幼儿洗澡并重复游戏的流程。

自我意识游戏

活动名称：男孩女孩

适用月龄：31 ～ 36 月龄

活动目的：知道自己与他人的性别，促进其自我意识的发展。

活动准备：仿真男娃娃和女娃娃 3 ～ 5 个。

活动流程：

A. 照护者引导幼儿观察娃娃的外形特征，如头发的长短、服装以及颜色等，让幼儿辨别娃娃的性别，是男娃娃还是女娃娃。

B. 照护者引导幼儿说出自己的性别，再对照娃娃相应的特征进行说明。

C. 照护者引导幼儿说出家长的性别。

活动指导：

当幼儿不能准确地说出性别时，家长要耐心引导幼儿多观察男娃娃和女娃娃的外形特征，也可以通过阅读相关绘本来帮助幼儿获得一些经验。

三、婴幼儿亲子游戏活动设计

亲子活动是针对婴幼儿和家长共同进行的教育活动，一般以亲子游戏的方式开展，是为了促进婴幼儿身心健康全面发展而进行的活动。教育引导者通过巧妙的活动设计让孩子的肢体运动能力、认知能力、语言能力、情感及社会交往能力得到不同程度的提高。通过开展亲子游戏活动，不仅可以增进亲子感情，还能帮助家长树立正确的育儿观念，探索正确的育儿方式和方法，最终促进婴幼儿健康成长。

婴幼儿亲子游戏活动设计原则如下。

（一）指导性

教师作为亲子活动的专业人员，需要运用专业的育儿知识，有目的、有计划地组织游戏活动，不仅带领家长和婴幼儿一起做游戏，还要向家长传递科学育儿的理念，掌握正确的育儿方法，从而最终实现婴幼儿的健康和谐发展。

（二）互动性

亲子游戏面向全体婴幼儿和家长，要充分发挥婴幼儿的主动性和家长的参与性，所设计的亲子活动要不断增加婴幼儿与家长、教师与家长、家长与家长、婴幼儿与婴幼儿之间沟通和交流的机会，建立高质量的人与人之间的关系，加强彼此之间的全面了解与合作。

（三）启发性原则

亲子游戏活动的设计，应该既能发现和利用婴幼儿现有的能力，又能挖掘和发展他们潜在的新能力，在活动设计与实施的过程中注重创造能够发挥婴幼儿主观能动性的环境，让婴幼儿在亲身的感知和体验中，获得真经验，发展真能力。

踩气球

活动目的：锻炼宝宝的协调能力。

活动准备：气球若干、打气筒一个、细绳若干。

活动流程：

A. 用打气筒将气球吹大。

B. 给每个家庭分发一个气球和一根细绳。

C. 家长将气球绑在自己的脚背上，身背幼儿。

D. 听到老师的口令，游戏开始，家长背着宝宝踩其他家庭的气球，气球被踩爆即被淘汰。

扔沙包

活动目的：锻炼宝宝的手部力量。

活动准备：沙包若干、篓子若干。

活动流程：

A. 家长和幼儿面对面站在规定的位置上。

B. 幼儿将沙包分别向家长手中的篓子投去。

C. 家长配合接沙包。

D. 比一比谁投中篓子的沙包最多，最多者为胜。

拓展阅读

回应性照护

回应性照护是一种满足婴幼儿生理和心理双重需求的积极照护，其核心是通过日常生活的仔细观察，敏锐地了解婴幼儿动作、声音、表情和口头请求，并及时给予恰当的积极回应。回应性照护应做到以下四个方面。

1. 建立亲子关系

亲子关系是指婴幼儿与其主要抚养人（主要是父母）之间的交往关系。它是婴幼儿生活中最基本也是最主要的社会关系。良好的亲子关系可给婴幼儿带来心理的安全感，支持其不断探索、学习，使他们在情感、社交和认知方面良好发展。与婴幼儿建立积极亲子关系的基本要素包括热情、接纳、真诚、共情和尊重。

热情意味着要对婴幼儿表现出真正的兴趣、对他们非常友好并且能够及时与他们互动；接纳则是指无条件地重视婴幼儿，无论他（她）有怎样的气质、性格或行为表现，都要在意他（她）、关心他（她）；真诚要求大人在婴幼儿面前既坦诚又讲道理，并且总是鼓励他们，肯花时间根据不同的婴幼儿和不同的环境分别做出回应；共情则需要照护者学习理解婴幼儿的行为，对婴幼儿做出回应时会假设自己也经历过同样的情绪；尊重就是相信婴幼儿有与其年龄相符的学习和行动的能力，允许他们自己探索和行动，进行独立思考，做出决定，找到问题的解决办法并与他人沟通。将这些基本要素融入与婴幼儿玩耍、交流和赞赏过程，有助于良好亲子关系的建立。

2. 敏锐观察

观察并敏锐了解婴幼儿是正确解读其行为线索、解释需求的必备条件。每个婴幼儿都具有独特性和个体差异，其行为表现存在着多样性和多源性。婴幼儿通过动作、面部表情、声音或手势发出信号，表达自己的生理、心理需求。照护者在日常生活中通过仔细观察、记录婴幼儿的生理节律、活动和能力水平，逐步了解并掌握其个性特点。将婴幼儿看作独立的个体，敏锐注意到并听懂、看懂其不同需求所发出的信号，及其行为背后的含义，准确判断婴幼儿的需求和情绪体验，及其对环境刺激或受挫折时的反应和所能承受的压力。照护者尝试根据其年龄、发育水平和气质特点及场景进行适当的互动回应。敏锐识别疾病征兆，妥善处理和应对疾病。

3. 恰当回应

回应是照护者解读婴幼儿行为后做出的反应，恰当回应不仅具有及时性还应具有合理性，即养育者所做出的反馈应符合婴幼儿年龄、心理发展特点及环境需求，避免不恰当的回应。在问题解决情境中，照护者可以运用以下 4 项技能来引导和回应婴幼儿：

（1）准确判断婴幼儿在面对问题时所能承受的最大压力水平。

（2）及时关注婴幼儿的需求和良好行为表现。

（3）提供与其需求和行为相匹配的反馈。

（4）为婴幼儿的言行树立榜样。

回应性喂养强调了喂养过程中养育者和婴幼儿之间的互动，照护者鼓励婴幼儿发出饥饿和饱足信号，并给予及时恰当的回应。这对于低体重婴幼儿、有疾病婴幼儿的身心健康发展尤其重要。

4. 互动沟通

互动与沟通是人与人、人与环境交互作用的过程，不仅可以帮助照护者更好地进行回应性照护，形成良好的亲子关系，也能帮助婴幼儿将来建立良好的人际关系。

日常的生活环境是婴幼儿与照护者产生沟通和互动的最主要场所，当婴幼儿与照护者共同关注一件物品、参与一件事情时，沟通和互动就自然发生了。

此时照护者需要了解婴幼儿独特的沟通方式：哭声、语言、动作、手势和面部表情以及身体姿势，除了仔细倾听、解读其沟通目的外，照护者还需调动合适的身体姿势、表情、眼神、肢体动作及语言、声音传递易为婴幼儿观察到、注意到并适合其理解的有效信息。

当照护者的沟通行为被婴幼儿所理解时，他们可以继续予以回应，维持互动。

资料来源：中国妇幼保健协会婴幼儿养育照护专委会. 婴幼儿养育照护关键信息100条.

本章小结

本章主要讲解托育机构的保育和教育，分别从托育机构制定婴幼儿作息需考虑的四项原则出发，给出不同月龄婴幼儿一日生活作息参考标准；从入园流程、早餐和吃点心流程、晨间游戏活动、午睡流程、户外活动游戏、离园流程六个方面阐明婴幼儿的日常生活照料。针对7～12月龄婴儿和13～36月龄幼儿的动作、语言、认知、情感与社会不同特点，设计出符合其年龄段的游戏活动。在了解托育机构日常作息安排的基础上，学会对婴幼儿进行各类日常生活护理；学会结合婴幼儿身心特点，设计各类活动。通过开展科学、有效的游戏，促进婴幼儿身心全面健康发展，并树立热爱托育专业、科学保育和教育的观念。

思考与练习

一、判断题

1. 婴幼儿在家时基本不会产生严重的生活作息紊乱，所以他们到托育机构之后也不会产生作息紊乱。(　　)

2. 婴幼儿的作息与成人作息类似，家长可以按照自己的习惯安排孩子的起居。(　　)

3. 家长应尽量多帮助孩子完成一些任务，以免他们哭泣。(　　)

4. 餐后可以适当引导孩子做一些安静活动后再入睡。(　　)

5. 为培养婴幼儿独立吃饭的能力，育婴员只要将婴幼儿小手洗干净，就可以让其抓食物吃。(　　)

6. 宝宝 1 岁以后的生长速度和 1 岁前的生长速度一样。(　　)

二、选择题

1. (单选) 婴幼儿每日的户外活动时间建议为 (　　)。

A. 0.5 小时　B. 1 ～ 2 小时　C. 3 小时　D. 3 小时以上

2. (单选) 婴幼儿午睡后可以适当进食，下列较适合的食物是 (　　)。

A. 酸奶　B. 薯条　C. 汽水　D. 冰激凌

3. (单选) 下列说法正确的是 (　　)。

A. 婴幼儿可以进行强对抗性体育活动

B. 婴儿睡前可以长时间看电视

C. 婴幼儿的体育活动要适量

D. 婴幼儿进食困难时家长可以用手机引导

4. (多选) 下列关于婴幼儿作息表制定原则的说法正确的是 (　　)。

A. 婴幼儿作息表应该是科学的　B. 婴幼儿作息表应该是多元化的

C. 婴幼儿作息表应该是联动的　D. 婴幼儿作息表应该是弹性的

5. (多选) 连续教学活动可以采取的活动方式有 (　　)。

A. 集体活动　B. 分组活动　C. 分区域活动　D. 单独活动

三、简答题

1. 简述婴幼儿睡眠的卫生保健要点。

2. 婴幼儿进行户外游戏的意义是什么？

四、实操题

请结合托育机构活动安排设计一个适合 18 ～ 24 月龄幼儿的户外游戏。

第六章 安全管理

学习目标

知识目标

1. 熟悉托育机构安全管理质量评估的基本知识；
2. 熟悉托育机构各类安全制度；
3. 掌握常见的急救方法。

能力目标

1. 学会创设安全、健康的机构环境；
2. 学会正确做好事故的预防与处理。

素质目标

1. 具有辨别托育机构常见意外风险和事故的洞察力和责任心；
2. 能在日常工作中坚持一切以婴幼儿安全为中心；
3. 具有面对紧急情况的快速反应能力和应变能力。

知识点导图

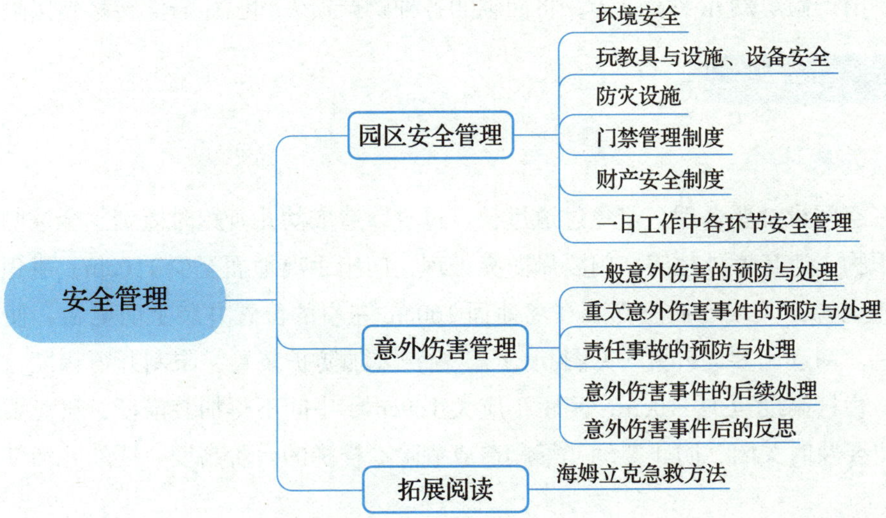

知识背景

2022年1月14日，国家卫生健康委员会、应急管理部印发《托育机构消防安全指南（试行）》以下简称《指南》，进一步加强托育机构消防安全管理，确保婴幼儿的安全和健康。《指南》包括消防安全基本条件、消防安全管理、用火用电安全管理、易燃可燃物安全管理、安全疏散管理和应急处置管理6个部分。《“健康中国2020”规划纲要》提出，建设健康中国以“预防为主”作为卫生和健康工作方针，要求进一步落实“预防为主”，开展各项健康促进工作。伤害的三级预防策略中也强调重视伤害的一级预防，建议围绕伤害相关危险因素开展干预，并建议优先实施预防伤害发生的干预措施。下面一起来讨论托育机构的“安全管理”。

第一节 园区安全管理

托育机构是婴幼儿生活与游戏的空间，婴幼儿的自我保护能力较弱，应加强安全管理，将安全作为重要任务。托育机构安全管理应从源头抓起，做好组织管理工作，消除安全隐患，确保婴幼儿人身安全，使婴幼儿在安全、轻松愉快的氛围下快乐成长。园区筹建时从空间设计、装修、设施设备采购，到规范操作、定期检查和维护等方面进行安全管理，避免意外事故发生。针对安全管理方面存在的问题，托育园应建立托育机构负责人责任制的安全管理体系，托育机构负责人是托育机构安全管理工作第一责任人，全面负责托育机构婴幼儿安全、员工安全和财产安全管理。

托育机构应建立健全日常防护措施和检查制度，配备必要的安保人员和防护设施；建立完善的机构风险防控保护机制；可根据园所的建筑面积、人员数量购买适宜的公众责任险、财产险、幼儿平安险等，将面临的各种财产损失和医疗赔偿转移到保险公司。

一、环境安全

（一）室内环境

园区空间设计要合理，避免过道过长、过直，造成幼儿奔跑时撞到。全透明玻璃门要贴标识物，避免意外伤害。门要做防夹处理，门把手离地面至少110cm，避免婴幼儿碰撞。各电源开关或者插座都装在离地面160cm左右的位置并装上防电盖，使婴幼儿不易碰到。活动门要向外开（见图6-1）。窗户要加防护装置，限制开窗幅度，如果加装护栏，栏杆高度至少110cm、间距不应大于9cm，中间不得加装横杆，避免婴幼儿攀爬。窗户要及时关闭，防止婴幼儿攀爬造成危险。楼梯的台阶高度、婴幼儿活动场所的布置、婴幼儿活动器械的配置等都应符合婴幼儿年龄及生长发展需要，确保安全。防火和消防通道要保持畅通，方便出入，不可用来堆放杂物。

图 6－1 活动门向外开

图片来源：成都金牛妇幼萌牛家托育服务有限责任公司 .

（二）户外环境

户外活动场地需要做到地面平整，如果是开放场地，需加装围栏，避免外来人员进入或婴幼儿自行外出，围栏高度应超过 160cm，中间不设横杆，避免幼儿攀爬。大型游戏器材周围放置软垫。秋千、摇椅等摇晃的设施周围要保持一定的空间，要控制摇摆幅度。如果有高空坠物，需加装防护网。户外场地周围有树木花草需要定时修剪，100cm 以下不能有尖锐树枝突出。

（三）全面辨识安全因素

托育机构工作人员在保教服务工作过程中时刻保持安全意识和风险评估意识，能对危险进行识别、评价，能够评估危险源和环境因素，并制定风险控制和应急措施。及时对活动室、活动区角、盥洗室、寝室、其他活动场所、设备、设施（重点是托育机构的传动设备及炊具、液化气、天然气、大型玩具）进行检维修管理；纠正员工的不良习惯；制止违章操作、管理缺陷等不安全行为。园区应进行危害因素辨识，利用是非判断法，形成本园“危害因素清单”。辨识后，教师针对危害因素采取预防措施。例如，增添标识，让婴幼儿一目了然；增加婴幼儿对尖头剪刀、小刀、缝衣针、纽扣、豆子等细小物品的认识，懂得这些物品不能动、不能玩；婴幼儿在集体去如厕时，不推搡、要排队；按照要求喝水才不会烫伤等。

（四）通过创设环境传授婴幼儿自保技能

创设环境进行安全教育的过程当中，必须考虑婴幼儿的年龄特点，结合他们实际的发展情况，精心设计教学方案，努力做到因材施教、因地制宜。要把抽象的安全教育完美融合到环境创设的各个方面，强调多种表现形式，使安全教育深入人心，符合婴幼儿实际需求。如创设安全教育环境，提出问题："当你遇到危险时应该怎么办?"，展示卡通人物的图片，以图片直观展示的形式告知婴幼儿正确的求救办法。如大喊救命、找到警察、去人多的场所等。以此为基础，可以利用丰富的社会资源、家庭资源，继续开展多种主题、多种形式的安全教育。教师应与婴幼儿家长沟通，让家长扮演好"引导者"的角色，在家庭教育中多宣传安全知识，传授婴幼儿实用的自保技能。

二、玩教具与设施、设备安全

托育机构的事故不少是由托育机构设施设备陈旧失修或配置管理不当造成的，原因主要有三个方面：（1）个别主管部门不重视园所的基本建设与发展需要。（2）托育机构负责人往往从成人的角度，以成人的思维方式来考虑托育机构的装修美化，结果事与愿违。（3）一些托育机构负责人对可能发生的事故抱有侥幸心理。如园内设施设备坏了，修理需要花钱，可把设备收起来又觉得可惜，毕竟有比没有好，那么就让幼儿凑合着用吧，只要要求老师强调"活动时要小心"就行了。可托育机构负责人忘了，幼儿是没有侥幸心理的，即使让他们知道设备有问题，但好玩、好动、好奇是他们的天性，同时他们对后果也没有预见性，结果本该避免的事故就发生了。

小案例

某托育机构大型玩具转椅已使用多年，中轴下沉，托育机构未予修理，只是强调"幼儿活动时要小心，手不要伸入中轴"。一天，某班老师组织幼儿到转椅处活动，活动前再三强调要注意安全，不料活动进行了十分钟，只听得"哇"的一声，一个小男孩哭了起来。原来，他无意中把手伸到转椅中轴处，手指被压住了，老师急忙过来小心地把孩子的手指"解救"出来，可孩子的手指已被严重压伤了。

从法律的角度来说，以上事故的发生是由于管理上的疏忽导致的，那么托育机构应对以上事故承担法律责任。为了改善托育机构目前存在的安全隐患，应该不断提高托育机构负责人以及教师的安全意识，同时还应该加强与上级领导的沟通，取得上级领导的理解与支持。

作为托育机构，应当制定运动区安全规范。应当在托育机构运动场地的运动器械设计、购置、日常使用、定期检测维修、器械报废各个阶段做出要求，对婴幼儿在使用大型运动器械时是否有成人照顾、器械之间的安全距离、缓冲层材料的厚度等问题加以规定。对于托育机构运动区的安全，还要做出督导、评价的规定。

（一）增强检视

制定的运动场地安全标准中需要保教人员执行部分应当通俗易懂、容易操作，并易贯彻执行。可使用“日常检视表”落实安全责任。根据安全学原理，应当由2位保教人员分别检视器械，或通过监视器与人共检，特别应当加强早晨的检视，这会有效降低事故的发生率。

（二）提高安全意识

要提高保教人员的安全意识，加强标准的宣传和贯彻落实。在托育园的督导评价中贯彻执行运动场地安全标准，定期进行安全检查，器械有损坏时立即维修，园所自制、定制的运动器械要由有资质的第三方检测机构出具检测报告。在园所中设立大型运动器械的档案，对检核项目、检查结果、处理情形、待改进事项进行记录，以备查验。

（三）采购规范

托育机构采购的各种设施、设备或玩教具，需要符合国家相关规定和标准。器械厂商、装备供应商应对托育机构保教人员进行使用培训，并完善售后服务。

玩教具是婴幼儿照护服务机构必备的游戏材料，也是婴幼儿接触最为密切的外部环境之一。玩教具对促进婴幼儿身体、智力、情绪情感的发展和塑造健全的人格具有积极的作用。不符合卫生标准和要求的玩教具或对玩教具的管理不善，会影响婴幼儿健康发展。

玩教具的种类繁多，材料也各有不同，需要选择易于保洁与消毒的材料。塑料制成的玩教具容易保持清洁，不易污染，便于消毒；金属和木材制成的玩教具也较好；布料和毛皮制成的玩教具容易受污染且不易消毒，不宜选用，即便是使用也要保证其填充物无毒、质软。

托育机构玩教具需做到：（1）检查是否会掉漆、褪色。（2）不可有特殊香味或塑料味道。（3）不选择尖锐或有尖角的玩具，所有的玩教具应无锐利的棱角或锯齿。（4）不提供直径小于3.5cm的玩教具，以免宝宝吞食。（5）玩教具若有超过15cm的绳子，必须在教师照看下使用，避免婴幼儿绕颈或缠绕四肢。（6）木制玩教具表面必须平滑，无尖刺、无裂纹。（7）金属玩教具即使在损坏的情况下也不能出现锋利的切口，不应有任何外露的钉子、螺栓、插栓等。（8）玩教具的大小重量应适合婴幼儿使用。（9）塑料袋、薄纸置物袋不宜当玩教具，如教学需要，需要在专人引导下进行，防止婴幼儿将其套在头上，口鼻被裹紧造成窒息。（10）婴幼儿读物要符合卫生标准，文字要大而清晰，图画色彩鲜明，色调要协调和谐，不要对视觉产生过分的刺激，纸面光滑而且不反光，以便于婴幼儿阅读。（11）种植的植物应无毒，饲养的动物应是对婴幼儿没有威胁和伤害性的。

三、防灾设施

托育机构的服务对象年龄小，发生紧急情况时自我保护能力弱，一旦发生火灾，极易造成混乱和人员伤亡。婴幼儿的生命牵动着每个家庭和教师的心，相关工作人员应时时刻刻把安全这根弦绷紧，从细节入手，把意外险情消灭在萌芽状态中，特别是对于各项火灾隐患，要及时发现、及时排查、及时解决，确保为婴幼儿提供安全、祥和、舒适的园区环境。园区消防问题的解决对策如下。

（一）严格准入标准

各类托育机构在初建、改建或扩建时，必须严格执行国家工程建设技术标准，建设、设计、施工、工程监理等单位依法对建设工程的消防设计、施工质量负责，务必达到《建筑设计防火规范》（GB 50016）、《托育机构设置标准（试行）》等相关技术标准的要求。托育机构应独立建造，当必须设置在其他多层建筑内时，应采用耐火极限不低于2小时的不燃烧体和不低于1小时的不燃烧体楼板与其他场所隔开，并设置独立的出入口。建筑物为一级、二级耐火等级多层建筑时，婴幼儿用房及婴幼儿游乐厅等婴幼儿活动场所不超过3层；建筑物为三级耐火等级多层建筑时，婴幼儿用房及婴幼儿游乐厅等婴幼儿活动场所不应超过2层或不应设置在3层及3层以上楼层；建筑物为四级耐火等级时，托育机构不应超过1层或不应设置在2层。

（二）落实相关规定

托育机构在建筑防火方面，要认真执行国家有关消防技术规范、标准，严格按规定进行建筑消防设计、审核和竣工验收，尽可能避免先天条件的不足。托育机构的防火要求包括：

（1）托育机构应独立建造，严禁在地下室、半地下室内设置婴幼儿用房及婴幼儿游乐厅等婴幼儿活动场所。当必须设置在其他建筑内时，应自成一格独立的防火分区，设置独立的、完备的安全疏散系统。

（2）托育机构不应设置在3层以上或者地下、半地下建筑内。

（3）托育机构内部的厨房、液化气储藏间、杂物库房、烧水间应与婴幼儿活动场所或婴幼儿用房分开设置。如毗邻建造时，应用耐火极限不低于1小时的非燃材料与其隔开。

（三）严格管理重点部位

根据《机关、团体、企业、事业、单位消防安全管理规定》，托育机构的法定代表人或主要负责人是本单位的消防安全责任人，全面负责本机构的消防安全工作。托育机构应落实逐级消防安全责任制和岗位消防安全责任制，明确安全管理具体要求：

（1）托育机构为多层楼房时，应将年龄较大的婴幼儿安置在楼上，以利于安全疏散。

（2）使用液化石油气的托儿所、幼儿园，应对使用人员进行安全教育，使其务必了解液化气的性质，懂得安全操作技术，并能正确处理设备故障和漏气事故。

（3）托育机构应和当地消防部门共同制定应急预案，包括疏散、灭火等，使工作人员明确各自的职责范围，并保持定期进行演练。

（4）托育机构的室内装饰材料宜用非燃或难燃材料，并应限制使用塑料制品。内部的厨房、液化石油气储藏间、杂品库房、烧水间等应与婴幼儿用房分开设置。

（5）托育机构的配电线路应符合建设电器安装规程的要求。电源开关、电闸、插座等距离地面应不小于 1.3m，建筑物顶内有可燃物时，配电线路应采取隔热、散热、阻燃等防火保护措施。照明灯具的高温表面靠近可燃物时，也应采取隔热散热等防火保护措施，尤其是使用功率为 100w 或 100w 以上的白炽灯泡的吸顶灯、槽灯、嵌入式灯，其引入线路应采用瓷管、石棉、玻璃丝等非燃烧材料作隔热保护。

（6）托育机构的婴幼儿寝室内不能随便乱拉电线，禁止使用电炉、电熨斗等电器设备。电视机、录放机等要放置在通风散热良好的地方，使用和收看电视后要切断电源。如果使用室外电视天线，一定要装接地线或使用避雷器，以防雷击。如果电视机出现故障，则必须关机，停止使用。

（四）保证安全出口与疏散通道畅通

托育机构安全疏散出口应有 2 个以上，并且园内的房间门至外部出口或封闭楼梯间的最大允许距离为：（1）位于两个外部出口或楼梯间之间的房间，当园内建筑的耐火等级是一、二级建筑时为 25m，三级建筑时为 20m；（2）位于人行走道或尽端的房间，当园内建筑的耐火等级是一、二级建筑时为 20m，三级建筑时为 15m。

婴幼儿作为弱势群体，需要受到特别的保护。托育机构负责人要做好园所安全工作，确保园所有健全的消防安全组织、完善的消防安全制度、完整配套的消防设施，这些对确保生存环境安全至关重要。托育机构管理者不仅要从思想上重视托育机构消防工作，也要提高托育机构师生的消防意识和组织逃生、疏散的能力。通过开展有效的消防演习，增加婴幼儿对火灾事故的直观认识，让他们在火灾发生时能有序地进行疏散和逃生。

四、门禁管理制度

园所门禁管理，是为了防止外来可疑人员进入，也可以防止婴幼儿（特别是刚入园的新生）自行走出园所门外。尤其在婴幼儿集中入园、离园期间，园所应加强门禁管理。园所应当健全门卫制度，建立校外人员入校的登记或者验证制度，禁止无关人员和校外机动车入内，禁止将非教学用易燃易爆物品、有毒物品、动物和管制器具等危险物品带入校园。除了员工上下班和婴幼儿入园、离园时间外，园区的大门应始终是关闭的，由遥控或按钮控制大门开关，或启用智能化安全门禁电子系统。前台需安装报警器、监控装置，与公安机关联网。随时检查报警及监控设施，确保设施的正常运行。可以与当地公安部门联系，申请将园区设定为巡逻点、设置巡逻箱，民警定时巡逻。

（一）托育机构门禁刷卡制度存在的问题

1. 婴幼儿将刷卡机当作玩具

刷卡机在一定程度上受技术系数、婴幼儿人数、空间疏散速度等因素的制约，婴幼儿常把刷卡机当作玩具，多次刷卡时很难准确地计算出婴幼儿的出勤率。特别在离园时段，婴幼儿的多刷会导致出门的拥堵，带来安全隐患。

2. 家长漏刷、少刷或忘带卡

托育机构接送期间，两类家长不能很好地配合刷卡工作：一类是隔代长辈，他们接送婴幼儿，安全意识较差，素质参差不齐，在排队刷卡的过程中，如果看到人多时就不刷卡直接进门了。另一类是着急上班的年轻父母，他们可能不按时排队刷卡或忘记带卡。

3. 家长对刷卡制度的认同度不高

一部分家长认为规模大的托育机构还是适用传统的接送卡方式，其使用速度快，只需要在传统接送卡的基础上进行整改即可。他们还认为，一旦托育机构安装了刷卡机，教师可能会因为安装了刷卡机而麻痹思想、放松警惕，不能严格把好“活动室门口关”。托育园的门禁安全管理如何做到既保护孩子的安全又让家长满意呢？园方除了利用刷卡机等技术设备设施来进行“技防”外，还要积极发挥人的主观能动性来防止意外的发生。要对托育园教职员工提出更高的要求，做好“人防”，要双管齐下，两手共抓。

（二）科学管理保证“人防”和“技防”的双落实

要使托育机构门禁管理安全有序地进行，必须建立科学的管理机制，真正保证“人防”和“技防”双落实。

1. 充实安全队伍，落实“技防”措施

园区安保人员要做到不脱岗，若有短暂离开，必须告知前台行政人员或主管，由其他人代管，无特殊情况不得随意离开。安保人员必须站在门口观察好进出的每一位婴幼儿的行踪，严格禁止无关人士进入托育园。对来访的每一位外来人员都进行登记，并与被来访人员取得联系后才可入园。对婴幼儿的接送采用刷卡方式，消除了陌生人进入托育园、冒领孩子以及孩子走失等各类不安全因素。在托育园的重点部位安装红外报警设备及视频监控系统，并安装与“110”联网的紧急按钮。各项“技防”实行专人保管负责制，确保校园的安全。

2. 抓实“人防”工作，全面提高素质

加强安全培训，增强教师意识。通过安全教育促使教师认识到“人防”在托育园门禁管理中的重要性，在思想上树立起“安全第一”的意识，工作中增强责任感，从而使班级教师把好离园时“活动室门口关”，值班老师及门卫把好“大门口关”。通过各班教师宣传、大门口张贴接送须知的温馨提示，进一步规范家长的行为。通过“告家长书”、召开家长会等告知家长，听取家长的意见和建议，完善制度建设，保障婴幼儿的安全。制定各类安全制度、各岗位职责、各岗位考核细则，做到职责明确、分工具体、责任到人，保证每一位家长和孩子的出入安全。

五、财产安全制度

托育园的财产是保证园所教育教学计划完成所必需的物质条件。园内各部门都要管理好、用好国家财产，建立财产保管制度，做到物尽其用。

(一) 财产管理形式

采用分级管理制度，事务处负责管理全园财产；各组、室管理所属的财产；教室财产由班主任老师和保育员负责保管。

(二) 各种物品领用制度

园内各类财产统一由事务处管理，领用（借用）物品必须登记，如有各组调动要办理财产移交手续方能离园。领用物品如有自然损坏（质量问题）应本着勤俭节约的精神，能修复再用的一律不予领新，做到物尽其用；不能修的应以物调换。如遗失或人为损坏时，借用人负责修理或照价赔偿。克服随意挪用他室物品并养成用毕归还原处的好习惯。由于财产保管人员还兼有其他多项工作，因此为了避免零星的领用物品造成其他各组的失误，如无特殊情况，每周固定时间集中领物。

(三) 物品的请购、采购、验收的规定

各部门请购教学用品需事先提出，经领导批准后，由事务处外出采购。财产保管人员必须凭发票及实物验收后入账。个人领用（借用）的物品必须在有关的领用卡及账册上签收。

所有物品必须有计划节约使用，反对铺张浪费。发放日用物品到各班级，实行每学期包干制，必须由收物人签字。各班自行支配使用物品，无特殊情况不得超计划领用。

(四) 财产、物品外借的规定

托育园的一切财产、物品的外借必须有借用人的借条或单位开的介绍信，写明物品名称、规格、数量、归还日期，经园领导同意后向事务处借取并开出门证，如有损坏或遗失，借用人员负责修理或照价赔偿。园内的固定资产原则上不借给私人使用，特殊情况应由主管园长批准，由借用人填写借据，经主管领导签字后方可与财产保管员办理手续。财产出门必须要有出门条，如无出门条，门卫人员有阻止的权力。职工工作调动、退休、离职时，如有借物必须归还，方可办理工资转移手续。保管物品做到不风吹日晒、雨淋、发霉、虫咬等；生活用品做到日清月结；月底备好下月用品；开学前一周采购下学期物品，做到有计划供应。

(五) 对贵重仪器、物品的管理规定

对贵重物品要指定专人保管。使用时一定要按照其说明书上的使用方法使用。借用时交接清楚，办理手续。每月定期检查两次大型玩具、场地设备、屋舍家具等情况，发现问题，及时填单申请更换、修理。

（六）奖赔制度

随时检查财产使用情况，发现损坏应及时修理。每学期末自查，审核小组进行检查。对全园教职工及婴幼儿进行爱护公物的教育，坚持教育与奖惩相结合的原则。财产保管情况与年度考核成绩挂钩。人为造成财产损坏，由本人填写报损单，经财产审核小组核实后，视损坏程度酌情作出赔偿处理，赔偿物品金额的 20% ～ 60%。自然损坏物品也需办理报损手续。

六、一日工作中各环节安全管理

托育机构一日活动的安全管理是园所安全管理的具体体现，要从落实园所安全教育，建立托育园安全制度，营造良好的环境氛围，构建托育园与家庭的安全联动机制等方面做好婴幼儿园一日活动的安全管理工作，为婴幼儿的健康成长保驾护航。

（一）入园环节的安全

晨检人员晨检时要做到“一看、二摸、三问、四查”，有疑似疾病或传染病迹象应立即让婴幼儿离园。家长在晨检时登记所带药品。由保健医接收药品，班级教师不得收药，班级教师领药后要统一放在小药箱内。班级人员按时到岗，做好室内通风等班前准备工作。地面随时保持清洁、干爽，防止婴幼儿滑倒。教师要做好二次晨检，看婴幼儿有无异常情况。检查幼儿指甲、着装，是否带有危险物品来园。家长要亲自将婴幼儿送到教师手中，不允许婴幼儿自己入园。对自己入园的幼儿，教师要及时向家长提出要求，必要时要与家长签订安全责任协议。杜绝上班时间打私人电话，要以全体婴幼儿为中心，视线不得脱离婴幼儿。对新入园的婴幼儿、情绪不好的婴幼儿或特殊婴幼儿要重点关注，防止跑失。上、下楼梯时教师要一前一后，维持秩序，提醒婴幼儿右侧通行，教育婴幼儿不喧闹、不挤推、不跑动，按顺序上下楼梯。

（二）游戏活动环节的安全

根据婴幼儿年龄特点和具体情况制订切实可行的安全教育计划。根据安全教育计划对婴幼儿进行安全教育，教育内容要充实有效，保证时间和效果，通常采用游戏活动形式展开。

游戏活动前要对学具、教具、玩具及活动场地等进行检查，对不利于婴幼儿活动和安全的物品要及时清理。在活动中要教婴幼儿掌握正确的活动方法和操作方法。为婴幼儿准备的剪刀不要太尖，尖端要有防护措施。教给婴幼儿正确使用和递交剪刀的方法，教育婴幼儿不拿剪刀、铅笔乱跑。在使用电教器材时，电源、插头、电线等要按规范操作使用，防止婴幼儿触摸到。

（三）进餐环节安全

保育老师饭前按程序做好餐前准备，指导婴幼儿正确洗手。饭菜的温度要适宜，根据季节、天气变化要及时采取保温或降温措施后再分餐。关注食物过敏婴幼儿，熟知本班过敏婴幼儿情况，餐前对照调整。分餐时禁止从婴幼儿头顶、身体上方传递热汤、热菜。热汤、热粥等要放到安全地方，以免烫伤婴幼儿。教会婴幼儿尝试饭菜温度、去除骨头的方法。进餐中，要观察婴幼儿情绪，掌握婴幼儿进食量。不训斥婴幼儿，不催促婴幼儿。教育婴幼儿安静进餐，不讲话，不打闹，不玩勺、筷子等用具，更不能将食物含于口中走动和打闹。保教人员提前检查婴幼儿的食品有无变质问题。餐后由教师组织婴幼儿安静游戏，不得做剧烈运动。

（四）午睡、起床环节的安全

睡前应检查窗户是否关好、拉好窗帘，保持寝室内温度适宜，无安全隐患。每天对婴幼儿进行午检，确保婴幼儿不带细碎物品、头饰上床睡觉，以免发生窒息等危险。教育婴幼儿不在床上打闹，不蒙头睡觉、不趴着睡。午睡值班人员不得离开寝室，随时巡视，发现问题及时处理，要快速应对突发事件。对有惊厥史、癫痫史、心脏病史及患病、服药等身体特殊婴幼儿要进行特别观察、测体温，发现问题及时报告值班人员或保健医。检查婴幼儿衣服、鞋袜等是否穿错。起床后老师要看护好已穿好衣服离开寝室的婴幼儿。教育婴幼儿穿好衣服、系好鞋带前不能跑动。

（五）如厕、盥洗环节的安全

保育员要保证盥洗间的地面干燥、卫生（见图 6－2），以免婴幼儿滑倒。要组织婴幼儿依次进入盥洗间洗手、如厕。不拥挤、不推揉、不打闹，防止摔倒、滑倒。在组织婴幼儿小便、洗手时，教师要站在盥洗室门口，关照盥洗室及寝室内的婴幼儿情况。必须将洗涤剂、消毒液、洗衣粉、水杯等物品妥善放置在物品架上，以防损伤婴幼儿皮肤或婴幼儿误食中毒及烫伤。

图 6－2 盥洗间的地面

图片来源：成都金牛妇幼萌牛家托育服务有限责任公司.

（六）室内活动环节的安全

提前检查活动区内是否有尖锐危险物品，玩具是否安全，确认无安全隐患后方可组织婴幼儿活动。

教育婴幼儿不能将小物品、小积木等置于口、鼻、耳中。告诫婴幼儿不打闹，不爬窗台，不爬推桌椅，不从高处向下跳，不做危险的动作，不把手放到门窗缝中。指定专人管理好电源、热水等，防止对婴幼儿造成伤害。进行班内自由活动或区角活动时，教师要注意观察婴幼儿的活动情况，发现问题及时、妥善处理。

（七）户外活动的安全

活动前检查婴幼儿衣着、场地、活动器械是否安全。对婴幼儿讲解户外活动、大型器械玩具的游戏规则，让婴幼儿掌握正确的运动技巧和方法。做好安全防范意识的教育。教育婴幼儿不打斗、拉拽，不攀越栏杆，不猛跑，不做危险动作。多人活动时要有序进行，遵守安全规定。教师要认真做好组织和安全管理，保证所有婴幼儿在教师视线以内。严禁聊天，离开婴幼儿或疏于管理。要及时解决婴幼儿活动中出现的不安全因素，严防婴幼儿发生意外。户外活动时间及开消毒灯期间不允许将个别婴幼儿留在班级中，如婴幼儿有身体特殊情况，要向保健室汇报，采取必要的措施。婴幼儿户外活动必须有教师和保育员组织和带领，严禁让婴幼儿独自到户外活动。户外活动上下楼时要保证教师一前一后，前面的教师要倒着走，控制好行进的速度。上下楼时不准婴幼儿推搡打闹、跨跳台阶，应依次靠右侧行走。教育婴幼儿不在楼梯、栏杆等比较危险的地方逗留。

（八）离园环节的安全

离园前检查婴幼儿身体情况，及时与家长进行简要沟通。主班教师在门口接待家长，将婴幼儿亲手交给家长，防止婴幼儿私自出班。非日常接送人来接孩子时，必须经婴幼儿父母确认后方可放行。必要时要履行证件查验、登记、签字手续。教育上下楼婴幼儿靠右行，不要在楼内跑闹、逗留，不从楼梯扶手上往下滑。提醒家长离园时看护好婴幼儿，不在户外区域长时间逗留。

（九）其他

教师下班离开前，要关好门窗，开启消毒灯，检查水电情况。班级钥匙统一交门卫室。下雪及结冰天气做好防滑措施，以防滑倒。教职工熟知托育园常见事故应急与处理方法，发生意外时要及时通知保健医、园领导及家长，不得拖延、瞒报事故。班级每周进行一次安全隐患自检自查，发现隐患立即解决或上报。班级每学期制订婴幼儿安全教育计划，对婴幼儿进行安全教育，让婴幼儿学会自救和逃生。全园每学期组织婴幼儿进行逃生演习训练，教婴幼儿正确逃生。认真学习、执行托育机构各项安全制度、规定，不断提高安全意识和安全责任。

第二节 意外伤害管理

意外伤害是威胁婴幼儿健康的重要因素之一，很多情况下，伤害一旦造成便是不可逆的。婴幼儿伤害的发生与自身生理心理行为特点、周围环境因素等有关。守护婴幼儿安全是托育机构的重中之重，托育机构要肩护起预防意外伤害发生的责任。托育机构须切实做好意外伤害防控工作，建立伤害监控制度，制定意外伤害应急预案，以及对婴幼儿监护人进行意外事故预防的启发教育。《托育机构婴幼儿伤害预防指南（试行）》为托育机构为婴幼儿提供科学、规范的照护服务提供了有效依据。

一、一般意外伤害事件的预防与处理

（一）托育机构常见意外伤害事件的预防

1. 检查环境

建立每日环境定时检查制度，在婴幼儿来园之前，托育服务从业人员要对室内外活动场地进行安全排查。检查场地上是否有危险物品，如石头、砖头、钢钉、树枝等，寻找妨碍婴幼儿活动的物品并及时清理；检查婴幼儿活动器械有无损坏，一旦发现问题立刻维修或者暂停使用；对室内设施进行检查，包括桌椅、橱柜、玻璃窗、门、墙面、地面、瓷砖、水龙头、开关等，排查、消除一切安全隐患。

2. 检查婴幼儿

由保健师在托育机构门口检查婴幼儿身体有无损伤、有无异常情况，如有发热、疑似手足口病等，应建议家长将婴幼儿带回家中休息，或去医院就诊；检查婴幼儿的手中或口袋中是否携带危险物品等，如小弹珠、小刀、玻璃球、玩具枪、玩具剑等，一旦发现危险物品，立即交给家长带回家中；检查婴幼儿是否佩戴首饰，如项链、手镯、玉佩等，若有佩戴，应建议家长立刻摘除，以免发生首饰遗失或被婴幼儿吞食的情况。在日常照料中，若发现婴幼儿身上的拉链、纽扣及装饰物掉落，应及时为婴幼儿取下或缝补好，以免婴幼儿将掉落物放入口中或耳鼻中造成伤害。活动前，需检查婴幼儿的鞋帽、衣着穿戴是否整齐，避免因鞋带散开发生绊倒、磕伤。

3. 检查饮食饮水

婴幼儿的饮用水应在当天准备好，注意饮用水的温度要适宜，做到随用随有。必须根据天气情况做好饮用水的降温和保温工作，水的温度适宜婴幼儿饮用，开水不能进入活动室，包括托育服务从业人员的饮水杯也必须是温水。饮水桶应放在专用的茶桶柜内，并用专用锁锁住茶桶，避免婴幼儿因好奇而擅自打开。婴幼儿的饭、粥、汤的温度要适中。

4. 检查危险物品

必须妥善保管托育机构中存放的洗涤剂、消毒剂等化学用品，设置专用放置房间，并且在专用放置房间设有门锁或装有成人高度的插销，做到随关随锁，避免婴幼儿擅自进入放置危险物品的区域。

5. 日常观察

在一日活动的各个环节，托育服务从业人员的视线不得离开婴幼儿，要关注每一位婴幼儿的行为与需求。饮水环节，要组织婴幼儿排队，有序饮水，避免婴幼儿之间发生碰撞；午餐环节，禁止婴幼儿边吃边玩，要帮助婴幼儿养成细嚼慢咽的好习惯，防止食物卡在喉咙里；午睡前，检查床板是否平整，有无凸起，检查婴幼儿的口腔内是否有食物残渣，是否带玩具或其他物品入睡，一旦发现危险物品，立即取走。对待月龄较小、各方面发展较弱的婴幼儿，从业人员在洗手、如厕、进餐、喝水、午睡等各个生活环节需要进行一对一的指导。

（二）托育机构常见意外伤害事件的急救处理

意外伤害事件已经成为我国儿童的第一“杀手”。其实，很多意外是完全可以防范的，而出现意外伤害事件之后的急救处理尤为重要。

1. 婴幼儿跌落后的急救处理

婴幼儿的跌落比较常见，处理步骤如下：

（1）检查伤势。

安抚婴幼儿情绪，迅速检查婴幼儿的伤口情况，准备好处理的药物。

（2）伤口的判别及处理。

轻伤：婴幼儿表现为哭闹，诉说疼痛，但一会儿就恢复常态，照样玩耍，活动自如。伤口较小，有少许出血，局部有磕出青包等情况。若伤口较浅，仅仅擦破了表皮，只需要将伤口处的泥沙清理干净即可；如果伤口有出血，应用清水或生理盐水清洁伤口，并用碘伏消毒液消毒伤口，无须包扎；如果有肿块，切忌揉搓和热敷，立即冷敷有助于消肿止疼（出现肿块后的 24 小时内都可以采取冷敷治疗，24 小时后可热敷）。24 小时内观察婴幼儿的行为表现，如出现意识不清、嗜睡、呕吐、昏迷等情况，应立即送往医院。

重伤：婴幼儿坠落高度超过 1 米，如从窗台上、楼梯上跌落，出现较大伤口且较深，出血不止，局部肿胀，有淤血。婴幼儿伤后哭闹不止，不敢活动，精神不好，甚至失去知觉，面色苍白，患处拒触，肢体不能活动。这时应拨打 120 急救电话，请医生上门救护。如果有伤口，要采取无菌操作，可用生理盐水冲洗伤口，然后用干净的无菌纱布覆盖伤口；遇有出血，可以直接压迫伤口止血；如遇大伤口时，立即按压伤口止血，建议用无菌纱布、干净毛巾等用力按住伤口，防止流血过多；如果流血情况严重，必须一直按压，直到医护人员抵达；遇有骨折时，要制动，在医务人员到达前禁止婴幼儿乱动，不要随意搬动婴幼儿，以免造成更大的伤害，较好的处置方法是用小夹板固定受伤部位，然后等待急救车辆的救助，密切观察婴幼儿的生命体征。

2. 婴幼儿皮肤外伤的急救处理

（1）皮肤擦伤的急救处理。

查看伤口，若伤口无出血，仅蹭破皮肤表皮，只需将伤口处的泥沙用生理盐水清理干净，再用无菌棉签蘸取碘伏消毒液，由伤口中心向外围消毒即可；如果伤口有少量出血，用生理盐水清洁伤口，并用棉签蘸碘伏消毒液给伤口消毒，用无菌纱布轻轻按压处理，无须包扎；如果伤口较大，用生理盐水清洁伤口，并用棉签蘸碘伏消毒液给伤口消毒，可用无菌纱布包扎或贴上创可贴。

（2）皮肤划伤的急救处理。

查看伤口情况，如有出血，用无菌纱布按压伤口止血。在伤口周围用棉签蘸碘伏消毒液由里向外消毒，视伤口大小、深浅决定是否用无菌纱布包扎。如果是被利器或尖锐物扎伤，应先用消过毒的医用夹子将利器或尖锐物拔出，再用生理盐水清洗伤口，消毒后进行包扎。

（3）手指挤压的急救处理。

婴幼儿手指被挤压后，先确认是否骨折。若无骨折、无破损，可直接冷敷。如果婴幼儿感到疼痛难忍，可将受伤的手指高举过心脏，以缓解疼痛。若有破皮或出血，应先用生理盐水清洁伤口，用碘伏消毒液进行消毒，最后用干净的纱布进行包扎。若发现婴幼儿的指甲掀开或脱落，应立即去医院就诊。如果受伤部位有骨折，应先用医用绷带或夹板固定，然后立即送医院就医。

3. 婴幼儿鼻出血的急救处理

鼻出血在婴幼儿时期很常见。鼻出血一旦发生，首先要止血。正确处理步骤如下：

（1）安抚婴幼儿的情绪，让婴幼儿坐着，保持安静，将婴幼儿衣领、腰带松开，让其把头稍稍前倾。

（2）判断及处理。

出血量小时，用大拇指和食指紧紧压住婴幼儿的两侧鼻翼，压向鼻中隔，同时在患儿前额部用毛巾冷敷，一般按压 5 ～ 10 分钟出血可止住。

上述方法不能止住出血或出血量大时，可以用脱脂棉卷成如鼻孔般粗细的条状，向鼻腔充填。填塞时要塞紧，才可以达到止血目的。

出血量少，但是婴幼儿有吞咽动作，或上述方法不能止血时，让婴幼儿把“口水”吐出，观察颜色，如果是鲜红色，说明还在出血，需即刻送往医院处理。

鼻出血停止后，让婴幼儿保持至少 30 分钟的安静活动，以防止再次出血。避免让婴幼儿擤鼻子，因为擤鼻涕会移动血凝块。如果婴幼儿能合作，在采取按压止血前让婴幼儿擤出多余的血液，使得鼻出血停止后鼻腔内的血液较少。当血液结痂时会觉得痒，如果留在鼻腔内的血过多，导致婴幼儿挖鼻子，可能引起再次出血。

4. 婴幼儿烧烫伤的急救处理

烧烫伤是日常生活中最为常见的意外伤害之一。

（1）烧烫伤严重程度的划分。

烧烫伤的严重程度可根据烧烫伤的深浅度、受创面积以及烧烫伤的部位来进行判断。从烧烫伤的深度划分，一般可以分为三度：

一度烧烫伤：仅伤及皮肤表层，受伤部位的皮肤红肿，有灼热感和胀痛感，但无水疱出现。

二度烧烫伤：真皮受伤，受伤部位的皮肤红肿发热，有强烈的灼热感、疼痛难忍，有水疱出现。

三度烧烫伤：伤及皮肤下面的脂肪、骨头和肌肉，甚至神经，受伤部位的皮肤焦黑、坏死。

（2）烧烫伤的处理步骤。

第一步，迅速脱离热源。如由于热力烧伤，立即用凉水浇灭婴幼儿身上的火焰，或让婴幼儿迅速卧倒就地滚压灭火，或用棉被、大衣等覆盖灭火等。不要抱着婴幼儿奔跑、呼喊，不要急着脱去着火或沸液浸渍的衣服，特别是化纤衣服，否则会连皮肤撕下；如衣服不与皮肤粘连，应尽快脱去，以免着火衣服或衣服上的热液继续作用，使创面加大加深。如果是热的菜、粥等物品或化学物品，应先用水轻轻地将其冲去。

第二步，安抚婴幼儿情绪，根据烧烫伤的严重程度，迅速选用科学的急救措施，准备好相关药、物。

第三步，根据伤口情况进行处理，紧急处理方式应牢记“冲、脱、泡、盖、送”五字诀：

冲：一旦烫伤，马上用15℃～20℃流动的冷水冲15～30分钟可以减轻疼痛，将皮肤热度快速散去，降低对皮肤组织深层的伤害。

脱：如果婴幼儿穿着衣服或鞋袜的部位被烧烫伤，为避免受伤部位再次受到损伤，脱掉衣服和鞋子（注意不能真的“脱”），因为衣服会粘住皮肤，一般要用剪刀剪开衣领、袖筒或脚上穿的袜子。

泡：继续浸泡在冷水中15～20分钟（一般水温为15℃～20℃，但不能低于-6℃），可减轻疼痛伤口。如果烧烫伤的部位在头部，则不要用冷水冲，以防自来水呛到婴幼儿，可改用冷湿毛巾敷在婴幼儿头部，并经常更换毛巾。夏天，可先在水中加冰块，浸泡毛巾、纱垫等并敷于创面，时间至少30分钟。

盖：用清洁干净的毛巾或布单、纱布覆盖伤口，若婴幼儿皮肤红肿，或者起了小水疱（小水疱会自行吸收），在用流动水降温散热后，可用烧烫伤药涂抹患处。涂药后尽量不要包扎；若必须包扎，用无菌纱布包扎，注意透气。不要任意涂抹外用药物或“民间偏方”，千万不要涂抹牙膏、酱油、醋、蜂蜜、凡士林等。若二度烧烫伤，婴幼儿烧伤或烫伤面积大，出现大水疱，先用棉签蘸碘伏轻轻擦拭消毒；若水疱已破，有明显污染，消毒后可将水疱皮剪除。水疱处理后，可以用消毒纱布、绷带或干净的布包扎，保护创面。

送：判断烧烫伤面积较大时，在急救处理后不要涂药，保持创面清洁，及时送往有专门治疗婴幼儿烧烫伤的医院，以免耽误婴幼儿病情，留下永久性的疤痕。在送医过程中，要注意保暖，避免创面被感染。

5. 婴幼儿惊厥的急救处理

镇静：婴幼儿惊厥后，千万不可大声呼叫或用力摇晃、拍打婴幼儿，应保持安静。

体位：让婴幼儿侧卧，这样有利于口中分泌物流出，并可以防止舌后坠阻塞气道，减少呕吐物阻塞气道的可能；松开紧身的衣服，如果婴幼儿面色青紫或没有呼吸，应立即进行呼吸急救，不要往婴幼儿的口中塞任何东西；移开周围的玩具或家具，把手伸到婴幼儿头的下面，尽可能保护头部以免受伤害，也可以用毛巾、毯子或衣服来保护婴幼儿的头部。

观察记录惊厥情况：注意惊厥开始和停止的时间，观察身体受累的部位，向医疗专业人员详细描述惊厥期间以及惊厥前后的信息。记录惊厥发作的时间非常重要，因为婴幼儿突发惊厥时，你感觉到的惊厥持续时间通常要比实际发作的时间久。

求助医生：如果婴幼儿无既往惊厥发作史，或者对婴幼儿惊厥不知道该如何急救处理，应该立即拨打 120 急救电话。

制订照顾计划：结合医嘱，为有惊厥发作史的婴幼儿制订个别化照料计划。家园合力，帮助婴幼儿早日摆脱惊厥的阴影。

6. 婴幼儿气管异物的急救处理

催吐法：异物在喉部附近直接用催吐法。具体操作方法：洗净双手，用手指伸进婴幼儿口腔，刺激舌根催吐。切忌手指在婴幼儿咽喉部乱动，以免将异物推向更深处。

拍背法：异物情况不确定时，让婴幼儿趴在救护者膝盖上，头朝下，按向头部冲击的方向拍婴幼儿背部两肩胛骨之间 5 次，观察异物是否吐出。切忌在婴幼儿直立时拍打其后背，这可能会将异物振到气管更深处。如果上述方法在 30 秒内未能奏效，必须以最快的速度将婴幼儿送到医院，切不可拖延。在等救护车时，如果婴幼儿停止呼吸，应给予口对口人工呼吸。

即使婴幼儿咳出了异物，恢复了正常的呼吸，或是一阵剧烈咳嗽后处于平稳状态，仍需要去医院做进一步的检查，千万不要心存侥幸，因为残留异物若未及时取出，婴幼儿会因为感染引起肺炎等严重并发症，更可怕的情况是，异物一旦移位，还会引起婴幼儿窒息。

7. 婴幼儿中毒的急救处理

如果婴幼儿误食有毒物，用软布、一次性毛巾或面巾纸包住手指，手指伸入婴幼儿口中，将剩余的毒物抠出来。如果婴幼儿对刺激能做出反应，拨打 120 急救电话，遵循急救人员的建议进行救治。让婴幼儿保持侧卧位，侧卧位可以保持气道通畅，有利于呕吐物排出。如果婴幼儿的皮肤接触了某种有毒的植物，立即用肥皂及流动的水冲洗局部皮肤，以清除有毒的汁液。

8. 婴幼儿异物入体的急救处理

（1）异物入眼的急救处理。

戴上一次性手套，拉下婴幼儿的眼睑，当婴幼儿向上看时，看其下眼睑内是否有异物，如果有，可以用干净的湿纱布或手帕擦去；或者轻轻拉起其上眼睑，将它拉出盖在下眼睑上，这时眼泪会流出来，可能会将异物冲出。如果异物仍然存在，可以用水冲洗眼部，具体做法是：让婴幼儿的头侧向进入异物的眼一边，用手指将眼睛打开，用不易碎的杯子冲洗眼睛，冲洗时注意水流应从眼睛内侧（靠近鼻子一侧）向外侧流动，不要使用药物。如果眼睛持续流泪、发红或者疼痛，则需要带婴幼儿去医院，因为异物可能会刮伤眼角膜，这样的损伤只有医生用特殊的医疗设备才能处理。

（2）异物入鼻的急救处理。

豆粒、珠子等很容易被婴幼儿塞进鼻孔。如果婴幼儿已经学会了擤鼻涕，可以按住一个鼻孔，然后用力从另外一个鼻孔向外吹气，将异物挤压出来；或者用棉花、纸捻等刺激鼻腔，使其打喷嚏将异物喷出。如果这个方法不是很有效，需马上就医。不要自己尝试用镊子或其他类似的工具伸入婴幼儿的鼻腔内去取异物，因为脆弱的鼻黏膜很容易受到损伤，造成鼻出血。

（3）异物入耳的急救处理。

如为昆虫进入婴幼儿耳朵，可先往耳朵滴入香油等，使昆虫瘫痪、死亡，然后用夹子取出异物；还可以用强光照入婴幼儿患耳或朝患耳吹入烟雾，将异物诱出。如耳内异物为豆类、花生仁等，可滴入少量植物油，侧头单脚跳跃；如果是金属类异物，则头侧向一侧，摇动头部。如果无法取出异物，则应该送婴幼儿去医院，由医生取出。

（4）异物入食道的急救处理。

婴幼儿误吞异物的事情时有发生，有的异物能在胃肠道内被消化掉或顺利随粪便排出，有的则损害人体，甚至会造成生命危险。首先评估婴幼儿吞下的是什么，如果是一般的鱼刺，避免强行用吞米饭、馒头等方法将异物吞下，应到医院及时治疗。如果是其他异物，位置靠前，扎入较浅，可用镊子将异物取出；如果所在位置较靠后，扎入较深，应及时将婴幼儿送往医院。

9. 婴幼儿被同伴咬伤的急救处理

在遇到婴幼儿被同伴咬伤的情况时，先要检查被咬的伤口，如果只是出现轻微的牙印，皮肤无破损，可用冷的肥皂水冲洗伤口，再用冷毛巾进行冷敷处理。如果婴幼儿被咬伤的伤口很大，且牙齿已穿透婴幼儿皮肤真皮层，就需要立即送往附近的医院救治。

10. 婴幼儿被动物致伤的急救处理

判断婴幼儿是否被动物致伤：少量流血或不流血的表皮创伤；针状或洞状伤口；支

肤撕裂，咬伤部位挂有撕裂组织；挤压伤。

伤口处理：用 20% 肥皂水彻底冲洗伤口，以最快的速度把沾染在伤口上的病毒冲洗掉。猫狗咬伤的伤口往往是外口小里面深，冲洗的时候尽可能把伤口扩大，设法把残留在伤口上的动物唾液和伤口上的血液冲洗干净。如伤口较深，冲洗时可用纱布和浓肥皂水反复冲洗伤口后，再用清水冲洗，冲洗至少要持续 30 分钟。

立即送医：如果动物致伤引起了严重的损伤或流血不能控制，需要立即拨打 120 急救电话或立刻送至医院。如果婴幼儿被臭鼬、蝙蝠、野狗或其他哺乳动物咬伤，或被一些行为怪异的动物咬伤，或被不知其注射的狂犬病疫苗是否过期的哺乳动物咬伤，都需要拨打 120 急救电话，立即送至医院或防疫站注射狂犬病疫苗、破伤风抗病毒素及抗生素等。

11. 婴幼儿触电事故的急救处理

脱离电源：使触电者立即脱离电源是处理触电事故的首要措施。婴幼儿触电时，若附近配有电闸，应立即将其断开，使触电者安全、迅速离开电源。

拨开电线：如果触电者是由于接触了垂挂及断落的有电电线而致触电，可用干燥的木棒、竿、擀面杖、塑料棍等绝缘工具拨开接触部位的电线。

切断电路：触电现场附近如果没有电闸，或者无法将电线拨开时，可在事故现场附近用绝缘物体切断电流的进路。

直接将触电者拉离电源：在其他方法均难以施行的情况下，可用干燥木板等将触电者拨离开触电处，或用绝缘的带状物直接将触电者拉离电源。应该注意的是，在使触电者离开电源的过程中，要避免造成对触电者的进一步伤害，同时，也要保障施救人员自身的安全。

现场救护：轻微的触电者及时离开电源后，不需要采取任何医疗措施就能较快地自行恢复正常。对触电严重的婴幼儿，则应在事故现场进行紧急处理：当触电婴幼儿呼吸骤停而心跳尚存时，应立即进行口对口的人工呼吸；一旦发现婴幼儿心跳骤停，应立即就地进行胸外心脏按摩。

寻求医疗帮助：重大的触电事故，应尽可能请求医务人员赶到现场，尽快将严重触电人员转送医院治疗，由医生运用各种医疗设施帮助触电者恢复呼吸、心跳，并做其他对症处理。

12. 婴幼儿溺水的急救处理

判断是否有呼吸：当溺水的婴幼儿被救上来后，判断其是否有意识和呼吸，如拍打婴幼儿的同时检查呼吸，如果有反应、有呼吸，就说明其还有生命体征。

保持呼吸道通畅：溺水的婴幼儿经常会有泥沙、水草堵塞气道，所以要打开婴幼儿的口腔，检查婴幼儿口腔里有没有泥沙和水草，如有异物先用手指把泥沙、水草抠出来；然后用一只手扶住婴幼儿的额头，另外一只手的食指放在他（她）的下颏部分，轻轻地让其头部后仰，这个动作可以打开阻塞的气道。

人工呼吸：人工呼吸需根据婴幼儿口鼻的大小进行。比较大的婴幼儿，可以进行口对口的吹气；如果是小婴儿，可以进行口对口鼻的吹气。每次吹气的时间为 1 秒钟，间隔的时间为 1 秒钟，两次通气大概 4 秒钟完成，只要看到胸部或腹部有明显的起伏就可以了。需要注意的是，在吹气的时候也要保持气道的通畅。

胸部按压：出现心跳骤停时需实施胸部按压。根据婴幼儿的身材选择按压手法：如果是小婴儿，可以用两指在两个乳头中线下方进行按压；1 岁以上幼儿可以将掌根放在两个乳头连线的中点和胸骨交界处，进行单掌按压；如果婴幼儿身材较大，可以进行双掌按压。按压的深度为胸廓前后径的 1/3 左右，按压的频率是每分钟至少 100 次。

13. 婴幼儿交通事故的急救处理

拨打急救电话：婴幼儿发生交通事故，受到伤害后，应立刻拨打 120 急救电话，切勿立即移动伤者，除非是现场环境危及生命，如汽车着火即将爆炸等。

不随意移动伤者：在发生交通事故后，最常见的就是出现四肢骨折、脊椎骨折和骨盆骨折等现象。四肢骨折症状显著，不易被忽略，但脊椎骨折不易被发现，现场处理不妥会导致截瘫，造成终身残疾。因此，凡遇到婴幼儿可能是脊椎骨折时，绝对不能随意移动婴幼儿。

保护现场：在拨打 120 急救电话后，再拨打 122 或 110 报警电话，清楚表达交通事故发生的时间、方位、后果等，并等待警察及医疗人员的救助。对受伤婴幼儿周围环境进行保护，防止婴幼儿受到二次伤害。

二、重大意外伤害事件的预防与处理

按照托育机构重大意外伤害事件的内容范围，可以分为生活饮食类重大意外伤害事件、交通事故类重大意外伤害事件、自然灾害类重大意外伤害事件、社会安全类重大意外伤害事件等。

托育机构生活饮食类重大意外伤害事件主要包括食物中毒、烫伤烧伤、误吞误食、跌打扭伤等安全事故；托育机构交通事故类重大意外伤害事件主要包括托育机构在组织户外活动时发生的幼儿交通事故、托育机构校车交通事故等；托育机构自然灾害类重大意外伤害事件主要包括因地震造成的托育机构房舍建筑坍塌而危害幼儿及教师生命的事故、因高温而造成幼儿及教师中暑的重大意外伤害事件等；托育机构社会安全类重大意外伤害事件主要是指内部工作人员或外部社会人员造成的影响托育机构教学秩序和教师、婴幼儿人身健康与安全的意外事件。

（一）重大意外伤害事件的预防

1. 托育机构安全检查制度

托育机构应当建立校内安全定期检查制度和危房报告制度，按照国家有关规定安排对机构内建筑物、构筑物、设备设施、婴幼儿玩具及材料进行安全检查、检验。托育机构安全检查既可以按照时间顺序检查，如学期初检查、学期中检查、学期末检查，也可以按照空间顺序检查，如全园检查、部门检查、个人检查。

2. 托育机构健康检查制度

（1）婴幼儿健康检查制度：主要包括婴幼儿定期体检制度和婴幼儿晨检制度。

婴幼儿入园前，须按照卫生部门制定的卫生保健制度进行体格检查，合格者方可入园。婴幼儿每年体检一次，每半年测身高、视力一次，每季度量体重一次。婴幼儿体检要做好记录，进行健康分析、评价、疾病统计，及时矫治。托育机构应为每位婴幼儿建立健康卡片或档案，准确掌握婴幼儿身体健康状况。托育机构应当建立婴幼儿安全信息通报制度，将婴幼儿身体和心理的异常状况等关系婴幼儿安全的信息及时告知其监护人。

（2）托育机构接送制度：托育机构的进出工作是每日工作的重要组成部分，应根据实际情况制定合理的婴幼儿接送制度，明确教师在接送婴幼儿工作中的具体要求和责任。

（3）托育机构饮食卫生管理制度：托育机构饮食卫生管理制度规定了托育教师及炊事员的行为要求。托育机构应当严格按照《托育机构婴幼儿喂养与营养指南（试行）》进行。

（二）托育机构预防重大意外伤害事件的安全教育

1. 托育机构交通安全教育

托育机构交通安全教育的主要目的是让婴幼儿了解基本的交通规则，掌握基本的交通安全知识，丰富婴幼儿的交通安全经验，培养婴幼儿良好的交通安全意识。教育内容包括：交通规则的讲解和示范，如行人必须走人行道，不能在车行道上奔跑和玩耍；认识红绿灯和斑马线的作用和交通要求，如“红灯停、绿灯行”，穿过马路时要走斑马线；了解上下楼时的行走要求，如上下楼梯靠右行，不推搡、不拥挤等。

2. 托育机构消防安全教育

托育机构在做好消防工作的同时，也要对婴幼儿开展基本的消防安全教育，提高婴幼儿的消防意识和消防能力。当托育机构发生消防安全事故时，婴幼儿可以尽可能地进行自救，进而减轻对婴幼儿的伤害。教育内容包括：遭遇火灾如何正确脱险，可以通过火灾逃生模拟演练的方式让婴幼儿直观地认识和了解火灾逃生的正确步骤和技巧，并通过亲身参与演练来提高火灾逃生和自救能力；发生火灾后如何报警，让婴幼儿认识和了解火灾报警方式，如拨打火警电话 119、大声呼喊等；教育婴幼儿不玩火，不玩电气设备等。

3. 托育机构食品安全教育

托育机构要加强食品安全教育，提高幼儿的食品安全意识。教育内容包括：饮食安全教育，如不吃腐烂变质、有异味的食物，不随便捡食和饮用不明物品，不急于食用热食、烫食，培养婴幼儿良好的饮食习惯。教育婴幼儿在进食时不嬉笑打闹，避免食物进入气管；吃带刺和有骨头的食物时，要把刺和骨头尽量吐出，避免异物卡在喉咙中等。

4. 托育机构生活安全教育

托育机构生活安全教育的内容包括：游戏和运动时安全教育；午睡安全教育；盥洗和如厕安全教育等。

（三）重大意外伤害事件的处理

当托育机构发生重大意外伤害事件，园区无法自行处理时，必须将婴幼儿快速送往医院治疗，并通知家长。

重大意外伤害事件处置流程包括：接警与初步研判、先期处理、启动应急预案、现场指挥与协调、抢险救援、扩大应急、信息沟通七个环节。

1. 接警与初步研判

托育机构重大意外伤害事件相关负责人在接到意外事件的警报后，应详细询问、记录有关意外事件的情况和信息，其中包括意外事件发生的时间、地点、性质、类型、规模及人员伤亡情况。托育机构接警人员应视意外事件的严重程度，向托育机构有关领导及时报告。托育机构有关领导在接到报告后，应尽快组织托育机构相关工作人员对意外事件的级别和影响范围进行初步的研判。在意外事件超出托育机构自身管辖权范围时，应迅速向上级主管部门报告。

2. 先期处理

由于婴幼儿抵抗意外事件的能力比较弱，承受重大意外伤害事件危害的能力比较弱，因此托育机构重大意外伤害事件对婴幼儿的身体健康和生命安全具有重大的消极影响和威胁。事件发生后，托育机构在迅速上报的同时，要对受伤害的婴幼儿进行先期急救，防止事态的扩大升级。如当婴幼儿被烧伤烫伤时，教师应及时联系托育机构医务人员，对婴幼儿烧伤烫伤部位进行有效的简单处理，防止对婴幼儿的伤害进一步扩大，减轻婴幼儿的痛苦。对婴幼儿烧伤烫伤部位进行先期处理之后，应及时将婴幼儿送到邻近医院接受进一步的专业抢救和治疗。

3. 启动应急预案

当托育机构意外伤害事件的级别被确定后，托育机构应急管理人员及相关责任人应及时启动应急预案，调集应急救援人员和应急救援物资赶赴意外事件现场。

4. 现场指挥与协调

现场指挥部应由托育机构领导、相关救灾部门（如医院、消防队、公安局）领导联合组成，履行对重大意外事件处置进行协调的职能。

5. 抢险救援

在托育机构重大意外伤害事件应急救援的过程中，托育机构各相关应急小组及相关责任人应各司其职、密切协作、服从指挥、相互配合。如当托育机构发生食物中毒意外事件时，带班教师要详细记录婴幼儿食物中毒的时间、症状及食物中毒的婴幼儿人数，同时及时联系医务人员，抓紧时间做好先期处理工作，控制意外事件的发展速度和影响范围。与此同时，及时联系炊事员，获取婴幼儿食物样本，然后将事件记录及婴幼儿食物样本及时送往邻近医院，为医生准确抢救食物中毒婴幼儿提供参考，提高抢救措施的针对性和准确性。

6. 扩大应急

在进行托育机构重大意外伤害事件处置时，如果事态恶化，难以遏制，意外事件现场指挥部应启动扩大应急机制，及时向上级主管部门请求支援，加大应急救援队伍、物资、装备、资金等方面的投入力度，防止突发事件的进一步恶化。

7. 信息沟通

托育机构重大意外伤害事故现场指挥部应将意外事件的发展情况和处置的信息及时上报给有关政府领导。同时，如果意外事件会产生重大的社会影响，还应建立新闻发布小组，将处置的最新信息发布给社会公众及相关婴幼儿家长，以避免谣言和流言，做好社会舆论的引导工作。

三、责任事故的预防与处理

（一）托育机构常见责任事故的预防

1. 因外来的侵害，婴幼儿被冒领接走、绑架、伤害等事故

预防此类安全事故的措施有：

（1）托育机构要实行接送卡制度，必须由固定接送人持卡接送，卡上只标明班级代码和婴幼儿编号，不出现婴幼儿姓名和照片，以防被冒领。

（2）对于非固定接送者来接孩子，包括亲戚、朋友，教师要多留意，无论是否持卡，都必须与原固定接送者取得联系（如打电话），得到许可后方能让其接走。

（3）门卫应是50岁以下的强健男性，经过安全保卫技能培训，并严格执行门卫制度。家长接送孩子时必须站在门口把关，拒绝无接送卡的人进园，对陌生人要严加查问，严防可疑人员进入。必要时还可预备一些防卫的器械，如电警棍、木棍等。

2. 婴幼儿自身原因所致的事故

（1）由婴幼儿自身疾病（如癫痫、心肌炎等）引起的事故，在教师不知情的情况下，没有采取积极的预防措施和针对性的救治。预防此类安全事故的措施有：

1）托育机构可在孩子入园前与家长签订协议，要求家长不得隐瞒婴幼儿曾患过的哮喘、癫痫、心肌炎、过敏等疾病，否则婴幼儿旧病复发，因不能及时获得针对性的救治而产生不良后果，责任应由家长自负。

2）教师对身体状况较差的婴幼儿应随时注意观察，给予适当的照顾；托育机构还应组织教师进行应急抢救知识的培训，一旦婴幼儿病情发作，教师能在第一时间恰当地抢救处理，为救助婴幼儿生命赢得宝贵的时间。

（2）婴幼儿走失。预防此类安全事故的措施有：

1）教师在孩子入园前应通过上门家访、组织亲子活动等方式详细了解孩子的各方面情况。创造尽量多的机会和孩子相处，让孩子消除陌生和不信任感。

2）在开学后一个月左右的时间内，教师要经常清点婴幼儿人数，认真做好交接班工作，门卫要特别提高警惕，防止婴幼儿私自离园。

3）针对孩子受挫后易出走的特点，教师对易走极端的婴幼儿要注意及时地安抚、疏导，抑制其出走的苗头。

（3）婴幼儿在游戏时受伤。预防此类安全事故的措施有：

1）教师应对将要做的游戏有充分的估计，如游戏跑动较多、活动量较大，应选择较宽敞的场地，且最好是有软地垫的场地。

2）游戏前可以和婴幼儿一起说说该游戏的危险之处，让婴幼儿有意识地控制、保护自己。

（4）幼儿间的打闹受伤。预防此类安全事故的措施有：

1）教师采用故事表演等婴幼儿喜闻乐见的形式教育婴幼儿要谦让和宽容，懂得分享是快乐的，要遵守规则，减少矛盾冲突。

2）教师要善于观察，婴幼儿间发生打闹应及时介入，帮助婴幼儿化解矛盾，将打闹伤害事故消灭在萌芽状态。

3. 因教工恶意行为和过失行为造成的事故

（1）恶意伤害。有的教工思想动机不纯，为了钱财铤而走险，不惜以婴幼儿的人身安全为代价。有的教工患有精神类疾病，病情发作后难以自控，便伤及无辜的婴幼儿。预防此类安全事故的措施有：

1）招聘时必须对应聘人员进行全面调查，包括家庭状况、社会关系、工作经历、身体状况等，以保证所招职工身心健康。

2）加强师德学习，培养教工热爱婴幼儿、热爱幼教事业。

3）领导要关心教职工的生活，经常沟通，了解他们的思想动态，帮助他们解决实际困难。

（2）火灾。婴幼儿使用的桌椅、教玩具、被褥等都是易燃品；有的托育机构内装修用的建筑材料也是易燃可燃的；厨房、液化石油气储存间、烧水间等与托育机构活动场所相连；电热板、饮水机等电器工作时间过长等都是火险隐患。预防此类安全事故的措施有：

1）层层签订消防安全责任书，明确每个岗位的消防安全责任，以增强全体教职工的责任心。严格执行有关消防安全制度。

2）托育机构内装修要符合《建筑内部装修设计防火规范》的有关规定，采用不燃或难燃材料。

3）要有专人管理火源和电源。厨房、液化石油气储存间、烧水间应当严格按照专业管理部门要求建造。由正式电工管理电器线路，定期检查。

4）要加强对婴幼儿的消防安全教育。利用生动活泼的形式对婴幼儿进行防火知识教育，教会其基本的自救逃生知识，并经常组织消防疏散演习。

5）加强对教职员工的消防安全培训，达到人人会使用灭火器材、会扑救初起火灾、会组织婴幼儿疏散逃生的要求。

（3）食物中毒。托育机构内中毒事故原因较复杂，如农药残留、进货变质、清洗不过关、容器消毒不到位、菜烧煮不熟、炊事员个人卫生不合格、人为因素投毒等原因。预防此类安全事故的措施有：

1）厨房的格局设施必须严格按卫生防疫部门的要求设置。

2）由专人负责管理食堂。

3）严格禁止非食堂工作人员出入食堂。

4）把好进货关，必须到正规渠道采购食品，并向商家索要该批次食品的卫生检验合格证，严禁不符合卫生要求的食品入园。每天必须将食物留小样，以备事故发生后检测。

5）豆浆、刀豆等食物必须煮透烧熟，防止中毒。

4. 教学设施原因引起的事故

（1）托育机构设备（如滑梯、攀登架等）陈旧、老化，年久失修，存在安全隐患，教师又未尽注意义务，若不及时发现存在的问题，就很容易发生事故。预防此类安全事故的措施有：

1）建立设备器械检查制度，指定专人定期检查，并及时做好检查记录。

2）定期请专业人员检修、保养，对于陈旧、老化的器械，要坚决更换。

（2）托育机构校舍中楼房占大多数，楼道、走廊、楼梯等都是事故易发地。教师可组织婴幼儿一起指出不安全的地方，并共同设置警示标志，如在楼梯两边画小脚丫以暗示按秩序上下楼梯。

（3）活动室里的桌椅、柜子边角尖锐，设计不合理，室内摆设拥挤等对婴幼儿都有潜在的危险。在设计制作婴幼儿用具时，要尽量向软、圆的标准靠近，如桌椅柜的边角是弧形的，墙壁和柱子做上软包，避免磕碰致伤。

5. 接送制度执行不到位所致事故

托育机构要建立完善的婴幼儿接送制度并严格执行，托育机构与家长要签订关于接送方面的协议，内容包括婴幼儿接送的固定地点、固定接送人（无民事行为能力人不能作为接送人）、接送时间段、如何交接等。

6. 托育机构组织园外活动引发的事故

托育机构组织婴幼儿集体外出活动，婴幼儿到了新的场所，接触的环境、人和活动内容都是新鲜的，情绪容易兴奋；再加上组织不够严密，管理人员配备不足，教师思想上麻痹大意，就很可能发生安全事故。预防此类安全事故的措施有：

（1）考虑园外活动是否符合婴幼儿安全和卫生的要求，严禁参加可能危及婴幼儿人身安全的劳动、体育运动、商业宣传等活动。

（2）托育机构一定要事先做实地考察，并与合作单位取得联系，互相沟通活动方案，甚至进行细节推敲，尽可能在可预见范围内采取必要的安全措施。制定“外出活动意外事故预案”，按相关规定租乘交通工具，将职责分解落实到每位管理人员，履行相应的安全保护职责。

（3）活动前和活动中向婴幼儿进行安全教育，增强婴幼儿的安全意识和自我保护技能，如遵守交通规则、不单独行动、不触摸危险设施、不吃陌生人给的食品等，减少来自婴幼儿自身原因引起的安全事故。

（二）托育机构常见责任事故的处理

1. 事发前的措施

（1）家园双方签订责任协议书。托育机构可以根据园方和家长各自的责任，设计责任协议书。双方在幼儿入园前签订“家园协议”，明确责任。“家长的责任”条款中有：“因下列情形之一造成婴幼儿伤害，家长将依法承担相应责任。婴幼儿之间因不慎造成身体伤害的，肇事婴幼儿的家长应承担赔偿责任。婴幼儿身体状况、行为、情绪等有异常，家长知情而没有及时告诉教师，或者有关情况托育机构已告知家长，但家长未履行相应的监护责任，致使婴幼儿来园后发生意外的，家长应承担相应责任。此协议签订后，双方将承担有关责任，避免事发后一些不必要的纠纷。”

（2）托育机构配备专业法律顾问。托育机构聘请法律顾问，遇到意外伤害事件及时向律师咨询，理智地处理问题。机构领导要学法、懂法、用法。

（3）制定园规，强化教师的责任意识。在托育机构日常管理中，制定和严格执行安全管理和安全责任制度；在日常教育教学中加强安全教育，注意安全技能的演练，提高师幼的安全意识和安全技能。托育机构管理人员要加强巡查，及时处理可能出现的突发情况。

2. 事发中的处理

（1）及时救助。在发生婴幼儿伤害事故后，托育机构应当及时采取有效措施救助受伤害婴幼儿，并及时告知其监护人。如果托育机构没有履行及时救助义务而导致损失扩大，对扩大的损失有过错的，托育机构应承担赔偿责任。

（2）现场保护。在发生婴幼儿伤害事故后，托育机构要派专人保护好事发现场，以保全证据。托育机构要详细记录事故发生时在场人员的口头描述、目击者的证词，并保护好物证及现场秩序等。

（3）向相关教育主管行政部门报告。婴幼儿伤害事故若情形严重，托育机构则应当及时向主管教育行政部门及有关部门报告；若属于重大伤亡事故，教育行政部门则应当按照有关规定及时向同级人民政府和上一级教育行政部门报告。

（4）安抚家长和婴幼儿的情绪。托育机构要安抚婴幼儿及其家长的情绪，教师及时家访，了解婴幼儿情况及家长的想法。如果家长有过激行为，托育机构应冷静处理，避免正面冲突。如果家长行为有损托育机构财产、名誉、教师人身安全，托育机构可以提起诉讼和向公安机关报案。

四、意外伤害事件的后续处理

（一）意外伤害事件后的恢复

1. 物质重建

物质重建主要包括以下内容：

（1）基础设施的恢复。诸如火灾、房屋倒塌、大型玩具损坏等灾害，事件处理后仍存在一定的安全隐患，对婴幼儿的身体健康和生命安全仍存在一定的威胁。重建基础设施设备，消除安全隐患，是托育机构物质重建工作的第一要务。

（2）婴幼儿生命安全的关注。这一方面的恢复工作主要是指对受伤婴幼儿的救助治疗工作，在更大程度上依赖于医生、救援组织及有关心理专家。突发事件消除后，托育机构仍要密切关注受伤婴幼儿的治疗和心理干预进展情况，配合医院的救助工作，安抚婴幼儿家长的激动心理和不安情绪，陪伴其一起渡过难关。

2. 秩序重建

当意外事件过后，托育机构应及时做好教学活动秩序的恢复管理工作。意外伤害事件损失包括有形损失和无形损失。有形损失如建筑物、设施设备等方面的损失，托育机构在处置意外事件工作中投入的财力、物力等；无形损失如意外事件给托育机构的形象造成的影响、意外事件造成托育机构教学活动进度损失等，对以上损失要做出详细的突发事件损失评估报告。根据意外伤害事件损失评估报告，客观估算托育机构完全恢复正常运转所需要的时间，设定每个被毁坏项目的恢复指标，由应急管理小组统一指挥、部署，逐一达标。要求有标明参与恢复管理的各个应急管理人员的具体任务、责任及主要负责人等方面的详细的任务书，将恢复工作落实到具体个人。托育机构领导及婴幼儿家长对托育机构秩序恢复工作的进展情况进行监督，对于已经完成恢复的项目进行验收并做出评测。

3. 心理重建

在意外事件发生后，许多婴幼儿都会遭受意外事件带来的压力和恐慌，并因面临各种不确定性而身心不安，特别是当意外事件有可能威胁婴幼儿的生命时，造成的心理冲击是很难在短时间内消除的。大多数婴幼儿会随时间的流逝而慢慢恢复，少部分婴幼儿会因为心理过度恐慌而产生心理疾病或者难以摆脱意外事件所造成的心理阴影。因此，托育机构要高度重视受到意外事件影响的婴幼儿的心理恢复工作。托育机构应建立健全婴幼儿心理问题信息反馈系统，构建婴幼儿心理危机预防体系，改善婴幼儿的社会心理环境，为其心理健康和谐发展创造条件。

（二）意外伤害事件后的补偿与问责

意外伤害事件结束后，托育机构要及时开展安抚婴幼儿家长情绪的工作，结合实际妥善处理婴幼儿家长提出的赔偿要求。同时，对意外伤害事件相关负责人进行问责和适当处理。

1. 事故补偿

意外伤害事件结束后，托育机构要及时调查意外伤害事件发生的原因。如果出现婴幼儿死亡事件，要密切配合司法鉴定机构进行死因鉴定。如果托育机构存在过错或过失，要根据国家法律法规的相关规定，及时处理关于事后补偿工作。托育机构在意外伤害事件中存在过错的前提下应根据婴幼儿一般伤害、婴幼儿人身残疾、婴幼儿精神损害、婴幼儿死亡等不同情况给予相应的补偿或赔偿。

2. 事故问责

托育机构事故问责能够对意外伤害事件管理中主体的各种行为做出正确的反馈作用：从个体角度，可以警示托育机构全体教职员工在预防和处置突发事件工作中做出合理、负责的行为；从整体角度，可以提高托育机构教职员工的危机意识。托育机构意外伤害事件的发生总是存在一定人为原因的，如违规操作、工作疏忽、管理不善、托育机构教师或者其他工作人员体罚或者变相体罚幼儿等。对托育机构事故责任人进行问责，可以对其他教师和工作人员起到警示作用，避免类似的意外伤害事件再次发生，也有利于消除婴幼儿家长的不满情绪。托育机构事故问责通常需要经过证据收集、事实确认、处罚核定、处罚落实四个主要步骤：

第一步：证据收集。托育机构事故问责的证据收集需要对突发事件发生前和发生后的一系列工作进行分析和总结，查明意外伤害事件诱发人或管理不善者的过错行为。

第二步：事实认定。证据收集后，为防止工作失误，要对证据进行去伪存真的分析工作，进行事实认定，以确保证据的可靠性和有效性。

第三步：处罚核定。在证据收集和事实认定的基础上，根据事故处罚管理办法，按照事先规定的程序对事故责任进行核定。

第四步：处罚落实。根据处罚的内容，可以采取托育机构会议公布、内部文件公布、向婴幼儿家长公布等多种方式进行宣布，并交由相关部门予以落实。

需要注意的是，托育机构在进行事故问责时不能采取“得过且过”的容忍态度，也不能包庇袒护涉事托育教师和托育园。

五、意外伤害事件后的反思

意外伤害事件结束后，托育机构应组织全体教职员工开展经验教训总结工作，对管理工作进行反思和再教育，避免类似或其他意外伤害事件的发生。

（一）加强教师急救知识技能培训

托育机构应加强教师急救知识培训。

首先，从培训内容来看，培训内容不应局限于托育机构常见意外事故（如摔伤、烫伤、异物入体、鼻出血等）的处理，还应包括心脏复苏等较为复杂的急救知识。

其次，托育机构要充分发挥保健教师的作用。托育机构可以首先安排保健教师到专门的急救培训机构进行系统的学习或聘请专业的急救医生对其培训，待他们学成之后，再作为培训者培训其他教师。

再次，从培训的形式来看，托育机构要善于运用多媒体丰富教师的理论知识，同时要安排模拟演练环节提升教师的实践操作能力。

最后，急救培训的时间间隔不宜过长，托育机构应保证每学期至少组织一次急救培训，从而巩固教师所学急救知识。

（二）提升家长的急救水平

婴幼儿的安全是与其家庭维系在一起的，托育机构作为重要的第三方机构应当丰富家长的急救知识，携手家长共同促进婴幼儿健康成长。

（1）家长接孩子的等待时间是有利时机，托育机构可以在宣传栏中张贴一些急救知识的图片，供家长阅读学习。托育机构还可以在班级微信群、托育机构官方网站中转发一些急救视频，丰富家长急救知识。

（2）托育机构要对家长进行急救实训。首先，托育机构可以组织家长学习，请急救专家给家长讲解基本的急救知识，并操作示范几种常见的急救方法，家长进行观摩学习。其次，以班级为单位组织家长练习。最后，各班推举两名家长参加托育机构急救知识技能竞赛活动。通过这种方法逐步提高家长的急救能力。

（三）编制《托育机构急救手册》

托育机构意外事故的种类、急救处理的方法有一定的特殊性。托育机构应当联合婴幼儿教育专家和专业的医护人员共同编制《托育机构急救手册》。急救手册的内容应该简单明了，包括简单创伤、异物伤害、烧伤、烫伤、窒息、鼻出血、食物中毒等几类常见意外伤害事故的处置。为了方便教师理解，急救手册应当采用图文结合的形式。

（四）将教师急救能力纳入考评

托育机构应当制定标准的考核方式，建立多层次的教师急救知识与技能评价制度，在考评中不断改进教师学习急救知识的方式，补充学习内容，从而推动教师急救知识的完善和急救能力的提高。为保证考评的科学性，托育机构要注意评价主体的多元化，可以采用教师自评、教师互评、家长评价、医护人员评价等相结合的方式进行，让教师在评价中发现自己的不足，然后不断完善自我。对于急救知识技能考核合格的教师，托育机构可以根据实际给予一定的奖励，鼓励教师不断提高自身急救能力。

拓展阅读

海姆立克急救方法

海姆立克是一名美国的外科医生，通过反复实践，发明了一种腹部冲击法，用于救治急性呼吸道异物堵塞的患者。这种急救方法后来在世界范围内被广泛应用，称为“海姆立克急救法（Heimlich Maneuver)”，又称海氏腹部冲击法。这种方法不仅适用于婴幼儿，对于成人、孕妇、意识不清醒的患者同样适用。其原理是：腹部被突然的冲击，产生向上的压力，压迫两肺下部，从而驱使肺部残留空气形成一股气流。这股带有冲击性、方向性的长驱直入于气管的气流，就能将堵住气管、喉部的食物硬块等异物排出，使人获救。

海姆立克急救法的具体操作方法如下：

患者清醒：站在患者背后双臂环抱患者；一只手握拳，将拇指一侧放在病人腹部（肚脐以上两横指），另一只手的手掌压在拳头上；使拇指掌关节突出部顶住患者腹部正中线脐部以上、胸部以下位置；连续快速向内、向内上方有节奏、有力地进行推压，直至异物排出。

患者昏迷：让患者平卧在地面；施救者两腿分开跪在患者大腿外侧地面上；双手叠放，用手掌根顶住腹部（肚脐稍上），进行冲击性的、快速的、向前上方的压迫；打开患者下颌，迅速掏出异物；如异物未被冲出，则重复上述步骤。

患者自救：一只手握成拳头，另一只手包住拳头，向腹部施加压力，让异物排出；或将上腹部压向任何坚硬的突出的物体上，反复实施海姆立克急救法，直到异物排出。

患者为婴幼儿：抱起孩子，一手捏住孩子颧骨两侧，另一手握住孩子后颈部，让其趴在救护人膝盖上，在孩子背上拍5次。如果异物没有排出来，则让患儿面朝上平躺，再将右手的食指和中指放在患儿上腹部，快速用力向下压，重复5次；如果没有成功，那就一直重复以上步骤，直到医生来到。

注意事项：

（1）如果婴幼儿发生气道异物堵塞（被噎住了），呼吸正常，用力咳嗽，暂时不要干预，用力咳嗽是排出气道异物最为有利的方法，在采取任何急救措施之前，先看看是否可以通过自己用力咳嗽自行将异物咳出。

（2）不要直接拍背，也不要用手直接去抠异物，那样可能会让异物落得更深。

（3）当气道异物不能通过海姆立克急救法排出时，出现呛咳和呼吸困难表现时，需要立即去医院处理，如果是异物堵塞引起窒息、意识丧失，在使用此方法无效时，应该立即就地开始心肺复苏，并拨打120急救电话。

（4）对于年龄较大的孩子或者成人，任何钝角物件（自己的拳头、椅背等）都可以用来快速挤压冲击腹部作为自救工具。

（5）海姆立克急救法也可能带来一定的危害，比如骨折、腹部或胸腔内脏破裂或撕裂等，给婴幼儿做急救时，注意力道不要太重，手法轻柔一点。

（6）预防婴幼儿异物卡喉窒息：将食物切成细块；充分咀嚼；口中含有食物时，避免大笑、讲话、行走和跑步；禁止婴幼儿将小玩具放在口中。

本章小结

本章从园区安全管理和意外伤害管理两方面阐述托育机构安全管理主要内容。学生应熟悉托育机构安全管理质量评估的基本知识及各类安全制度，了解各种意外事故的预防和处理方式，从而创设安全、健康的机构环境，做好各类型意外事故的预防与处理。

思考与练习

一、判断题

1. 托育机构负责人要做好托育园安全工作，确保托育园有健全的消防安全组织、完善的消防安全制度、完整配套的消防设施，并在园内设置 1 个安全出口。（ ）

2. 托育机构晨检人员晨检时要做到“一看、二摸、三问、四查”，有疑似疾病或传染病迹象应立即让幼儿离园。（ ）

3. 非日常接送人来接孩子时，必须经婴幼儿父母确认后方可放行，必要时要履行证件查验、登记、签字手续。（ ）

4. 托育机构可以设置在五层楼楼顶。（ ）

5. 如果幼儿被鱼刺卡住，可以尝试用吞米饭、馒头等方法将鱼刺吞下。（ ）

二、选择题

1. 下面哪一项是婴幼儿烧烫伤后错误的处理方式？（ ）

A. 迅速脱离热源：如热力烧伤，立即用凉水浇灭婴幼儿身上的火焰；或叫婴幼儿迅速卧倒就地滚压灭火；或用棉被、大衣等覆盖灭火等。

B. 及时就医：判断烧烫伤面积较大时，在急救处理后及时送往有专门治疗婴幼儿灼伤的医院，以免耽误婴幼儿病情，留下永久性的疤痕。

C. 创面处理：若婴幼儿皮肤红肿，或者起了小水疱，在用流动水降温散热后，可用牙膏、酱油、大酱、红药水、紫药水等涂抹患处。

D. 降温散热：若婴幼儿刚被烫伤、烧伤，伤口会有大量余热，需作降温散热处理，避免造成深度烧烫伤，如立即将烧烫伤的部位放在流动的水下冲洗。

2. 婴幼儿入园时，正确的做法是（ ）。

A. 家长在晨检时登记所带药品。由保健医接收药品，班级教师不得收药，班级教师领药后要统一放在小药箱内

B. 晨检人员晨检时要做到“一看、二摸、三问、四查”，有疑似疾病或传染病迹象应立即让婴幼儿离园

C. 对新入园的幼儿、情绪不好的幼儿或特殊幼儿应重点关注，防止跑失

D. 以上做法都对

3. 如果婴幼儿突发气管异物堵塞，不能说话、面色青紫，正确的做法是（　　）。

A. 直接拍背

B. 直接抠出异物

C. 进行海姆立克急救操作

D. 以上都不对

4. 以下关于婴幼儿跌落后的急救处理不正确的是（　　）。

A. 对于有肿块的可以热敷和揉搓

B. 首先查看伤势

C. 若伤口较浅，仅仅擦破了表皮，只需要将伤口处的泥沙清理干净即可

D. 若婴幼儿伤后哭闹不止，不敢活动，精神不好，甚至失去知觉，面色苍白，患处拒触，肢体不能活动，应拨打 120 急救电话

5. 以下关于婴幼儿惊厥的急救处理正确的是（　　）。

A. 婴幼儿惊厥后，成人千万不可大声呼叫或用力摇晃、拍打婴幼儿，应保持安静

B. 让婴幼儿侧卧

C. 尽可能保护头部免受伤害

D. 以上都正确

三、简答题

1. 简述托育机构常见的意外伤害及其预防。

2. 幼儿离园时有哪些注意事项？

四、实操题

设计应对托育机构突发火灾的应急预案。

第七章 健康与营养管理

学习目标

知识目标

1. 了解托育机构保健活动安排的原则与要点；
2. 熟悉托育机构婴幼儿常见疾病的护理、预防，以及传染病管理措施；
3. 熟悉托育机构的各项卫生保健制度；
4. 掌握婴幼儿营养管理。

能力目标

1. 学会根据实际情况制订卫生保健计划；
2. 学会各年龄阶段膳食计划的制订。

素质目标

1. 树立“预防为主”的保健管理理念；
2. 关爱婴幼儿，认识保健工作的重要性。

知识点导图

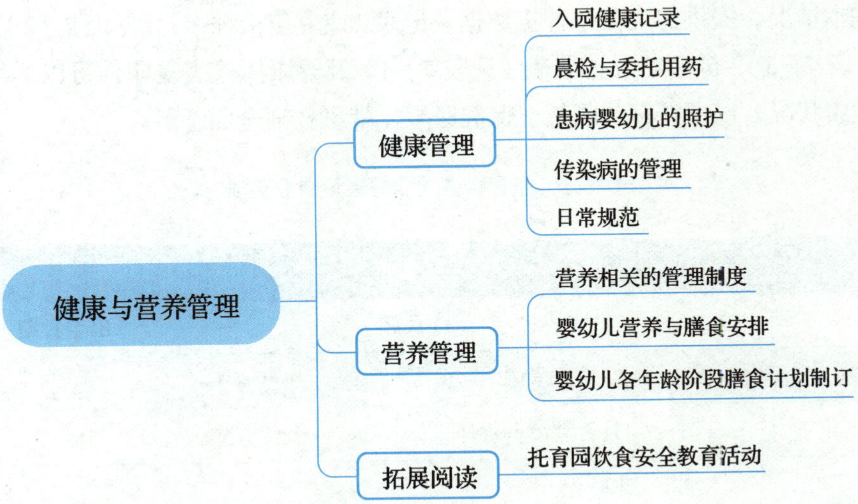

知识背景

营养、健康彼此之间有非常紧密的联系，创设优良的生活环境，制定各种安全措施、完善的体检制度，预防疾病的产生，提供合理膳食，保证营养平衡是托育机构保健管理的重要内容。同时，注意对婴幼儿进行保健教育和指导，使其养成健康生活必需的态度和习惯。婴幼儿托育机构的各项卫生保健工作都应本着“预防为主、预防在先”的宗旨来开展，减少各种疾病的发生。

第一节 健康管理

托育机构的婴幼儿因为年龄较小、抵抗力弱，所以家长和相关部门特别重视托育机构的健康管理。

托育机构健康管理工作的主要任务是贯彻预防为主、保教结合的工作方针，为婴幼儿创造良好的生活环境，预防控制传染病，降低常见病的发病率，培养健康的生活习惯，保障婴幼儿的身心健康。组织好日常的卫生保健活动，开展常见疾病和传染病的防控工作，建立和完善托育机构的各项卫生保健制度都是托育机构卫生保健的重要内容。本节从托育机构健康管理活动的组织实施、幼儿委托用药、幼儿常见疾病的照护、传染病管理等方面展开。

一、入园健康记录

婴幼儿年龄小，如遇身体不适，很难准确表达。在婴幼儿入园时，保教人员需对婴幼儿健康状况有所了解。家长填写托育机构入园健康记录登记表（见表 7－1）时要写明婴幼儿基本情况，提供的疫苗接种史数据登记表（或疫苗接种卡）（见表 7－2）、健康检查表（见表 7－3）、健康状况说明表（见表 7－4）及健康体检表复印件可以详细说明婴幼儿的健康状况，以便托育园园长、保健医生、带班教师全面了解。

表 7－1 托育机构入园健康记录登记表

入园时间：　　　　班级：

婴幼儿基本情况							
幼儿姓名		性别		民族		出生日期	
出生所在地		身份证号码		血型			
国籍		是否港澳台侨外		就读方式			

续表

<table>
<tr><th colspan="6">婴幼儿基本情况</th></tr>
<tr><td>幼儿户口所在地地址</td><td></td><td>与户主的关系</td><td></td><td>是否为独生子女</td><td></td></tr>
<tr><td>是否为留守儿童</td><td></td><td>是否为残疾儿童</td><td></td><td>是否自有住房</td><td></td></tr>
<tr><td>参加过哪些早教活动</td><td></td><td>起床时间</td><td></td><td>入睡时间</td><td></td></tr>
<tr><td>主要看护人</td><td colspan="2"></td><td>联系电话</td><td colspan="2"></td></tr>
</table>

表 7－2　疫苗接种史数据登记表（或疫苗接种卡）

疫苗接种史	日期	日期	日期	日期
乙肝疫苗				
甲肝疫苗				
水痘疫苗				
麻疹疫苗				
脊髓灰质炎灭活疫苗				
百白破疫苗				
麻腮风疫苗				
乙脑疫苗				
流脑疫苗				
手足口疫苗				
腮腺炎疫苗				
卡介苗				
肺炎疫苗				

表 7－3　健康检查表

<table>
<tr><th>项目</th><th>视力</th><th>听力</th><th>口腔</th><th>生殖器</th><th>骨骼肌肉</th><th>胸部</th><th>身高</th><th>体重</th></tr>
<tr><td rowspan="2">日期</td><td>左眼：</td><td>左耳：</td><td rowspan="2"></td><td rowspan="2"></td><td rowspan="2"></td><td rowspan="2"></td><td rowspan="2"></td><td rowspan="2"></td></tr>
<tr><td>右眼：</td><td>右耳：</td></tr>
</table>

表 7-4　健康状况说明表

既往史、家族史	□偶尔感冒　□经常感冒　□哮喘 □中耳炎　□皮肤过敏　□食物过敏（种类）： □血液病　□心脏病　□药物过敏（药名）： □高热惊厥　□体质强健　□骨折（部位） □严重外伤（部位）　□肺炎　其他：		
特殊要求	特别需要注意事项： 其他：		
经常就医医疗单位	名称：	地址：	联系电话：
处理原则	婴幼儿如果发生意外，本园可先做处理，本人同意先送至 ______ 医院		家长签字：

婴幼儿健康检查由保健医生负责联系、组织、实施、登记和后续跟踪处理。婴幼儿入园前应先经过当地规定或认定的医疗机构体检，有相关合格报告后方可入园。中途离园 3 个月以上的婴幼儿，再次入园需重新体检。由于各地规定不同，需参考当地托育机构的相关规定。

在园期间婴幼儿接种疫苗后，需填写记录表，每隔 1～3 个月为婴幼儿测量身高、体重并记录，每个学期发给家长。所有婴幼儿健康资料需及时归类存档，便于有关部门检查和家长查询。

二、晨检与委托用药

（一）晨检要求

晨检工作由托育机构的保健老师和班级老师共同完成，保健老师负责园门口的初次晨检，班级老师负责婴幼儿进班的二次晨检。晨检应按照“一问、二看、三摸、四查”并登记的顺序规范操作。每天以班级为单位填写晨检、全日观察情况记录表（见表 7-5）。

表 7-5　晨检、全日观察情况记录表

班级：　　　　　　　　　　　　　　　　　　晨检人：

姓名	晨检情况					全日观察情况		教师签名
	体温	精神、口腔、皮肤情况	是否带药	家长反应	异常情况家长确认签字	体温、精神、大小便、食欲、睡眠	特殊处理	

注：大便记录次数、颜色、性状。婴幼儿带药到园，需要园所代为用药，需填写婴幼儿用药委托书。

（二）药物携带与登记

婴幼儿在出现感冒、流鼻涕、咳嗽等轻微身体不适的情况后，经正规医院诊断确诊婴幼儿无传染性疾病、无高烧的情况，且可以参加正常的一日活动时，家长可为患儿携带符合国家药品监督部门认定的口服药品来园。家长必须严格遵守托育机构药品登记制度，由保健医接收、登记并保存。

药品登记时的注意事项：家长填写“婴幼儿用药委托书”（见表 7－6），委托书上必须认真填写婴幼儿姓名、所带药品名称、服用时间、服用剂量、服用方法及服药注意事项签名后将委托书交给当班老师。家长未签字或服用方法不清楚的，托育机构有权拒绝给婴幼儿服用。

表 7－6　婴幼儿用药委托书

<table>
<tr><th colspan="4">园区记录</th><th colspan="4">家长记录</th></tr>
<tr><td>服用方式</td><td></td><td>收药人签名</td><td></td><td colspan="2">姓名</td><td colspan="2"></td></tr>
<tr><td>保存方式</td><td></td><td>教师签名</td><td></td><td>口服</td><td></td><td>外用</td><td></td></tr>
<tr><td>药品名称</td><td></td><td>剂量说明</td><td></td><td>常温</td><td></td><td>冷藏</td><td></td></tr>
<tr><td>用药时间</td><td>上午：</td><td>中午：</td><td>下午：</td><td>上午：</td><td>中午：</td><td colspan="2">下午：</td></tr>
<tr><td>注意事项及用药后情况说明</td><td colspan="7"></td></tr>
<tr><td>保健医签名</td><td colspan="7"></td></tr>
</table>

注意：连续服药的需每日填写用药委托书，且只留存当日服用的药量，在药品外包装上写明婴幼儿姓名，也可以把药和婴幼儿一起拍照，避免错拿药物。

（三）自带药品的存放管理

家长认真进行药品登记后应亲自将携带的药品交到保健医手中，不得委托他人及婴幼儿带药。保健医接收药品时要认真检查药品有效期，并与家长双方共同核对“婴幼儿用药委托书”上的服药信息是否清楚，确定无误后，再根据婴幼儿姓名将药物放入规定的地点。

交接班时，当班教师要做好药品服用的文字记录并签字。必须在“婴幼儿用药委托书”上签字确认，并于指定位置存档。

三、患病婴幼儿的照护

（一）常见胃肠道疾病

1. 腹泻

3 岁以下婴幼儿由于其消化系统未成熟，防御感染功能差，且因生长较快而使消化道负担重，因此经常会出现腹泻。从婴幼儿大便的性状可以初步判断腹泻的原因，大致可以分为三类问题，包括生理性、消化不良和感染性腹泻（见表 7－7）。

表 7－7　不同病因导致腹泻时的大便性状

类别	大便性状	可能问题
生理性	绿色带少量黏液，便次增多	肠蠕动亢进，见于饥饿时
消化不良	泡沫多，有灰白色的皂块样物	脂肪消化不良
	味酸臭，泡沫多	碳水化合物（糖类）消化不良
	味臭，不成形	蛋白质腐败作用增加
感染性	绿色或黄色，蛋花汤样	饮食不当或感染所致
	稀水样，次数频	疾病性肠炎
	腥臭，黏液多，或带脓血	细菌感染，如痢疾或肠炎

保健要求：

（1）观察婴幼儿腹泻时间和次数，注意排泄物的性状、颜色、气味。与家长沟通了解婴幼儿前一天在家的情况，乳儿班要了解是否换奶粉或添加了新的辅食。

（2）合理调整饮食，注意腹部保暖，遵医嘱用药，不滥用抗生素，保持肛门清洁。

（3）如果婴幼儿伴有发热或呕吐，要告知家长送医院治疗。若为传染性疾病，要及时离开园区，需在家中隔离，避免园区传染，所用餐具和水杯进行单独消毒处理。

2. 便秘

婴幼儿便秘主要由大便的坚硬度以及排便难易度，而非大便的次数多少来确定，有些婴幼儿每 2～3 天排一次大便也可以，是正常的。

婴幼儿便秘主要有以下四个原因：

（1）饮食不足：进食太少的时候，大便也随之减少。长期饮食不足，可导致营养不良，腹肌和肠肌瘦弱，蠕动无力，引起顽固性便秘。

（2）膳食结构不当：这与大便的性状密切相关，如果食物中蛋白质含量过高，会使大便呈碱性、干燥，次数减少。

（3）习惯因素：生活没有规律或缺乏定时排便训练，或个别婴幼儿因环境突然改变，均可出现便秘。

（4）疾病因素：如肛裂、肛门狭窄、先天性巨结肠等也可引起便秘。

此外，便秘还与遗传和体质因素有关。

保健要求：

若婴幼儿为非疾病因素的便秘，应当引导婴幼儿养成良好的生活习惯，每天定时排便；养成良好的饮食习惯，补充膳食纤维；如连续几天不排便导致大便干结，引起排便困难，可遵医嘱使用促进排便的药物。

（二）常见营养性疾病

1. 营养不良

筛查标准：以年龄别体重、年龄别身高（身长）、身高（身长）别体重为评估指标，测量值低于中位数减 2 个标准差为低体重、生长迟缓和消瘦。

常见原因：早产、低出生体重儿或小于胎龄儿；喂养不当，如乳类摄入量不足，没有及时或适当地进行食物转换，偏食和挑食；反复呼吸道感染和腹泻等。

保健要求：

（1）调整饮食。选择容易消化且营养丰富的食物，以牛奶、蛋类、瘦肉、鱼、豆制品、植物油及碳水化合物等为主，搭配新鲜水果和蔬菜。食物烹调注意色、香、味，以增进食欲。少食多餐，米面搭配，荤素搭配，保证进食量，供给足够的热能、蛋白质和微量营养素。纠正不良饮食习惯。

（2）加强护理。合理安排生活作息制度，保证充足睡眠，早睡晚起。户外活动应适当，活动量适中，及时擦汗、增减衣服。增强体质，预防感染。

（3）定期检查。监测婴幼儿的体重、身高增长情况，掌握其生长趋势，并反馈给家长，若有问题则及时就医进一步诊治处理。

2. 缺铁性贫血

筛查标准：由于体内缺乏铁，导致血红蛋白合成减少。血红蛋白小于 110 g/L，白细胞总数正常，血小板总数正常。

常见原因：先天储铁不足，如早产、多胎等；铁摄入量不足，未及时添加含铁丰富的食物；婴幼儿生长发育过快，铁的需求量增加；铁的吸收障碍，如食物搭配不合理和慢性腹泻等；因疾病造成铁的丢失过多。

保健要求：

（1）铁剂治疗。遵照医嘱，配合口服铁剂药物的干预治疗。铁剂应在餐间服用，既可减少对胃黏膜的刺激，又利于吸收。定期检测血红蛋白，观察治疗效果。

（2）饮食调整。选择优质蛋白质及含铁丰富的食物，增加血红素铁摄入，血红素铁的主要来源是动物性食物，如肝脏、动物血、红肉等；保证铁摄入的同时，补充适量优质蛋白质；提供新鲜蔬菜和水果，增加维生素 C，促进铁吸收，提高膳食铁的生物利用率。荤素同食，减少粗纤维食物如韭菜、芹菜等。纠正偏食、挑食等不良饮食行为。

（3）加强护理。适当进行户外活动和体育锻炼，每天 1 ～ 2 小时，增强体质。

3. 超重与肥胖

筛查标准：以身高（身长）别体重为评估指标，测量值大于等于中位数加 1 个标准差为超重，大于等于中位数加 2 个标准差为轻度肥胖，大于等于中位数加 3 个标准差为中重度肥胖。

常见原因：过度喂养和进食，膳食结构不合理；运动量不足及行为偏差，如外出就餐或吃外卖过多、看电子产品时间过长、睡眠不足等；遗传因素。

保健要求：

（1）饮食管理。控制高热量食物摄入，0～2岁婴幼儿生长速度快，提倡适量脂肪、适量糖类，尽量避免饮用含糖饮料，同时保证摄入优质蛋白质。鼓励肥胖婴幼儿多吃体积大、热能低的蔬菜类食品；树立健康的饮食理念，通过营养教育，使肥胖婴幼儿及其家长了解“信号灯食品”的概念，科学选择食物。

（2）行为指导。指导婴幼儿放慢进食速度，细嚼慢咽，使每餐时间不至于过短，一般进食15分钟后，机体就会产生饱腹感，避免过度摄食；培养良好的饮食习惯，如避免晚餐过饱、不吃夜宵、少吃零食、减少外出就餐次数及外卖食物次数、每天按时吃早餐等。

（3）运动管理。采用游戏活动与运动相结合的方式，增加活动的趣味性；运动应循序渐进，不宜操之过急，活动量以运动后轻松愉快、不感到疲劳为原则；每天进行各种强度的身体活动至少3小时，其中至少包括1小时的中等强度身体活动，全天均匀分布为宜。

（三）皮肤疾病

1. 湿疹

婴儿湿疹又称“奶癣”，是常见的一种过敏性皮肤病，多在出生后的2～3个月发病，1岁以后逐渐好转。湿疹多呈对称性分布，好发于前额、脸颊、下颌、耳后等处，严重时会扩展到头皮、颈、手足背、四肢关节、阴囊等处。

保健要求：

（1）避免接触可疑致敏原。如尘螨、霉菌、动物羽毛或皮屑、花粉、牛奶、鸡蛋、海产品等。

（2）选择适宜的衣服。内衣应宽大，并用纯棉制品，尽量不穿真丝、纯毛及化纤制品。

（3）注意日常照护。搔抓、摩擦、肥皂洗、热水烫及不适当的外用药刺激常使湿疹加重，应予避免。小婴儿无自理能力，为防止其搔抓，应剪短他（她）的指甲。

（4）冷暖应适宜。过热会增加痒感，并使湿疹加重，所以不要给婴幼儿穿过多的衣服，夜间也不要盖得太厚，原则上婴幼儿要比母亲穿得少。

（5）加强饮食护理。在湿疹发作期间，饮食宜清淡，少吃鱼、虾、蟹等高蛋白质及辛辣食物，以免加重病情。

2. 尿布疹

尿布疹常常发生在湿尿布覆盖区，包括外生殖器、会阴、臀部、腹股沟和大腿上部内侧甚至肛门附近，患处皮肤有红色斑点状疹子，可伴有渗出液及糜烂。

保健要求：

（1）尿布要勤换。一定要为小婴儿选用适当的布尿布或高质量的纸尿裤，这是减少尿布疹发生的重要因素之一。

（2）便后勤清洗。每次大小便后，必须将局部用温水洗净、吸干，清洗臀部时避免使用刺激性肥皂；洗完不要扑粉，以免与尿便结块而对婴儿的皮肤造成刺激。

（3）皮肤暴露透气。气温或室温不低时，可将臀部暴露于空气或阳光之下，每次10～20分钟，每天2～3次。

（4）外用药膏处理。尿布疹未脱皮溃烂，可外涂鞣酸软膏；已脱皮溃疡有渗出的，可涂氧化锌油或雷锌软膏以吸收渗出物。

四、传染病的管理

婴幼儿自身免疫功能尚未发育成熟，抗感染的能力较弱，容易患各种感染性疾病和传染性疾病。因此，在托育机构应建立传染病预防与控制制度，做好传染病防控管理。控制传染病的三个环节：控制传染源，切断传播途径，保护易感人群。

（一）常见呼吸道传染病

1. 流感

流行性感冒是由流行性感冒病毒引起的急性呼吸道传染病，临床表现较普通感冒重。

防控措施：

（1）加强检疫，早期发现患儿，及时隔离。

（2）开窗通风，空气消毒；接触物品终末消毒。

（3）发病班级医学观察7天，观察婴幼儿有无高热、寒战、全身肌肉酸痛、乏力等表现，发现后及时隔离。

2. 流行性腮腺炎

流行性腮腺炎是由腮腺炎病毒引起的急性呼吸道传染病，是以腮腺的非化脓性肿胀和疼痛为特点的炎症。

防控措施：

（1）患儿立即隔离，至腮腺肿胀消退后一周。

（2）开窗通风，空气消毒；接触物品终末消毒。

（3）发病班级医学观察21天，观察婴幼儿有无发热、腮腺肿大，发现后及时隔离。

3. 水痘

水痘是由疱疹病毒引起的急性呼吸道传染病，以同一时期出现斑疹、丘疹、疱疹和结痂为特征。

防控措施：

（1）患儿立即隔离，至旧痘结痂且无新痘出现。

（2）开窗通风，空气消毒；接触物品终末消毒；加强毛巾、玩具、食具、内衣、被褥、席子等的消毒。

（3）发病班级医学观察 21 天，观察婴幼儿有无发热、皮疹出现，发现后及时隔离。发病班级物品与其他班级分开使用、消毒。

（4）婴幼儿及时接种水痘减毒活疫苗。

4. 猩红热

猩红热是由 β－溶血性链球菌引起的急性呼吸道传染病，主要表现为发热、咽峡炎、全身弥漫性鲜红色皮疹和疹后脱屑。

防控措施：

（1）患儿立即隔离治疗。

（2）开窗通风，空气消毒；接触物品终末消毒；加强毛巾、玩具、食具、便器、被褥、席子等的消毒。

（3）发病班级医学观察 7 天，观察婴幼儿有无发热、咽喉炎症或扁桃体症状，发现后及时隔离。

5. 手足口病

手足口病是由柯萨奇病毒等多种肠道病毒感染引起的急性传染病，表现为发热，口腔黏膜、手足掌散在疱疹。本病除了通过呼吸道传播，还可以通过粪便、水疱液、用过的毛巾和牙刷等接触传播，属于多传播途径。

防控措施：

（1）患儿立即隔离，至皮疹结痂后 1 周，或自发病之日起 2 周。

（2）开窗通风，空气消毒；接触物品终末消毒；加强毛巾、玩具、食具、便器、门把手、扶手、桌面等的消毒。

（3）发病班级医学观察 14 天，观察婴幼儿有无发热、手足疱疹等症状，发现后及时隔离。

（二）常见肠道传染病

1. 细菌性痢疾

细菌性痢疾是由痢疾杆菌引起的肠道传染病，主要表现为发热、腹痛、里急后重和黏冻脓血便。

防控措施：

（1）患儿立即隔离，规范治疗后粪便检查阴性，并获得相关医疗证明方可解除隔离。

（2）接触物品终末消毒。特别加强食具、毛巾、杯子、玩具、厕所、便器，以及可疑病人的吐泻物等的消毒。

（3）发病班级医学观察7天，观察婴幼儿有无发热、大便异常等情况，发现后及时隔离。

2. 甲型肝炎

甲型肝炎是由甲型肝炎病毒引起的肠道传染病，主要表现为疲乏、食欲减退、肝脾肿大等。

防控措施：

（1）患儿立即隔离，规范治疗后连续3次肝功能检查正常，并获得相关医疗证明方可解除隔离。

（2）接触物品终末消毒。特别加强食具、毛巾、杯子、玩具、厕所、便器，以及可疑病人的吐泻物等的消毒。

（3）发病班级医学观察45天，观察婴幼儿精神、食欲、小便颜色有无异常等，发现后及时隔离。

（三）传染病的预防与控制

（1）督促家长按免疫程序和要求完成婴幼儿预防接种。配合疾病预防控制机构做好托育机构婴幼儿常规接种、群体性接种等应急接种工作。

（2）托育机构应当建立传染病管理制度。托育机构内发现传染病疫情或疑似病例后，应当立即向属地疾病预防控制机构报告。

（3）班级老师每日登记本班婴幼儿的出勤情况。对因病缺勤的，应当了解婴幼儿的患病情况和可能的原因，对疑似患传染病的，要及时报告给园（所）疫情报告人。园（所）疫情报告人接到报告后应当及时追查婴幼儿的患病情况和可能的病因，以做到对传染病人的早发现。

（4）托育机构内发现疑似传染病例时，应当及时设立临时隔离室，对患儿采取有效的隔离控制措施。临时隔离室内环境、物品应当便于实施随时性消毒与终末消毒，控制传染病在园（所）内暴发和续发。

（5）托育机构应当配合当地疾病预防控制机构对被传染病病原体污染（或可疑污染）的物品和环境实施随时性消毒与终末消毒。

（6）发生传染病期间，托育机构应当加强晨午检和全日健康观察，并采取必要的预防措施，保护易感婴幼儿。对发生传染病的班级按要求进行医学观察，医学观察期间该班与其他班相对隔离，不办理入托和转园（所）手续。

（7）卫生保健人员应当定期对婴幼儿及其家长开展预防接种和传染病防治知识的健康教育，提高其防护能力和意识。传染病流行期间，加强对家长的宣传工作。

（8）患传染病的婴幼儿隔离期满后，凭医疗卫生机构出具的痊愈证明方可返回园（所）。根据需要，来自疫区或有传染病接触史的婴幼儿，检疫期过后方可入园（所）。

五、日常规范

托育机构的清洁消毒需参考《托儿所幼儿园卫生保健工作规范》和《托儿所幼儿园卫生保健管理方法》的要求。

（一）环境卫生

托育机构应当按照有关规定，完善相关制度，切实做好室内外环境卫生。

（1）活动地垫正反面都要擦拭，擦拭后晾干。擦地板和擦桌面的抹布必须分开使用，消毒液和清水分开使用，做好标记，挂在通风处晾干。

（2）消毒用品放在婴幼儿接触不到的地方，各类消毒剂和消毒液放在上锁的柜子里。

（3）需使用加盖的垃圾桶，下班前清理所有垃圾，垃圾桶要用清水清洗干净并晾干。

（4）教室内不存放开封的零食和熟食。

（5）每周工作：清洁灯具，擦干净天花板灰尘，清洗电风扇，擦拭空调出风口，擦拭储物柜，周五让家长将婴幼儿的寝具带回家清洁。

（6）做好日常预防性消毒并做好记录。日常预防性消毒记录表，如表 7－8 所示。

表 7－8 日常预防性消毒记录表

××托育中心 20______年____期______班

日常预防性消毒记录表

物品名称	水杯		餐具			擦嘴巾		餐桌			门把手、水龙头等	汗巾、擦手巾	教具、玩具、家具、饮水机	图书、毛绒玩具	坐便器及垫圈		盥洗室地面、洗手池、便池、清洁用具		操作人
消毒方式及消毒时间	高温消毒柜30分钟/次		高温消毒柜30分钟/次			松散高温煮沸20分钟/餐后		含有效氯250mg/L消毒液擦拭15分钟后用清水擦拭			含有效氯250mg/L消毒液擦拭15分钟后用清水擦拭	松散高温煮沸20分钟/餐后	含有效氯250mg/L消毒液擦拭或浸泡15分钟后用清水擦拭或清洗	阳光暴晒或紫外线灯照晒60分钟	含有效氯500mg/L消毒液擦拭15分钟后用清水擦拭		含有效氯500mg/L消毒液湿拖、浸泡15分钟后用清水清洗		
日期	中	晚	早	中	晚	中	晚	早	中	晚	1～2次/日	1次/日	1次/日	1次/周	上午	下午	上午	下午	

（二）工作人员健康要求

托育机构工作人员上岗前，应当经医疗卫生机构进行健康检查，由检查机构发健康证书后方可上岗。托育机构应当组织在岗工作人员每年进行 1 次健康检查。在岗工作人员患有传染性疾病、滴虫病、真菌性阴道炎、化脓性皮肤病，应当立即离岗治疗，治愈后，须持病历和医疗卫生机构出具的健康合格证明方可返岗工作。患有精神病、乙肝表面抗原（HBsAg）阳性、严重生理缺陷不能在托育机构工作。

第二节 营养管理

为指导托育机构遵循婴幼儿成长特点和规律，为婴幼儿提供科学、规范的喂养服务，2022 年 1 月，国家卫生健康委发布了《托育机构婴幼儿喂养与营养指南（试行）》。2022 年 6 月 1 日，正值国际儿童节，中国营养学会发布《中国婴幼儿膳食指南（2022）》，该指南聚焦婴幼儿和学龄前儿童，具体为《0～6 月龄婴儿母乳喂养指南》、《7～24 月龄婴幼儿喂养指南》和《学龄前儿童膳食指南》，明确了婴幼儿和学龄前儿童的喂养准则，为科学育儿提供了专业指导和技术支持。下面一起来学习托育机构膳食营养管理这一重要工作。

一、营养相关的管理制度

（一）制度建设

1. 餐饮服务管理制度

提供餐饮服务的托育机构，应按照《中华人民共和国食品安全法》《中华人民共和国食品安全法实施条例》《餐饮服务食品安全监督管理办法》等有关法律法规的要求，取得《食品经营许可证》后按照许可范围依法经营。

（1）托育机构应建立健全食品安全管理制度，配备专职或兼职食品安全管理人员，同时建立完善的母乳、配方食品和商品辅食喂养管理制度及操作规范，包括喂奶室管理制度，配方食品和商品辅食的接收、查验及储存、使用制度，以及相关卫生消毒制度。

（2）托育机构应当为婴幼儿提供符合国家《生活饮用水卫生标准》的生活饮用水。提供给婴幼儿饮用的水为经煮沸后冷却到 40℃以下的热水，应当做好措施，避免婴幼儿发生烫伤。

（3）食材来源是托育机构必须严格管理的关键控制点。根据营养食谱搭配的各类食材来源可选择多个品牌或不同的供应商，采购前应严格查验食材供应商资质，每批食材及时查验并索证索票、全程溯源，做好采购台账，有条件的机构可进行入库前随机抽样检测。

（4）托育机构应严格按照相关规定做好食品的采购、储存、制作、烹饪、留样等工作。禁止提供隔夜剩饭菜，不制作冷荤凉菜，不使用腊肉、咸菜等腌制食材，不得加工制作四季豆、鲜黄花菜、野生蘑菇、发芽土豆等高风险食品。

（5）应当对每餐次加工制作的每种食品成品进行留样，留样量不少于125克，分别盛放于清洗消毒后的密闭专用容器内，置于专柜冷藏存放48小时以上，并做好记录。

2. 外供餐管理制度

托育机构从供餐单位订餐的，应当建立健全机构外供餐管理制度，选择取得食品经营许可、能承担食品安全责任、社会信誉良好的供餐单位。

供餐单位应严格履行食品生产安全管理制度，按照各年龄阶段的合格带量餐谱提供食品，生产标准化、流程化，避免出现各类食物量偏多或偏少的情况，保证婴幼儿每日获取的营养素满足需求。托育机构应对供餐单位提供的每批食品随机进行外观查验和必要检验，并在供餐合同（或者协议）中明确约定不合格食品的处理方式。

3. 设备设施管理制度

按照《托儿所、幼儿园建筑设计规范》要求，托幼机构供应用房中幼儿厨房必须包含主副食加工间（不小于45m^2），主食库，辅食库（不小于15m^2），冷藏室（不小于8m^2），配餐间（不小于18m^2），消毒间（不小于12m^2），洗衣房（不小于15m^2）等基本设施。鉴于目前按照托育机构设计的建筑较少，大都属于改建，在食品操作区域要按照基本功能配备相应的设施设备，根据本托育机构招收托位人数配置相应的食品设备，做到基本设备设施标准齐全。

0～6月龄婴儿鼓励纯母乳喂养，婴儿满6月龄后可继续母乳喂养至2岁或以上。托育机构应为哺乳母亲设立喂奶室，配备流动水洗手等设施、设备。同时，托育机构可配置母乳冷藏的设备设施，以便于安全存放入托前喂养人带来的母乳。

托育机构乳儿班和托小班设有配餐区，位置独立，备餐区域有流动水洗手设施、操作台、调配设施、奶瓶架，配备奶瓶清洗、消毒工具，配备奶瓶、奶嘴专用消毒设备，配备乳类储存、加热设备。

托育机构应当保证入托的婴幼儿一人一个专用饮水杯（瓶），不得混用。饮水杯（瓶）每日用后及时清洗并采用流动蒸汽、高温煮沸等方式消毒。清洗消毒后饮水杯（瓶）需存放在洁净的橱柜内。

4. 人员管理制度

托育机构应配备食品安全管理人员，并制定膳食管理人员、从业人员岗位工作职责，食品安全管理人员及从业人员上岗前应当参加食品安全法律法规、急救的基本技能和婴幼儿营养等培训。

托育机构还应建立定期培训制度，通过集中培训、在线学习等方式，不断提高食品安全管理人员的职业道德水平和专业能力。

5. 膳食营养管理制度

婴幼儿膳食应有专人负责，班级配餐由专业人员配制并分发。工作人员与婴幼儿膳食要严格分开，应做好乳类喂养、辅食添加、就餐等工作记录。

配备专业的营养师并结合营养配餐软件的使用，可以更加准确地进行婴幼儿餐食营养素分析，高效地完成营养配餐工作。

配备专人负责母乳及配方奶粉的储存。储存的母乳应详细标明泵奶时间，婴幼儿和母亲姓名；配方奶粉应标明生产日期、开罐日期、保质期、婴幼儿姓名、家长姓名等信息。特殊配方奶粉如早产儿配方奶粉、深度水解配方奶粉等应单独存放管理。

母乳保存在 37℃以下室温不超过 3 小时，冰箱冷藏保存不超过 24 小时，家用冰箱冷冻室冻存（−20°）2 ～ 3 个月。储存母乳喂养前核对姓名和储存时间，用温水加热至 37℃～ 40℃。建议使用 40℃的温开水配制配方奶粉（依据各种奶粉的要求进行水温准备），配制好的奶液应立即食用，未喝完的奶液建议尽快丢弃，在空气中静置时间不超过 2 小时。

（二）制度实施与监管

1. 托育机构行政管理部门

托育机构行政管理部门应确定膳食管理目标、制订膳食管理计划、明确工作管理人员及其权责关系、组织膳食管理各环节工作、监控调整膳食管理过程。同时，托育机构应积极与妇幼保健、疾病预防控制、卫生监督等机构沟通咨询，健全托育机构膳食质量评估制度，对婴幼儿膳食实施动态管理，加强卫生保健、膳食营养等业务学习。

2. 托育机构膳食安全管理部门

托育机构膳食安全管理部门负责制定膳品安全管理制度和各项卫生操作规范，如母乳、配方食品和商品辅食喂养管理制度和操作规范等。食品安全管理人员应对采购的原辅料进行查验，确保储存在合适的地方。

外供餐时需对供餐单位等进行资质审核，确保食物来源，并定期检查供餐单位卫生条件和操作规范，结合不定期抽查。

日常管理中，膳食安全管理部门对供餐单位提供的食品随机进行外观查验和必要检验。定期对配餐区、就餐区、喂奶室等区域进行环境取样，监测微生物指标。定期对托育机构内设备设施、餐具、厨具进行微生物检测，同时定期全面消杀。所有检查过程做好工作记录，并进行结果通报，及时整改和复查。

3. 托育机构营养管理部门

托育机构营养管理部门根据婴幼儿的生理特点和营养需求，制定符合要求的食谱，并严格按照食谱供餐，制定的食谱每周公开。

营养师应根据季节变化、市场供应和婴幼儿生理特点等因素制定每日营养食谱，指导厨师在食物制作过程中最大限度地保存食物营养。

日常，营养师应经常巡视婴幼儿进餐情况，及时发现问题并改正，可根据实际情况每月进行一次膳食营养调查，研究婴幼儿膳食情况，及时与家长沟通反馈，吸收各方的意见，不断提高膳食质量。半日托及全日托的托育机构至少每季度进行一次膳食调查和营养评估。

配方食品应按照产品使用说明按需、适量调配，调配好的配方奶1次使用，如有剩余，直接丢弃。配方食品在规定的配餐区完成。调配好的配方奶，喂养前需要试温，做好喂养记录。

有条件的托育机构可为贫血、营养不良、食物过敏等婴幼儿提供特殊膳食，有特殊喂养需求的，婴幼儿监护人应当提供书面说明。

应定期进行生长发育监测，测量婴幼儿身长、坐高、体重、头围、胸围等指标，保障婴幼儿健康生长。

4. 膳食管理委员会

应由托育机构管理人员、营养师、膳食安全管理人员、教师代表、厨师代表、家长代表和财务人员等组成膳食管理委员会，定期召开会议讨论托育机构膳食计划、营养食谱制定、进餐情况、膳食安全等工作情况。

膳食管理委员会应安排不定期对厨房卫生、原辅料仓库、营养配餐、工作记录等进行检查，对不合格情况提出改进意见和建议，并要求托育机构及时整改到位。

二、婴幼儿营养与膳食安排

（一）婴幼儿营养需要

1. 能量

婴幼儿的能量需要除了满足基础代谢、体力活动、食物热效应等消耗外，还要加上排泄的损失和生长发育的需要。根据中国营养学会颁布的《中国居民膳食营养素参考摄入量（DRIs）（2013）》，我国婴幼儿能量的推荐摄入量分别为：0～5月龄90kcal/（kg·d）；6～12月龄80kcal/（kg·d）；1岁时男孩每天需要摄入900kcal能量，女孩是800kcal能量；2岁时男孩每天需要摄入1 100kcal能量，女孩是1 000kcal能量。

2. 蛋白质

婴幼儿期蛋白质应维持正氮平衡状态，并注意优质蛋白质的补充。根据《中国居民膳食营养素参考摄入量（DRIs）（2013）》，我国婴幼儿蛋白质的参考摄入量分别为：0～5月龄9g/d（适宜摄入量）；6～12月龄推荐摄入20g/d；1～3岁幼儿推荐摄入25g/d。

3. 脂肪

脂类对婴幼儿生长发育和神经系统的发育影响很大，一般按照总脂肪供能比例计。

婴幼儿时期还需要摄入 EPA、DHA 等必需脂肪酸满足大脑神经系统的发育和生长发育的需求。

4. 碳水化合物

婴儿期的前 6 个月提倡纯母乳喂养，母乳中的乳糖能够满足此时期婴儿的需求。6 月龄后可以慢慢摄入辅食，但不宜摄入太多碳水化合物，以免影响食物的营养密度。

5. 矿物质和维生素

随着年龄的增长，婴幼儿对钙、铁、锌、碘等矿物质的需要增加，应及时在膳食中补充。

婴儿出生 2 周开始需要每日补充维生素 D 以预防佝偻病；膳食均衡的情况下，其他维生素基本上都能从母乳中获取。

（二）婴幼儿营养与膳食安排

1. 6 月龄内婴儿喂养推荐

6 月龄内婴儿推荐纯母乳喂养。因故不能纯母乳喂养婴儿时，建议首选适合于 6 月龄内婴儿的配方奶喂养，不宜直接用普通液态奶、成人奶粉、蛋白粉、豆奶粉等喂养婴儿。中国 0～6 月龄婴儿母乳喂养关键推荐见图 7－1。

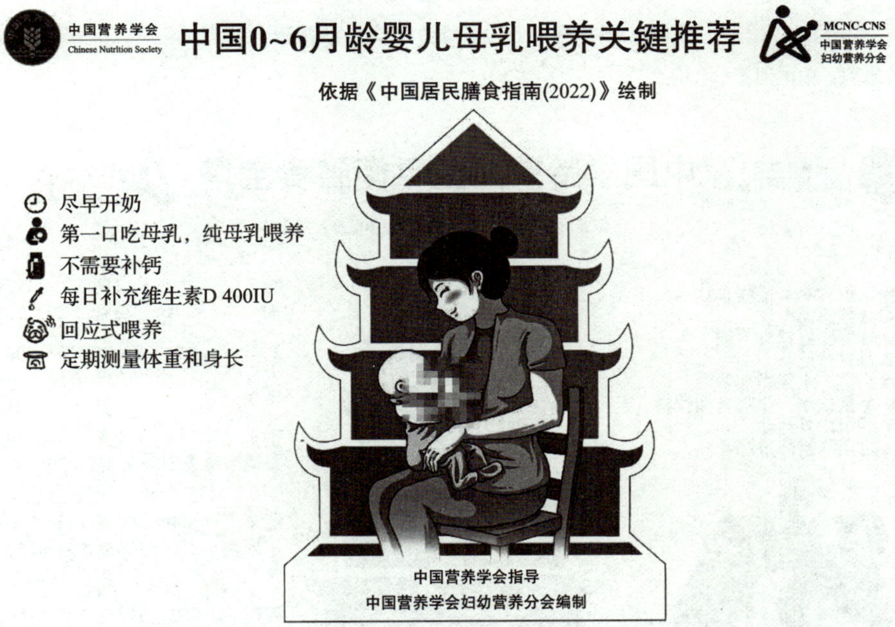

图 7－1　中国 0～6 月龄婴儿母乳喂养关键推荐

图片来源：中国营养学会网站 .

2. 食谱设计

食谱中各种食物的选择原则以及食物用量，参照中国营养学会颁布的《7～24 月龄婴幼儿喂养指南》《学龄前儿童膳食指南》中的膳食原则，以及《7～24 月龄婴幼儿平衡膳食宝塔》《学龄前儿童平衡膳食宝塔》中建议的食物推荐量范围。

中国 7～24 月龄婴幼儿平衡膳食宝塔如图 7－2 所示；中国学龄前儿童平衡膳食宝塔如图 7－3 所示。

图 7－2 中国 7～24 月龄婴幼儿平衡膳食宝塔

图片来源：中国营养学会网站 .

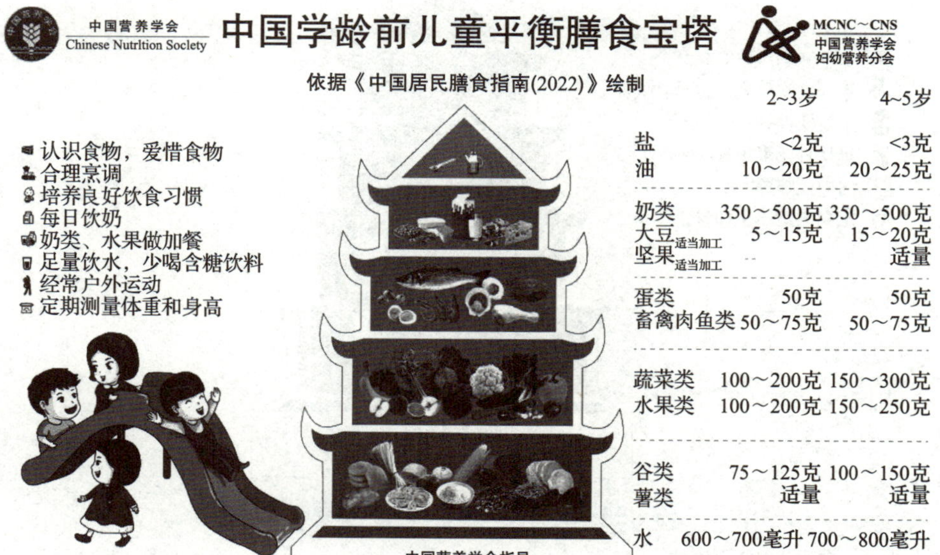

图 7－3 中国学龄前儿童平衡膳食宝塔

图片来源：中国营养学会网站 .

食谱按照不同月龄段进行制定和实施，具体到每餐次食物品种、用量、烹制或加工方法及进食时间，每周或每 2 周循环 1 次。

（1）6～12 月龄婴儿开始添加辅食，添加辅食的原则是：从少到多，循序渐进；从稀到稠，从细到粗，以各种蔬菜泥、水果泥、肉泥、烂面条等易于咀嚼和吞咽的食物为主。

（2）12～24 月龄的幼儿已经尝试过一段时间的辅食，并且上下切牙都已萌出，负责碾碎食物的磨牙也开始逐渐萌出，以便适应咀嚼一些稍硬的固体食物，如鱼块、鸡蛋卷、鸡肉条、土豆片、牛肉丝等不同性状的固体食物。每餐提供的食材种类也要比 1 岁前更加丰富，调味品可以根据需要适当添加些盐，但仍要以保持食物的原味为原则，让孩子的味觉获得更好的发展。需要注意的是，在烹饪的过程中要保证食材有一定的硬度，让合适的食物引导孩子充分地咀嚼，锻炼口腔周围的肌肉，这对于牙齿的发育、发音和面部肌肉的协调都有重要的作用。

（3）2 岁以上幼儿的食谱已经逐渐接近一个健康成人的一日饮食，尽可能保证每天能够摄入多种食材（不包括葱、姜、蒜等调味品），在烹饪方式的选择上要尽可能多地保留营养素，建议使用蒸、煮、炖等烹饪方法。

食谱中主副食的选料、洗涤、切配、烹调方法要适合不同月龄（年龄）婴幼儿，减少营养素的损失，符合婴幼儿清淡口味，达到营养膳食的要求，对于婴幼儿过敏的食物都要有替代食品供选择。烹调食物注意色、香、味、形，提高婴幼儿的进食兴趣，如制作彩色蝴蝶面、彩色贝壳馒头等食物。

食谱中各种食物提供的能量和营养素水平，参照中国营养学会颁布的《中国居民膳食营养素参考摄入量（DRIs）（2013）》推荐的相应月龄（年龄）婴幼儿每日能量平均需要量（EER）和推荐摄入量（RNI）或适宜摄入量（AI）确定。

食谱各餐次热量分配：早餐提供的能量约占一日的 30%（包括上午 10 点的点心），午餐提供的能量约占一日的 40%（含下午 3 点的午后点），晚餐提供的能量约占一日的 30%（含晚上 8 点的少量水果、牛奶等）。三大营养素热量占总热量的百分比为蛋白质 12%～15%，脂肪 30%～35%，碳水化合物 50%～65%。优质蛋白质占蛋白质总量的 50% 以上。

小案例

托育机构食谱设计

托育机构在制定食谱时，有五点需要特别关注：

（1）谷物供给多样化。谷物是这个年龄段孩子主要的能量来源，由于长期进食精米精面不利于孩子消化系统的发育和完善，因此需要添加玉米、黑米、薯类等各种食物，在促进肠道发育的同时，还能补充各种维生素和矿物质。

（2）食材种类全知道。2 岁以上的孩子建议每日能够摄取多种食材。在托育机构中，如果供给午餐和下午点心，那就要保证有 15 种以上的食材。这并不是说每天必须让孩子摄入这么多的食材，而是让孩子有充分选择的机会摄入更多的食物种类，并且在长期的饮食中，能够达到相对均衡的状态。家庭则可以根据园所中的食谱，调整孩子在家的饮食，补充机构中本周没有供给的食物。

（3）不同的食材有不同的营养供给，在设计一周食谱时，可以用不同颜色的字体来表示不同种类的食材。比如，用红色字体表示鱼、虾、肉类等食物；用黄色字体表示鸡蛋、豆类、豆制品等；用绿色字体表示绿叶蔬菜。此外，各种汤用蓝色字体表示，水果用紫色字体表示，点心用红褐色字体表示等。这样制定出来的菜谱一目了然，一旦缺什么食物，很快就可以通过字体颜色来发现。

（4）周五除了提供鸡蛋，不提供其他荤菜。理由是每个家庭在周末更容易出现饮食不规律的情况，因此周五提供清淡的饮食，能为孩子的肠道减轻负担。

（5）食谱中可直观标识可见的烹饪方式。0～6岁阶段要选取尽可能保留营养素的烹饪方式，比如蒸、水煮、炖等，比起食物的风味、口感，更关键的是食物营养的摄入。

表7－9为某托育机构的一周食谱。

表7－9 某托育机构24～36个月幼儿一周食谱

日期	午餐	水果	点心	食材数量	食材种类
星期一	主食：黄米米饭 菜和汤： （1）鸡腿烧西葫芦； （2）韭菜炒鸡蛋； （3）香菇炒芥蓝； （4）丝瓜菌菇汤	梨子、猕猴桃	阿拉棒（一种饼子）	18种	小黄米、大米、鸡腿、西葫芦、韭菜、鸡蛋、虾皮、彩椒、香菇、芥蓝、丝瓜、白玉菇、竹荪、猕猴桃、梨子、面粉、黄油、牛奶
星期二	主食：红薯米饭 菜和汤： （1）粉丝蒸虾； （2）洋葱炒鸡蛋； （3）豆芽青椒炒香干； （4）番茄菠菜汤	橙子、香蕉	芥菜蒸饺	19种	红薯、大米、粉丝、彩椒、虾、洋葱、鸡蛋、木耳、豆芽、青椒、香干、胡萝卜、番茄、菠菜、香蕉、橙子、芥菜、香菇、面粉
星期三	主食：黑米米饭 菜和汤： （1）葱炒牛肉片； （2）芹菜木耳炒鸡蛋； （3）蒜蓉菜薹； （4）香菇白菜汤	葡萄、冬枣	虾仁青菜粥	18种	黑糯米、大米、洋葱、大葱、牛肉、香菜、芹菜、木耳、腐竹、鸡蛋、大蒜、菜薹、香菇、娃娃菜、葡萄、冬枣、虾仁、青菜
星期四	主食：玉米米饭 菜和汤： （1）酸汤鳕鱼炖豆腐； （2）葱香蛋羹； （3）扁豆炒藕片； （4）鸡毛菜蛋花汤	橙子、苹果	枸杞炖梨	20种	玉米、大米、番茄、鳕鱼、豆腐、白菜、金针菇、豆芽、香葱、鸡蛋、扁豆、藕、胡萝卜、木耳、鸡毛菜、橙子、苹果、枸杞、银耳、梨子

续表

日期	午餐	水果	点心	食材数量	食材种类
星期五	主食：坚果米饭 菜和汤： （1）蒜苗烧萝卜； （2）茭白毛豆炒鸡蛋； （3）蟹味菇炒青菜； （4）罗宋汤	火龙果、柚子	蓝莓山药泥	25 种	各类坚果 5 种、大米、蒜苗、白萝卜、红皮萝卜、茭白、毛豆、鸡蛋、彩椒、蟹味菇、青菜、番茄、土豆、洋葱、胡萝卜、芹菜、火龙果、柚子、蓝莓、山药、牛奶

三、婴幼儿各年龄阶段膳食计划制订

不同年龄段婴幼儿膳食计划制订的依据主要有《中国婴幼儿膳食指南（2022）》《中国居民膳食营养素参考摄入量（DRIs）（2013）》等。婴幼儿膳食推荐安排如表 7－10 所示。

表 7－10 婴幼儿膳食推荐安排

年龄	7～8 月龄	9～12 月龄	12～24 月龄	24～36 月龄
餐次安排	母乳喂养 4～6 次，辅食喂养 2～3 次	母乳喂养 3～4 次，辅食喂养 2～3 次	学习自主进食，逐渐适应家庭的日常饮食。幼儿在满 12 月龄后应与家人一起进餐，在继续提供辅食的同时，鼓励尝试家庭食物	三餐两点
母乳喂养	先母乳喂养，婴儿半饱时再喂辅食，然后再根据需要哺乳。随着婴儿辅食量增加，满 7 月龄时，多数婴儿的辅食喂养可以成为单独一餐，随后过渡到辅食喂养与哺乳间隔的模式	600ml	1～2 岁幼儿在母乳喂养的同时，可以逐步引入鲜奶、酸奶、奶酪等乳制品。不能母乳喂养或母乳不足时，仍然建议以合适的幼儿配方奶作为补充，可引入少量鲜奶、酸奶、奶酪等，作为幼儿辅食的一部分奶量应维持约 500ml。	
奶及奶制品	>600ml	600ml	500ml	350～500ml

续表

年龄	7～8月龄	9～12月龄	12～24月龄	24～36月龄
鱼畜禽蛋类	开始逐渐每天添加1个蛋黄或全蛋和50g肉禽鱼，如果对蛋黄/鸡蛋过敏，需要额外再增加肉类30g	鸡蛋50g、肉禽鱼50g	鸡蛋25～50g、肉禽鱼50～75g	鸡蛋50g、肉禽鱼50～75g
谷物类	20～50g	50～75g	50～100g	75～125g
蔬菜、水果类	根据婴儿需要适量提供	每天碎菜50g～100g、水果50g，水果可以是片块状或手指可以拿起的指状食物	蔬菜50～150g、水果50～150g	蔬菜100～200g、水果100～200g
大豆				5～15g
烹调油	0～5g	5～10g	5～15g	10～20g
精盐			0～1.5g	<2g
水				600～700ml

拓展阅读

托育园饮食安全教育活动

危险的面包

活动准备：

（1）苍蝇叮咬面包的图片。

（2）蟑螂、老鼠爬过的面包的图片。

（3）腐烂变质的面包。

活动过程：

（1）观看绘本《危险的面包》。

讨论：小朋友们，宝宝的肚子为什么会疼？

（2）观看：苍蝇叮咬过的面包照片，蟑螂、老鼠爬过的面包的图片。

提问：小朋友们，这些食物还能吃吗？

（3）现场观看腐烂变质的面包。

提问：小朋友们，这个食物好闻吗？还可以吃吗？

总结：虫子、老鼠爬过的食物都不能吃，否则可能会生病；腐烂变质的食物也不能吃；有奇怪味道和颜色的食物尽量不要吃。

活动延伸：

请小朋友们和家长一起在家里找一找，家里有没有发霉的面包、腐烂的香蕉或苹果等食物，请你告诉爸爸妈妈这样的食物为什么不可以吃。

本章小结

本章主要明确托育机构卫生保健工作和托育机构膳食营养管理的内容。先从托育机构健康管理活动的组织实施、婴幼儿委托用药、婴幼儿常见疾病的照护、传染病管理等方面对托育机构健康管理进行阐述，在此基础上加强托育机构保健工作管理，提高卫生保健工作质量，以促进婴幼儿的健康发展。然后从相关管理制度、婴幼儿营养与膳食安排、婴幼儿各年龄阶段膳食计划制订这三个方面阐述托育机构膳食营养管理方法和内容；从膳食管理制度的制定、实施和监管三个方面展示膳食管理制度；分析婴幼儿营养需求，明确婴幼儿营养和膳食安排原则和要点；通过具体案例呈现婴幼儿膳食营养搭配特点。让学生在了解托育机构膳食管理制度的基础上，学会分析婴幼儿食谱；学会婴幼儿膳食营养管理；树立热爱托育专业的观念，培养认真负责的职业精神，同时树立饮食安全和健康意识。

思考与练习

一、判断题

1. 传染病发生和流行的三个基本环节是传染源、传播途径、易感人群。（　　）

2. 对疾病的防治应做到早发现、早预防、早隔离、早治疗。（　　）

3. 水痘是由水痘病毒引起的急性呼吸道传染病。（　　）

4. 给幼儿吃药不用管什么药都可以混在一起吃。（　　）

5. 常见传染病检疫期：流行性腮腺炎 21 天；水痘 21 天；细菌性痢疾 7 天；流行性感冒 3 天；手足口病 21 天。（　　）

6. 托育机构从供餐单位订餐的，应当建立健全机构外供餐管理制度，选择取得食品经营许可、能承担食品安全责任、社会信誉良好的供餐单位。（　　）

7. 婴幼儿膳食可以与工作人员的膳食一起烹饪。（　　）

8. 膳食管理委员会可有可无。（　　）

9. 3 月龄婴儿可以开始吃辅食了。（　　）

10. 婴幼儿食谱按照不同月龄段进行制定和实施，每周或每 2 周循环 1 次。（　　）

二、选择题（单选）

1. 儿童离开托幼机构（　　）个月以上应当进行健康检查后方可再次入托幼机构。

A. 1　　B. 3　　C. 5　　D. 6

2. 常见的经多途径传播的传染病是（　　）。

A. 水痘　　B. 流行性感冒　　C. 手足口　　D. 流行性腮腺炎

3. 托幼机构工作人员上岗前，必须经县级以上人民政府卫生行政部门指定的医疗卫生机构进行健康检查，取得（　　）后方可上岗。

A. 托幼机构工作人员健康合格证　　B. 体检报告单

C. 食品从业人员健康证　　D. 以上都是

4. 婴幼儿入园时，托育机构应查验（　　）。

A. 入园健康检查表、儿童保健手册、预防接种证

B. 儿童保健手册、预防接种证

C. 入园健康检查表

D. 儿童保健手册

5. 患有下列哪些疾病者须离岗，治愈后须持县级以上人民政府卫生行政部门指定的医疗卫生机构出具的诊断证明，并取得"托幼机构工作人员健康合格证"后，方可回园（所）工作？（　　）

A. 流感、活动性肺结核等呼吸道传染性疾病

B. 痢疾、伤寒、甲型病毒性肝炎、戊型病毒性肝炎等消化道传染性疾病

C. 淋病，梅毒，滴虫性阴道炎，化脓性或者渗出性皮肤病

D. 以上都是

6. 婴儿出生 2 周开始需每日补充（　　）以预防佝偻病。

A. 铁　　B. 维生素 A　　C. DHA　　D. 维生素 D

7. 膳食管理委员会需包含（　　）。

A. 托育机构管理人员　　B. 营养师

C. 家长代表　　D. 以上全部

8. 半日托及全日托的托育机构至少每（　　）进行一次膳食调查和营养评估。

A. 月　　B. 季度　　C. 半年　　D. 年

9. 因故不能纯母乳喂养时，应选择（　　）。

A. 婴幼儿配方奶粉　　B. 普通液态奶

C. 成人奶粉　　D. 豆奶粉

10. 定期进行生长发育监测，测量婴幼儿（　　）等指标，保障婴幼儿健康生长。

A. 身长　　B. 头围　　C. 体重　　D. 以上都是

三、简答题

1. 简述托育机构卫生保健工作内容。

2. 婴幼儿食谱制定有哪些要求？

四、实操题

请结合托育机构食谱制定要求设计一个幼儿营养教育活动。

第八章 家园共育

学习目标

知识目标

1. 了解家园共育的含义、价值和原则；
2. 清楚家园共育的合作基础；
3. 掌握家园共育的实施路径和策略；
4. 了解对特殊处境家庭的支持。

能力目标

1. 具备家园共育合作中教师的专业能力；
2. 能解决家园合作中常见的问题。

素质目标

1. 热爱托育专业；
2. 树立家园共育的合作意识；
3. 形成家园共育中的专业精神和专业态度。

知识点导图

- 家园共育
  - 家园共育的核心理念
    - 家园共育的含义
    - 家园共育的价值
    - 家园共育的原则
  - 家园共育的合作基础
    - 教师的因素
    - 托育机构的因素
  - 家园共育的实施策略
    - 家园共育的实施路径
    - 家园共育中常见的问题及解决策略
  - 对处境特殊家庭的支持
    - 对新生儿家庭的支持
    - 对祖辈教养家庭的支持
    - 对特殊儿童家庭的支持
  - 拓展阅读
    - 家庭教养行为与教养方式

知识背景

婷婷刚进入一家托育机构工作两个月，最让她感到为难的是与家长沟通。面对不同的家长，婷婷不知道应该如何去沟通交流，有的家长还比较通情达理，容易合作；有的家长不太好相处，对老师的工作比较挑剔，很少有积极的回应，尤其是隔辈的家长，他们不太愿意听取意见，很难沟通，婷婷为此感到困扰和无助。

教师与家长建立良好的沟通与合作是非常重要的，这也是教师工作的一部分。本章我们一起来学习家园共育的重要内容。

第一节 家园共育的核心理念

一、家园共育的含义

家园共育是家长与托育机构共同完成孩子的教育，在孩子的教育过程中，家庭和托育机构都把自己当成促进婴幼儿发展的主体，双方积极互动，相互了解、相互支持、相互配合、同步教育，共同促进婴幼儿身心全面和谐发展。

（一）家园共育的本质是“共”

家园共育中的“共”体现了家庭和托育机构之间携手合作、共同促进婴幼儿健康成长与全面发展的本质特征。这不仅结合了家庭教育和托育机构所具有的优势，而且最大限度地减弱了两种教育孤立存在而产生的弊端。

（二）家园共育的目标是“婴幼儿”

家园共育需要考虑托育机构和家庭双方的需求，家园共育围绕的中心是婴幼儿，他们是托育机构和家庭服务的共同对象，促进婴幼儿的全面发展与健康成长是家园共育的最终目标。

（三）家园共育的核心是“育”

家园共育的“育”包含了两层意思：一是保育，二是教育。婴幼儿的生理和心理特点决定了对其不能只进行单纯的教育，而应采取“保教结合”的教育形式。因此，“育”字不仅是家园共育的核心价值，也是评价家园共育效果的唯一标准。

二、家园共育的价值

（一）对婴幼儿的益处

1. 有助于婴幼儿建立安全感

早期安全的亲子依恋关系是儿童日后安全的人际关系与互动模式的基础，是发展健全人格的关键。进入托育机构后，托育机构教保人员开始成为孩子的社会化代理人，如果婴幼儿能与教保人员建立安全、健康的依恋关系，将有助于他们对托育机构的环境建立安全感，有助于他们适应和探索托育机构的环境。与父母建立了积极依恋关系的婴幼儿，在进入托育机构时，如果看到父母与托育机构里的教保人员相处融洽，孩子可能会将这种依恋关系延伸至教保人员，就会对托育机构的教保人员产生积极的情感体验，并感到托育机构环境是安全的，这可以减轻刚入托的婴幼儿对新环境的焦虑程度，也有利于孩子日后对托育机构、学校、同伴保持积极的态度。

2. 有助于婴幼儿建立积极的社会关系和自我价值感

当孩子察觉自己的家人受到重视与尊重时，自我价值感也会随之提高，因为孩子对自我形象的认知与他对父母形象的认知息息相关。一方面，若父母获得他人的正面回应，孩子也会觉得自己有价值且受到重视；另一方面，如果孩子察觉到教师忽视自己的父母，他们的自尊也会因此受创。

小案例

早晨教师主动和姗姗的爸爸打招呼，并询问周末的家庭活动，姗姗很开心。因为在她眼中，教师和爸爸是朋友，这让姗姗觉得自己受到礼遇和重视。

有时教师会刻板地认为某些家长不会主动和教师沟通，但只要教师愿意主动、诚恳地接触所有家长，家长多数时候会给予积极的回应。家长都期望子女成功，且乐于以实际行动支持托育机构教育。研究证明，家长参与教育不仅可以改善孩子在托育机构的表现，也会使孩子对托育机构持有更正面的态度。

3. 有助于婴幼儿适应托育机构

如果家长和教保人员能经常就孩子成长的相关信息（如他们对孩子的观察、看法，孩子对特定事件的反应，孩子生活环境的改变等）进行交流，他们就更能从彼此的交流中获得相关信息，并给予孩子个性化的、最适切的回应。家长和教师间充分的信息交流，使家长和教师更清楚、全面地了解孩子，更有助于共同制定孩子的发展目标。

小案例

洋洋每次遇到挫折都会发脾气，教师和家长就此事达成共识，洋洋发脾气时将他的注意力转移到其他事物上。家长和教师合作，相互交流信息、扩展教育教养技巧，会对孩子产生非常积极的影响。

（二）对家长的益处

1. 让家长感受到支持

亲师合作最直接的好处是让家长感觉到有人支持自己为人父母的责任。现代社会中，许多父母往往还没做好准备就为人父母并独立承担起为人父母的角色，尤其是在陌生城市打拼的年轻人，当他们遇到生活中的具体问题时，常常感到孤单、困惑、孤立无援。良好的亲师关系，可以让家长与教师分享生活中的美好与不美好，并且有利于舒缓家长的紧张和焦虑情绪。

2. 帮助家长掌握教养的知识和技巧

教师接受过良好的儿童发展和教育理论训练，理解孩子的成长及个别差异，拥有有效指导婴幼儿的专业技能。父母通过与教师的交谈，观察教师与婴幼儿的互动，可扩展自己的育儿知识和经验，成为更称职的父母。这种学习方式不会损伤父母的自尊，只要教师细心营造双方平等的关系，家长即可在信任、安全、放松的气氛中学习。

3. 提高父母的自尊

父母的自尊对婴幼儿的发展非常重要。自信的父母能尽快掌握并应用适当的教养技巧，能为婴幼儿提供安全的环境并培养婴幼儿积极的个性。所以，提高父母的自尊水平，将有助于他们更好地履行父母角色，有助于培养婴幼儿的自尊。研究显示，父母参与学校、托育机构教育，对父母角色的执行及自尊心的发展有积极的作用。亲师合作使家长有机会与教师保持持续的联系，并从那里获得具体的、肯定的反馈，这在某种程度上强化、矫正了父母的教养行为，也提高了他们为人父母的自尊心。

例如，姗姗的教师对她的父亲说："我很欣赏你今天早上和姗姗讲话的方式，你在乎她的感受，但也明确地告诉孩子你必须离开，这种方式有助于她认清界限。"

亲师合作让父母感到自己在托育机构和家庭中都是重要的一员，自己参与了婴幼儿成长和受教育的过程，这也有助于他们产生自己是称职的父母的认同感。

（三）对教师的益处

1. 更全面地了解婴幼儿

亲师合作对教师最大的益处是能让教师全面了解每个婴幼儿：了解他们的个性、他们的日常生活情况；了解他们的家庭所具有的行为特征和价值观，家庭传统、家庭结构和家庭关系；了解他们父母的儿童观、父母期望和教养行为等。

小案例

姗姗的老师说："姗姗入园之前，她的父母告诉我姗姗是个安静内向的孩子，通常要很久才能适应新环境。所以在她入园时，我就能很好地理解她的行为，并给她更多的时间，让她慢慢适应。通过与姗姗的父母沟通，我知道她喜欢玩积木。在姗姗刚来的前几天，我特意为她安排了一些活动。"

当教师抱着开放的学习态度与家长互动时，就能从中知道许多关于婴幼儿平日的生活情况，这样不仅对可能尚未有为人父母经验的教师有帮助，而且可以丰富教师的经验。

2. 获得积极反馈，提高胜任感

家长的肯定与合作说明认可了教师的努力，表现了对教师的重视和尊重，这有助于提升教师的专业成就感。教师与家长合作时，也会遇到挫折。只要愿意诚恳、主动地与家长互动，这种努力总会有回报。而且，当不可避免地发生摩擦时，与家长建立了积极关系的教师也更容易化解分歧。事实上，教师提升自信后所带来的积极影响之一，就是个人的社交技巧也会随之提升。

3. 获得可利用的家长资源

一项针对家长参与子女教育的研究报告指出，父母主动参与会提高教师的教学效果，原因之一是高参与度的家长清楚地知道婴幼儿在托育机构发生的事，他们在家时会有针对性地与婴幼儿互动、谈话和活动，这将加强教师的教学效果。

总之，教师与家长间的合作可谓互受其利，但其实获益最大的是他们照顾和教导的婴幼儿。

三、家园共育的原则

家园共育应本着家庭和托育机构、家长和教师之间相互尊重、相互配合、共同努力、协同教育的原则，共同担负起教育婴幼儿的责任，以促进婴幼儿健康成长与全面的发展。

（一）尊重性原则

家园共育必须因人而异，教师要尊重每一位家长。要以热情、接纳的态度对待家长，并且通过行为对所有家长和孩子一视同仁。家长也要通过自己的言行举止，虚心听取教师的建议等，尊重教师的工作。

（二）平等合作原则

托育机构教师和家长是平等、合作的关系。教师和家长都将对方视为自己的教育伙伴，认识到彼此都在为同一个目标——促进婴幼儿身心全面协调发展而努力。教师和家长要进行经常性的双向交流与沟通，因为它是家园平等、合作关系的基石。一方面，教师积极指导家长进行家庭教育，帮助家长提高教育能力；另一方面，家长要主动配合托育机构，为婴幼儿和托育机构发展献计献策，并参加各种活动。

（三）情感性原则

教师要注重和家长的感情交流，以情感人，才能进行有效的沟通交流。

（四）适应性原则

家园共育所采用的途径、方法、策略必须方便不同情况的家长参与和操作。

（五）过程性原则

教师应注重和家长共同教育婴幼儿的过程，在过程中求发展，使托育机构和家庭双赢。

（六）一致性原则

教师与家长在对婴幼儿的指导上应保持一致，避免相互之间要求的不统一、不协调而造成婴幼儿发展的问题。家园同步一致指导，只有这样，才能步调一致地促进婴幼儿全面发展。

所以，作为教师要更新观念，正确理解家园共育的含义、价值和原则，摆正家园共育在婴幼儿身心健康发展中的位置，指导家长掌握科学的家教原则与家教方法，提高家长的家教素质，寻找适合不同教育形式的家园共育方法、策略，让家园共育日常化、制度化、科学化，切实提高家园共育的有效性。

第二节　家园共育的合作基础

托育机构与家庭的合作，尤其是家长与教师的沟通与互动，有利于家庭和婴幼儿的发展，有利于教师的专业成长。双方在合作中会存在很多障碍，只有当教师认识到与家长互动的重要性，认识到需要将家庭纳入托育机构教育中时，成功的合作关系才有可能建立。影响托育机构与家庭合作最重要的因素，主要是教师的观念和态度，还有一些外在因素也是非常重要的。

一、教师的因素

在建立家长与教师的合作关系时，教师扮演着发起者的角色，因此建立双方合作关系的起点，就是教师反思自身的基本观念及态度，包括专业精神、尊重他人、同理心、沟通技巧等。

（一）专业精神

在家长与教师的合作关系中，教师对专业精神及专业教学角色的观念是根本所在。教师还要认识到，拥有专业知识并不意味着要为家长提供所有问题的答案或提供建议、忠告。有时，教师可以帮助家长找到对策，解决他们面临的挑战，或者鼓励家长之间相互支持、相互启发。家长有他们自己的专业领域，有自己为婴幼儿设定的目标和价值，有自己的习惯和行为规范。所以，教师应具备的新专业技能之一，就是认识家庭、挖掘家长的专业资源。

（二）尊重他人

教师要真诚地尊重家长，并向家长展现自己对他们的尊重。第一，尊重家长的身份和角色，尊重他们是婴幼儿生活中最重要的人，尊重他们在子女教养上的成就，尊重每位家长的经验、知识及专业；第二，尊重家长的权利，每位家长有权定义自己对教育的需求，以及对婴幼儿的教养、照护方式，教师要将家长看作个体，倾听他们的需求、问题和要求，试着了解并尊重个别家长与家庭，找到满足家长个别需求的方法，建立积极的家长和教师合作关系。

（三）同理心

在家长和教师合作的关系中，教师要对家长有同理心。教师要了解家长，知道他们在想什么，也知道他们的感受。以同理心来看待对方，努力尝试了解他人的观点及情绪，是教师最重要的素养之一。

（四）沟通技巧

沟通技巧对建立家长和教师建设性的合作关系非常重要。在与家长的沟通中，教师要注意以下几点。

1. 学会倾听

教师要学会倾听及解读，通过对方的行为和反应来了解他们对沟通的感觉。不要急于对家长的陈述予以反应，也不要急于评价，应支持家长陈述他们的想法，用“我们谈谈”“我很好奇”等引发与家长的交流；用“我刚才听到你说的是……”等表示对家长的响应，并确认他们的理解；用“我觉得困惑的是……”“请再次解释那个问题，好吗？”传达教师专注于家长的陈述或确认家长的问题；用“我明白了”“是的”“嗯”等强化家长的陈述并表示自己正在倾听。

2. 注重非语言传递的信息

一些非语言的沟通行为会引起他人的防御，引发不舒服或不快的感觉。如前倾、朝向或远离另一人，传递了侵略或封闭态度的肢体语言；模仿他人声调，偶尔点头表示注意和同意，偶尔有肢体动作、视觉的接触等则可能传递感兴趣的信息；言语错误或较快的说话速度则传递了焦虑或不确定的信息。

3. 表达对婴幼儿的关心

家长对关于他们孩子的描述都是非常敏感的，教师在与家长的沟通中如表达出对婴幼儿真正的关心，是最能激发家长的积极回应和支持的。

4. 避免过多使用专业术语

专业术语如认知、小肌肉活动能力、情感等字眼，会让家长产生距离感，造成疏离或畏惧。

5. 避免使用容易引起心理防御的沟通风格

避免使用命令、警告、谴责、通知、质疑、说教等沟通风格。

二、托育机构的因素

家庭与托育机构间的合作关系具有四个要素：创造双向沟通；增进婴幼儿在家和在托育机构的学习；提供相互支持；共同做决定。以下几个外在因素都会影响这些要素的实现。

（一）托育机构的行政支持

对教师来说，支持系统是必要的。行政支持可带动家庭参与托育机构教育方案，行政体系的支持确保让家长知道他们参与的是整个婴幼儿教育工作必要的一部分。行政支持可采取下列形式：

（1）在家长手册中清楚陈述托育机构重视也欢迎家长为孩子的教育贡献力量。

（2）提供训练，让家长和教师掌握合作技巧。

（3）对教师的努力给予协助、激励及感激，并给予情感支持。

（4）提供公平的报酬，补偿教师所付出的时间，并在人事安排方面支持教师的努力。

（二）沟通时间的安排

在家长和教师合作的基础中，最重要的一个要素便是自由沟通。教师可弹性调整自己的时间安排，配合家长的作息，找出与家长沟通的时间，例如，晚上与家长见面讨论、约好电话讨论的时间、假期进行家庭访问等。支付教师“下班后”工作的酬劳是行政体系对教师具体的行政支持。此外，教师还可以利用家长接送孩子的时间与家长谈话，因为偶发性沟通的频率直接影响教师与家长间关系的质量。

（三）多样化的家庭参与

家长参与方案应该反映出对不同的家庭需求的了解与响应，允许家长选择何时、何处及如何参与到托育机构的活动中，参与时间的弹性安排增加了家长选择的多样性。提供多样的参与方法可满足各种家长多样的参与层次需求。

（四）“家庭友好型”的托育环境

托育机构的环境会向家长显示它是否欢迎家长参与其中。托育机构的环境应尽量考虑满足家庭的需要，建设“家庭友好型”环境。例如，托育机构大门和大厅的布局可以这样设计：大门口有供家长等候的空间，可供家长等婴幼儿放学的时候闲聊或休息；橱窗里有班级的相关信息，包括婴幼儿的照片和作品、班级活动的照片、教师的信息、一日活动安排、午餐和点心的食谱、育儿信息等。

第三节 家园共育的实施策略

一、家园共育的实施路径

（一）家长会

家长会是托育机构教师和家长围绕特定目标开展的、面对面的、以口头形式为主的群体性活动，是家园合作的主要形式之一。在网络化、信息化日益发展和完善的当代社会，家长会这种传统的家园合作形式仍然有存在的必要。尽管家长会作为一种集体交流形式，很难顾及每个个体，但其具有的效率高、集体化和面对面等特征却是其他形式难以替代的。

（二）家访

托育机构家访指托育机构教师对婴幼儿家庭进行的上门访问，是教师与家长在婴幼儿家庭中进行的面对面的沟通。家访也是家园合作的重要形式之一，具有不可替代的作用。它能够帮助教师在真实的情境下，高效、精准、全面地了解婴幼儿及其家庭成员的各方面信息，充分体现教师对婴幼儿的关心与关注，对家长的理解、支持与尊重。

家访会在两种情况下进行：一是对新入园婴幼儿进行普遍的家访，这种家访对绝大部分托育机构来说都是一项常态的工作。教师在新生入园前进行家访，能掌握婴幼儿的基本情况，初步了解他们的性格特点，并通过面对面接触与婴幼儿及家长相互熟悉和了解，从而减少新生入园时的恐惧感和胆怯感，也能减轻家长在婴幼儿初入园时可能产生的紧张和不安情绪，协助家长做好入园前的准备。二是为解决育儿过程中特殊或具体的问题而进行的个别家访，这种情况不常发生，但是一旦发生，如果处理不当就容易造成较为严重的后果。教师在这种情况下进行的家访，目的是要及时说明、了解情况并顺利地解决问题。比如，当婴幼儿发生意外事故后；当婴幼儿的家庭发生重大的变故需要协助或安慰等；当婴幼儿长期不来托育机构，需要了解情况时。通过家访，教师能够了解家长的真实想法与建议，这样不仅可以减少双方的误会，还能够帮助教师改进日后的工作，更有利于婴幼儿的发展。

（三）电话访问

对于一些工作较忙的家长，婴幼儿通常由老人或保姆接送，家长与教师直接接触的机会较少，对托育机构的要求也缺乏一定的了解。因此，教师应将班级婴幼儿家中的电话号码，父母单位的电话号码、联系地址记录在册，并将自己的电话告知家长，鼓励家长们通过电话和教师交流。对于每次交流，教师都要认真做好记录，及时解决家长提出的问题。电话访问方便、及时，畅通了家园沟通渠道，深受家长喜欢。

（四）托育机构约访

每学年托育机构可以邀请婴幼儿家长到托育机构进行半小时以上的互动交流，要做好约访记录，结合婴幼儿档案向家长介绍婴幼儿发展情况，有针对性地交流教育方法。

（五）家长约访托育机构

新生家长约访托育机构的好处包括以下几点：（1）在婴幼儿正式进入集体生活之前，对托育机构有初步的了解；（2）在爸爸妈妈或是家人陪同的情况下，去认识自己即将生活的地方，可以在教室里玩玩具，产生好的情绪会让婴幼儿对入园充满期待；（3）加强婴幼儿与教师、婴幼儿与婴幼儿、教师与家长、家长与家长之间的沟通。教师在与婴幼儿一起玩的时候可以更直观地了解婴幼儿的个性，在与家长沟通的时候可以更深入地了解婴幼儿与家长。同时，家长也可以了解教师，并与其他家长交流，这些都有利于新生入园，有利于家园沟通交流。

（六）家长志愿者

家长志愿者是家长根据自己的专业与兴趣爱好，在时间允许的情况下，以志愿者的身份参与到托育机构的一日活动中的一种方式。家长进课堂是家长志愿者的主要形式之一，是托育机构依据具体的教育需要和家长的职业特点、个人爱好等，把家长作为特邀嘉宾请到托育机构，参与到教育活动之中的方式，家长直接作为托育机构教育活动的参与者甚至是组织者，重要信息和能力的提供者与展示者。不同文化背景与职业背景的家长能够根据自己的专业、特长，自愿走进托育机构和教师一起组织教育活动，为孩子的发展提供支持与协助，可以提高家长的科学育儿水平，同时促进家长和教师之间的良好沟通，为形成更好的教育合力奠定坚实的基础。

（七）家长体验日

为了充分发挥家长的资源，托育机构可以设立“家长体验日”，让家长有充分地体验和参与托育机构教育的机会。如有的家长利用业余时间在教师指导下为婴幼儿制作活动区游戏材料和玩教具；有的家长个性活泼、亲和力较强，可以亲自来园组织婴幼儿进行游戏活动；有的家长爱好体育，可以亲身参与婴幼儿户外活动，与婴幼儿一起互动和游戏等。通过这种体验活动，使家长充分利用自己的特长、爱好、个性和其他优势，真正参与到托育机构各项活动中，从而全方位了解自己的孩子。一方面，教师向家长汇报婴幼儿在园情况，另一方面，家长参与婴幼儿各项活动，帮助教师了解自己孩子的进步与不足，改进教育方法，为婴幼儿营造一个科学的教养环境，达到深度的家园共育。

（八）家长学校

为使家长树立正确的教育观念，学习与掌握科学的早期家庭教育知识与有效的方法，为婴幼儿的健康发展营造良好的家庭教育环境，托育机构在每学期都会开办“家长学校”，其目的除了传递科学的家庭教育知识与方法之外，还要让家长了解托育机构的教育规律、园本课程、亲子活动等。同时，让家长了解家庭教育的意义与作用，增强家长家庭教育的使命感与责任感。

一般而言，家长学校开展的形式是每学期举办几次针对所有家长的讲座，内容主要来源于收集的家长需求，针对当前家庭教育问题、教师困惑、社会争议等来确定，包括儿童发展、教养效能、亲子关系、家庭关系等，这些都需要教师计划周全，做好充足的准备。活动前要了解家长的需求、班内孩子的特点等，在实施活动的过程中，要让家长能够站在婴幼儿的角度进行思考，从而改变家长的教育观念，掌握科学的教育策略。当活动结束后，教师要注意收集活动后家长的心得体会，及时反馈家长在活动中提出的未解决的问题。

（九）互联网沟通

现代通信技术的发展以及网络技术的普及使得托育机构与家长之间的沟通渠道不再局限于家长会、家访等传统形式。互联网沟通成为家园沟通的新载体，如托育机构网站、QQ、微信等，都日益成为家园共育的重要沟通渠道。互联网沟通具有高效、快速、便捷的特点，这使得教师可以与家长在最短的时间内进行沟通，这样既可以分享婴幼儿成长的乐趣，又可以快速有效地探索出适合孩子的教育方法。例如，网络沟通延长和拓展了家园沟通的时空，使得在外地的家长能“零距离”与教师进行沟通；网络还可以图文并茂地展示托育机构的最新活动、课件、婴幼儿在园活动、婴幼儿食谱等，家长可以利用网络从这些丰富的内容中选取自己需要的信息。虽然网络沟通具有特殊的优势，但它并不是万能的，并不能完全取代传统的沟通方式。例如，网络沟通缺乏面对面交谈时的表情、动作和情境所传达的丰富含义。因此，教师要根据工作需要，把传统沟通方式与互联网沟通方式有机结合起来，最大限度地发挥各种沟通方式的综合效果。

二、家园共育中常见的问题与解决策略

在教师与家长的沟通中，有些家长非常配合；但也有些家长，无论教师怎样努力，

他们都很少有积极的回应；还有些家长难以相处。家长与教师消极的亲师互动，从挑战教师的专业度到漠不关心的态度，都可能困扰教师，使教师不自觉地逃避与家长接触，间接影响婴幼儿的发展。教师应掌握相关的技巧与策略，摆脱这种困境。接下来我们将讨论家长不合作行为背后的原因与解决的策略，这并不表示所有的困难都能迎刃而解，但可以帮助教师面对这些问题，让教师更加深信，建立亲师合作关系是自己的责任，也是值得努力追求的目标。

（一）敌意

典型的敌意是互相指责，当受到家长的指责时，教师可以思考以下几个问题：

1. 敌意是一种面具

敌意有时候只是表面现象。教师应该理性地认识到，质疑他人的做法或评价是一种健康的自我主张，但有些家长不善于表达，而是表现得具有攻击性，家长的怒吼可能是因为他们的无力感和无助感。例如，当教师告知家长，他们的孩子有发展上的问题与障碍时，有些家长可能将悲伤的情绪伪装成敌意，家长的这种防御反应其实是他们处理自己情绪的方式，而不是有意要攻击教师或拒绝教师对孩子的关心和教育。所以教师在给家长的怒吼贴上“敌意”的标签之前，要慎重思考家长的情绪状态。

2. 应对家长的敌意与愤怒

当家长冲动或发怒时，是无法有效沟通的，此时教师的任务就是平息家长的怒气，让沟通顺利进行。

（1）保持冷静。

化解家长的怒气，教师保持冷静是很重要的。教师在探询家长情绪背后的原因时，应该避免受家长的情绪控制。当教师被家长愤怒的情绪牵连时，可能产生挫折、害怕、伤心、无助与生气等反应，这会强化家长的反应，引起他们更强烈的且具有冲动性的情绪和行为，也可能会使局面失控。所以，教师为了自己的心理健康，也为了问题的解决，一定要保持冷静，即便是内心受到冲击，也应保持外表镇定，尽可能不带情绪面对愤怒的家长，教师可以：

1）用平缓的语气和家长交流，家长的声音越大，教师就要越缓和地说话，并且保持开放、积极的肢体语言，避免双臂交叉相抱或缺乏目光接触。

2）对家长的冲动行为积极归因，教师应该将家长的冲动行为归因于他们情绪的宣泄，而不是对教师的人身攻击，这样教师就能保持冷静并努力以客观的态度支持家长，以家长的观点看待问题，理解家长的情绪并寻求解决问题的方法，避免在家长冲动的时候指责他们的教养行为。

3）学习控制自己的情绪是非常重要的，教师不能在家长面前失控。

（2）正视与接受家长的愤怒。

面对愤怒反应的第一步就是去接受它。无论家长对事实的知觉有多扭曲，他们表达出来的情绪都是真实的，接受他人的感觉并不代表放弃自己的观点，只是表现出对其他人的体谅和宽容。

接受家长的情绪表达，说出他们的感受，会让家长感到教师对他们真正的关心和对他们的认同与理解。如“听到我对皓皓行为的评价，您感到很生气，是吗?”这样的沟通表明教师已经清楚地注意到家长传达的信息，认可了他们的愤怒，因而能消除家长表达更多怒气的可能。如果家长的愤怒来源于教师的疏忽，教师必须做好准备，公开坦诚地承认错误或表示负责，以同理心回应家长的挫败和愤怒，然后制订计划，保证事情不会再发生，唯有诚实才能减轻敌意。如“这件事是我的错误，我感到很抱歉。如果事情发生在我的孩子身上，我也会很生气，这类事情不会再发生了。”

（3）就事论事。

与家长交流，教师要注意尽可能描述孩子的行为而非个性。教师要学会陈述事实，而不是评价事实。描述事实，而不是贴标签，更容易让家长接受。教师的不当反应：“小明是一个喜欢欺负别人的孩子。”教师的适当反应：“我注意到，小明没有遵守我们班不可以打人的规定，这周他三次和小朋友一言不合就打起来了，他在家里也会打人吗?”在第二种情况下，家长更可能做出响应，提供信息与建议，而第一种陈述可能会让家长产生防卫、生气的反应。如果教师用仔细表述事实的方式来描述孩子的行为，不加入自己的评价，家长可能就更乐于参与对话、解决问题，而不是当个疏离的听众。

（4）用“我—信息”的表达方式。

如果教师与家长商量问题时太过直接，就会引起家长的反感。教师可以使用“我—信息”的沟通方法，用家长感兴趣和关心的描述，引出真正的问题。

“我—信息”的沟通方法由三个部分组成：

“当……”描述让教师为难的行为；

“我觉得……”描述行为的感受或结果；

“因为……”描述令教师为难的理由。

例如：

“当洋洋出手打人时，我会觉得很难过，因为我无法帮助他遵守班级规定，确保班级环境的安全。”

“当洋洋忘记我们的规则时，我很担心他自我控制能力的发展。”

“当您拒绝讨论这些问题，我感到很难过，因为这些问题对孩子非常重要。”

采用“我—信息”的沟通方式，可减少家长的防御和怒气，有助于家长正视问题，提供信息，共同探讨解决问题的办法。

（5）尊重父母关注的问题。

教师要慎重对待恼怒的家长所关心的事，这些问题对家长来说非常重要，不能忽视。教师应记录家长的抱怨，让他们真实地面对自己的感觉，将他们抱怨的事情重新阅读一遍，表明教师尊重家长，重视家长关注的事情和家长的感受。

（二）冷漠

小李老师注意到她的班上有个孩子的家长似乎有些冷漠，父母平时都不怎么管孩子，基本都是奶奶接送，他们不关心婴幼儿的发展和需求，也不参加托育机构的任何活动。出现这些冷漠的行为有多种原因，其中一种是过大的生活压力使家长无法全心照顾孩子，他们没有多余的精力去关心婴幼儿的情感与人际需求。这样的父母可能将婴幼儿交给信任的教师，自己去忙于生计。有些处境不利的家长，因为经济等问题，在与教师互动时感到不适或退缩，也可能会表现冷漠。不参与或冷漠可能是为了掩饰不利的处境或其他问题。有些家长的冷漠来自他们童年的经历，如童年处于不正常的亲子关系之中，或者有过不良的师生关系，这些都会使他们忽略婴幼儿的需求或逃避与教师的互动。

无论家长出于什么原因不与教师联系，教师都会有挫败感而回避这些家长，无形中拉大了彼此之间的距离，并将责任推卸给家长。教师要学会接受“拒绝”，处理“拒绝”，遭到拒绝时不放弃，认真分析家长不积极的原因，并将拒绝看成是因为自己没有找到合适的联络方法而导致的，在被拒绝后，重新思考新的联络方法。

（三）过度介入

家长过度介入托育机构教师的日常管理和教养工作，也不利于亲师互动和孩子的发展，不利于婴幼儿独立性的发展。很多过度介入的家长，可能会全面干预婴幼儿的生活。紧迫盯人，急于看到婴幼儿的发展，并随时准备帮孩子解决面临的各项问题。他们相信自己的孩子是最优秀的，并向教师要求各种保护、特权或表现的机会，不时地给教师建议、批评和指责，而且不相信教师，也不听取教师对婴幼儿的观察和建议，教师该如何应对这些家长呢？

首先，教师应了解家长的行为动机，据此处理问题，评估个别的情况和动机。

1. 父母自己的分离焦虑

有些家长因为不愿与婴幼儿分开而显得难过、焦虑，这是父母成长过程中很自然的经历，积极处理这种情绪对婴幼儿和家长都是很重要的。教师应向家长保证，会妥善照顾婴幼儿，定期提供具体的信息，让家长知道教师对婴幼儿的个别关注。另外，理解家长的感受，并公开谈论父母的分离焦虑，鼓励家长分享他们的心情与想法。这样的沟通有助于提醒家长认识到婴幼儿有独立成长的需求。只要是为了孩子的发展着想，大多数家长就都会尽力配合。

2. 个人需求不满足

如果家长因为个人、社交或情感需求不满足而过度卷入孩子的生活，教师可以鼓励他们的付出，一味地禁止反而会造成反效果，对家长和托育机构都没有帮助。若家长过度介入，教师应设法转移家长的注意力，正视并善用他们的长处，真心感谢他们的付出，并邀请他们做托育机构安排的义工工作，如帮忙准备午餐、安慰烦躁的婴幼儿、修补玩具、读书给孩子听或打电话通知其他家长会议的安排等，这些付出对婴幼儿的独立无害，又能让家长有成就感。

3. 缺乏安全感

对于那些急于展现自己知识和能力的家长，教师的能力和对教室的控制力让他们感到没有安全感。如果教师能强调亲师间的伙伴合作关系，听取家长对孩子的意见，家长不受重视的感觉就会消除。“你对你的孩子很有办法，找机会我们聊聊孩子在家里的活动。”教师必须承认，许多家长比自己更博学，只要能将家长的知识和贡献导入正途，就能减少批评和抱怨。比如可以说“你对阅读的见解很棒，能否请您写一篇小短文，我们制作一份关于阅读的简报发给家长，我想很多家长都会很感兴趣。”如果家长不愿听从教师的意见，教师要坚定立场，但不可贬低家长的意见或与之敌对，托育机构行政部门对家长参与也应有相关规定，以便管理。

（四）没完没了的交谈

当家长迫切希望交谈时，教师应设定清楚的界限，但还是要表达欢迎之意，交谈一段时间后，若还有其他事要做，教师可以说：“我很喜欢和您谈话，但我现在必须过去看看其他孩子，如果您有时间多作停留的话，不妨到图书角，孩子总是喜欢听人讲故事。”这样说可以让家长感觉到受欢迎，也能让家长有用武之地。实在不行，教师也可坦白直言，并另约时间交流：“我真的很想与您谈话，但我现在很忙，或许我们可以找个我不那么忙碌的时间，今天下午 3:30 以后，或者……”具体的引导可以帮助家长了解教师的工作和职责。

总之，教师在职业生涯中会遇到各种问题。教师必须理性地看待这些问题，分析问题产生的原因，寻求解决的办法，建设性地满足各方需要，并消除自己和他人的沮丧等消极情绪。

第四节 对处境特殊家庭的支持

一、对新生儿家庭的支持

（一）新手父母的准备

“升级”为父母是人生的重大变化，也会给夫妻生活及彼此关系带来显著影响。对年轻父母而言，这将是一段漫长的学习历程。迎接一个新生命的诞生原本是一件可喜的事情，但如果新手父母在心理、体力及经济方面未能调整配合，那么他们也可能会由于这个小家伙而心力交瘁，甚至失去为人父母的喜悦与信心。所以，新手父母需要在以下几个方面做好准备：重新安排居住环境，以适合孩子的生活与发展；评估家庭经济状况，维持收支平衡；坦诚沟通对孩子的教育观念；了解如何利用相关社会资源的信息，如保姆、医疗机构、托儿机构等。

（二）对新手父母的指导

针对 0～3 岁婴幼儿，早期教育机构的关注点并非仅仅是婴幼儿自身，还有对家长的支持和指导，强调“提升家庭能力，给予家庭支持”的目标。0～3 岁早期教育服务机构应该立足于家庭的不同需要，提供个性化的支持。为提高家庭教育指导的针对性和实效性，不仅要从婴幼儿成长发展中存在的实际问题出发，更要从家长对待婴幼儿成长发展存在问题的认识、态度和教育行为上的问题出发，去选择适合家长的项目。

（三）当“二宝”来临时

“全面二孩、三孩政策”实施后，很多托育机构的孩子们是“二宝”或“三宝”，或者作为“大宝”有了弟弟妹妹。但是，对于现在很多夫妻而言，他们大多都是独生子女，自己没有兄弟姐妹的概念，“二宝”的诞生，可能会打破原有的家庭系统，使年纪尚小的“大宝”无所适从，不知所措。

从孩子的成长和心理需要角度来看，作为拥有“二宝”的家长应该注意孩子的心理建设。

1. 让“大宝”对“二宝”的到来充满期待

从妈妈再次怀孕开始，“大宝”和“二宝”的感情关系就开始孕育，当听到“你妈妈有了弟弟就不喜欢你了”或者“你再不乖，妈妈就喜欢弟弟了”诸如此类的关于“二宝”的言论时，“大宝”就开始不喜欢“二宝”，惧怕“二宝”的到来“夺走”他（她）的爸爸妈妈。等“二宝”出生后，“大宝”会对父母的关注和爱的变化非常敏感，并将所有的变化都归因于“二宝”的出生。相反，如果从再次怀孕开始，妈妈爸爸就培养“大宝”对“二宝”积极的态度，如“有了‘二宝’，你就变成老大了！你就当哥哥（姐姐）了！你可以照顾你的小妹妹（弟弟）了！你可以帮我们做很多事情了！”，“大宝”会对“二宝”的到来更加期待，他（她）将以更正面的态度对待“二宝”出生后的问题。

2. 平等地对待两个孩子

“二宝”的到来会给家庭增添更浓厚的家庭气息，但照顾新生儿的工作也会占用父母的时间和注意力，因此，父母要意识到“大宝”也需要陪伴和关注。一般而言，当“二宝”出生后，父母的分工就更明确了：爸爸照顾“大宝”，妈妈会更多地照顾“二宝”。所以，有的爸爸说：“有了老二，我才真正成为爸爸！”这种分工有利于每个孩子都得到应有的照顾和关注。同时，父母也需要安排时间与某一个孩子独处，如爸爸带着“大宝”去博物馆，中午两个人在外面共进午餐，如此让每个孩子都觉得自己是特别的、重要的，而不仅仅是一个“姐姐”或“哥哥”。切忌对两个孩子进行比较，即便是有利于“大宝”的比较（如“‘大宝’弹琴真棒，‘二宝’以后也要向大宝学习”），也是不利于两个孩子友好相处及他们的发展的。

3. 学会享受亲情，学会分享与包容

生活中要让“大宝”和“二宝”在一定程度上意识到亲情伙伴角色的重要性和自己的责任。家长要注意指导“大宝”和“二宝”的和谐相处，让他们体验相互陪伴的快乐，学习相互包容和彼此照顾。特别是在“二宝”出生和逐渐长大的过程中，尤其要注意平衡亲情关系，这将对两个孩子同时得到健康成长，将来善于在团队中生存和发展有着极为重要的意义。让“大宝”参与照顾“二宝”，也会培养两个孩子之间的感情。

4. 正确处理手足冲突

手足冲突是不可避免的，冲突争执中，孩子也学会了在自我坚持与妥协让步之间保持平衡，学会了表达愤怒、伤心，也学会了关心和宽容。父母对孩子们之间的冲突不必大惊小怪，更不能责怪“大宝”，如“你是哥哥（姐姐），要让让弟弟（妹妹）！”“就要多做一点！”“就要给弟弟（妹妹）做个榜样！”等，这样的应对会让“大宝”对“二宝”充满怨恨和不满，也让“二宝”学会责任推诿，不利于两个孩子的成长。父母可以以解决问题为中心，帮助孩子处理、讨论他们的冲突，以大家都认可的方式解决问题。

二、对祖辈教养家庭的支持

现代人的生活节奏越来越快，来自社会的竞争给年轻的父母带来很大压力，以至于整日在职场打拼而无暇照顾自己的孩子。他们常会在子女的教养上求助于祖辈，这种祖父母参与教养的情况在大中城市比较普遍。

（一）祖辈教养家庭可能面临的困境

隔代教养有诸多益处，但也可能会面临一些问题：

1. 祖辈过分地溺爱和迁就孩子

祖辈对孙辈的疼爱很容易陷入无原则的迁就和溺爱，事事依着孩子，即使孩子犯错误也不去及时纠正，对孩子不合理的欲望要求常会无原则地满足。长此以往，容易使孩子产生“自我中心”意识，凡事“唯我独尊”，形成任性、自私、嫉妒、不懂礼貌等不良的性格和习惯。

2. 对孙辈的过分保护

实际生活中不少祖辈习惯于包办孩子生活上的一切事情。一遍遍整理孩子乱丢的东西，孩子蹒跚学步时，怕孩子摔跤，常常抱着……这样不仅导致孩子动作发展缓慢，更增强孩子对成人的依赖，孩子一旦遇到困难，往往没有信心去解决问题，反而会产生愤怒、不满等消极情绪，不利于孩子独立能力和自信心的发展。

3. 祖辈育儿观念比较滞后

孩子具有探究事物特点、规律的创新行为表现，如对于孩子的“破坏”行为：拆卸、尝试行为、一切具有冒险和创新性的探究行为，祖辈常常固执于自己的生活经验，接受新事物较慢，总是会加以阻止，这样会影响到孩子创新意识的发展和创新个性的形成。

4. 祖辈与父辈在教育孩子的观念和方法上会出现分歧

父母对待孩子多是理性的，而祖辈则常常是感性的，出于对孙辈的宠爱，遇事尽量迁就，很少理会自己的某种行为对孩子的今后成长是有益还是有害。因此，祖辈与父辈在教育孩子的观念和方法上会出现分歧进而会引发矛盾，不仅破坏家庭和睦，也对孩子的成长带来不利影响。

此外，有些祖辈步入晚年，会出现脾气暴躁，心情不稳定、抑郁、忧愁、焦虑等心理倾向，孩子与之长期相处，容易产生自卑、厌世、孤僻、恐惧等心理障碍。许多祖辈老人沉默寡言，认为孩子安静听话就是好孩子，孩子缺乏充分交流沟通的对象和机会，影响到孩子语言的表达能力，进而会影响到认知能力的发展。

（二）提高家庭关系的质量，发挥祖辈教养的优势

提高家庭关系的质量是帮助解决隔代教养问题的切实手段。首先在对待孙辈的养育问题上，祖辈要采取积极的教养态度，在没有特殊家庭问题的情况下让成年子女承担养育孩子的主要责任，而自己则为他们提供支持和帮助。争取做快乐和智慧的祖父母，关爱孙辈，在平等的基础上与其玩耍嬉戏；用自己丰富的知识经验适当地为成年子女提出建议或者意见，成为他们养育孩子的重要参谋。成年子女要尊重老人，意见不一致时，大家尽量选择民主和平的方式进行商讨。

对于以祖辈为主要教养人的家庭，祖辈会承担更多的责任，这种情况就要求祖父母注意隔代教养的利弊问题，尽量趋利避害。祖辈也可以结合自己丰富的经验多去学习一些新的育儿理念，并保持与家庭其他成员的交流。同时家庭其他成员包括一些社会机构也要给予父母们更多的支持和帮助。

家庭成员共同参与休闲活动有利于祖辈和子女、孙辈之间保持依恋感情，也有利于家庭的持续发展。例如，家庭成员是否一起参加家庭庆祝、一起旅游，或者决定去哪个餐厅吃饭，需要家庭成员共提建议，一起商议和做决定。围绕着计划而产生的决定和对活动的实施充满了祖辈、父辈以及孙辈间的互动，这种互动促进了家庭的和谐。

三、对特殊儿童家庭的支持

养育一名特殊儿童是一个充满挑战的过程，教师必须设身处地理解这些家长，并与家庭合作形成合力，促进儿童的成长。

（一）理解特殊儿童的父母

对父母来说，养育一个特殊儿童是长期的、特别的挑战。

1. 父母的情绪反应

特殊儿童的父母在情绪上都经历了一个悲伤的调整过程。起初，父母会感到震惊、抗拒和怀疑，随后会经历悲愤、罪恶、绝望、惭愧、拒绝或对孩子过度保护的过程，到后面大部分父母开始接受孩子的残障，有些父母开始感激孩子给他们的生活带来的积极影响。抚养特殊儿童的家庭需要教师的支持。

2. 特殊儿童对父母的挑战

第一次做父母的人缺少婴幼儿照护经验，他们可能会疑惑，但很难承认自己的孩子存在问题。例如，他们可能将极度活跃或注意力涣散看作是无礼的行为，而不是注意力问题的前兆，因此往往错过了孩子的最佳治疗时间。

特殊儿童由于身心残障影响了亲子关系的质量。照顾特殊儿童是非常辛苦的，而且这些孩子也少与父母积极互动。特殊儿童的社会性互动很少是自发、有趣的。残障婴儿也不能像正常婴儿那样发出声音和做手势，不会对父母报以微笑或欢迎。失明和耳聋的婴儿不太可能与父母进行愉快的互动，这些都不利于他们和父母之间发展亲密关系。

孩子的残障对父母婚姻也是一个挑战。巨大的打击，照顾孩子时大量时间、精力、金钱的付出，对于孩子未来的忧虑，伴随着特殊孩子的成长。夫妻双方或一方的痛苦逐渐增加，消极的情绪体验逐渐累积，并逐渐伤害对方，夫妻关系会受到严重挑战，有些父母未能适应这个巨大改变，最终，他们可能选择离开这个家，离开孩子。但是大多数家长都能够正视自己所面临的挑战。夫妻关系的亲密度是一个至关重要的因素。

除伤心或失望外，特殊儿童的父母通常对孩子的感情是矛盾的。养育特殊儿童对父母来说绝对是一个挑战，同时也可能是一个有收获的成长经历。父母在成功地适应了最初的震惊、否定、恼火和羞愧之后，他们逐渐发现自己养育了一个很难抚养的可爱的孩子。当父母接受了孩子的特点和自己的角色，了解了该如何照顾这些孩子的相关知识后，他们自己也获得了成长。

（二）支持特殊儿童的家庭

保教人员同与抚养特殊儿童的家庭建立并保持积极和信任关系尤为重要。家长与托育机构保教人员是平等的伙伴关系，在建立协作关系时，保教人员应做到友善、乐观、耐心、真诚、热情，对建议持开放态度。

要成功地从事特殊儿童工作，保教人员需要以家庭为中心，这包括了解并尊重每个家庭的能力、文化等。与父母建立关系的起点是去了解他们，同时也让家长了解保教人员。在开始进行敏感话题的交流前，要通过电话或普通会面真诚地与家庭建立和谐的关系。记住，就像特殊儿童与正常发育的同龄人十分相似一样，他们的父母也和所有的父母一样。

拓展阅读

家庭教养行为与教养方式

美国心理学家戴安娜·鲍姆林德认为，可以把父母教养方式归纳为两个维度：其一是父母对待儿童的情感态度，即接受—拒绝维度；其二是父母对儿童的要求和控制程度，即限制—容许维度。这两个维度的不同组合，可以形成四种教养方式（见图 8－1）：权威型（接受＋限制）、专制型（拒绝＋限制）、放任型（接受＋容许）和忽视型（拒绝＋容许）。不同的教养方式无疑会对儿童的社会性发展和个性形成产生重大影响。

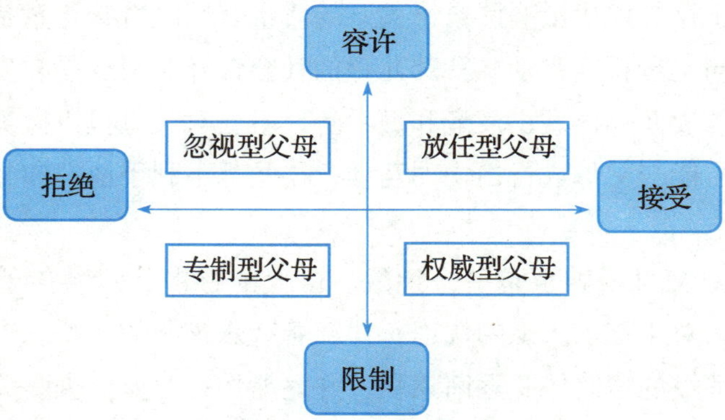

图 8－1　家庭教养行为与教养方式

1. 权威型

这是一种理性且民主的教养方式。权威型的父母认为自己在孩子心目中应该有权威。但这种权威来自父母对孩子的理解与尊重，来自他们与孩子的经常交流及对孩子的帮助。父母以积极肯定的态度对待孩子，及时热情地对孩子的需要、行为做出反应，尊重并鼓励孩子表达自己的意见和观点。同时他们对孩子有较高的要求，对孩子不同的行为表现奖惩分明。

这种高控制且在情感上偏于接纳和温暖的教育方式，对孩子的心理发展有许多积极的影响。这种教养方式下的孩子独立性强，善于自我控制和解决问题，自尊心和自信心较强，喜欢与人交往，对人友好。

2. 专制型

专制型父母则要求孩子绝对地服从自己，希望孩子按照他们为其设计的发展蓝图去成长，希望对孩子的所有行为都加以保护监督。这一类也属于高控制型教养方式，但在情感方面与权威型父母有显著的差异。这类父母常以冷漠、忽视的态度对待孩子，他们很少考虑孩子自身的要求与意愿。对孩子违反规则的行为表示愤怒，甚至采用严厉的惩罚措施。

这种教养方式下的学前期孩子常常表现出焦虑、退缩和不快乐。他们在与同伴交往中遇到挫折时，易产生敌对反应。在青少年时期，在专制型教养方式下成长的孩子与权威型相比，自我调节能力和适应性都比较差。但有时他们在校的学习表现比放任型和忽视型下的学生好，而且在校期间的反社会行为也较少。

3. 放任型

这类父母和权威型父母一样对孩子抱以积极肯定的情感，但缺乏控制。父母放任孩子自己做决定，即使他们还不具有这种能力，例如，任由孩子自己安排饮食起居，纵容孩子贪玩、看电视。父母很少向孩子提出要求，如不要求他们做家务事，也不要求他们学习良好的行为举止；对孩子违反规则的行为采取忽视或接受的态度，很少发怒或者训斥孩子。

这种教养方式下的孩子大多很不成熟，他们随意发挥自己，往往具有较强的冲动性和攻击性，而且缺乏责任感，合作性差，很少为别人考虑，自信心不足。

4. 忽视型

这类父母对孩子既缺乏爱的情感和积极反应，又缺少行为方面的要求和控制，因此亲子间的互动很少。他们对孩子缺乏最基本的关注，对孩子的行为缺乏反馈，且容易流露厌烦、不愿搭理的态度。如果孩子提出诸如物质等方面易于满足的要求，父母可能会对此做出应答。然而，对于那些耗费时间和精力的长期目标，如培养孩子良好的学习习惯、恰当的社会性行为等，这些父母很少去完成。

这种教养方式下的孩子与放任型教养方式下的孩子一样，具有较强的攻击性，很少替别人考虑，对人缺乏热情与关心，这类孩子在青少年时期更有可能出现不良行为问题。

心理学和社会学研究都发现，温暖、接受、有回应的父母的孩子具有以下特质：

孩子在年龄还很小时就有了与父母安全的依恋关系。安全的依恋关系对孩子的好奇心、探索能力、问题解决技巧及与成人和同伴之间正向社会关系的成长都是很重要的。

在学龄阶段，这些孩子常常是学校适应性较好的学生——他们有稳定的学业进展，智力测验上的得分在一般水准或之上。

（1）孩子比较利他，并能够在生活中去实践这种行为。

（2）孩子通常是顺从的，能与父母、同伴融洽相处。

（3）孩子有较高的自尊，当他们因犯错误而受管教时，通常会理性地反思自己的行为，并接受父母或教师的管教。

（4）有较为成熟的性别认同，对自己较为满意，并具有一定的双性化倾向。

（5）能将社会规范内化为遵守社会规范，但不是因为害怕而顺从道德规则。

本章小结

本章通过讲解家园共育的含义、价值和原则，让学生深入了解家园合作共育的重要性和要遵守的基本要点；了解家园共育的合作基础，主要有教师的因素和托育机构因素。通过讲解家园共育的实施路径和常见问题及解决策略，学生学会解决家园合作中的常见问题；通过讲解特殊儿童家庭的处境，了解对特殊儿童家庭的支持。通过本章的学习，让学生树立家园共育的合作意识，培养家园共育中的专业精神和专业态度。

思考与练习

一、判断题

1. 家长把婴幼儿送到托育机构后，婴幼儿的一切教育问题都应该由托育机构的老师负责。(　　)

2. 家园共育有助于教师更全面地了解婴幼儿。(　　)

3. 影响托育机构与家庭合作最重要的因素是“家庭友好型”的托育环境。(　　)

4. 教师在与家长沟通的过程中，应多使用专业术语，才能展现教师的专业度。(　　)

5. 教师与抚养残障儿童的家庭建立并保持信任关系尤为重要。(　　)

二、选择题

1. 以下对家园共育的价值说法正确的是（　　）。

A. 有助于婴幼儿建立安全感　　B. 提高父母的自尊心

C. 提高教师的胜任感　　D. 以上都是

2. 下列不属于家园共育原则的是（　　）。

A. 尊重性原则　B. 平等合作原则　C. 科学性原则　D. 适应性原则

3. 下列关于家园共育的合作基础中，不属于教师因素的有（　　）。

A. 专业精神　B. 行政支持　C. 同理心　D. 沟通技巧

4. 家园共育的实施路径有（　　）。

A. 家访　B. 家长体验日　C. 家长学校　D. 以上都是

5. 下面哪一项不属于家长过度参与托育机构事务的原因。(　　)

A. 父母自己的分离焦虑　　B. 父母没有工作

C. 父母缺乏安全感　　D. 父母个人需求不满足

三、简答题

1. 家园共育的价值有哪些？

2. 在与家长的沟通中，教师需要有哪些沟通技巧？

四、思考题

作为教师，如果有一位对你有敌意反应的家长，你会如何处理？需要考虑的要点是什么？

第九章 招生运营

学习目标

知识目标

1. 熟悉教学效果可视化的内容；
2. 熟悉托育机构各类活动与招生宣传；
3. 掌握线上与线下宣传相结合。

能力目标

1. 学会使用线上、线下的宣传途径；
2. 学会将各种活动与招生结合。

素质目标

1. 热爱托育专业；
2. 树立科学招生与宣传观念。

知识点导图

- 招生运营
  - 教学效果可视化营销
    - 培养的过程，讲出来
    - 孩子的成长，说出来
    - 成功的案例，讲出来
    - 视频或照片宣传
  - 线上与线下宣传相结合
    - 线上运营与线下市场推广的三大原则
    - 线上营销
    - 线下名单采集
  - 各类活动与招生结合
    - 家长的需求
    - 孩子是活动主体
    - 取得家长信任
  - 邀约与参观
    - 邀约
    - 入园参观
    - 参观注意事项
  - 拓展阅读
    - 成都新鸿社区婴幼儿成长中心的招生秘诀

知识背景

从国务院发布《关于促进3岁以下婴幼儿照护服务发展的指导意见》起，托育行业进入政策规范化发展阶段。“十四五”开局之年，改善民生福祉被放在极其重要的位置，《中华人民共和国国民经济和社会发展第十四个五年规划和2035年远景目标纲要》第四十五章“实施积极应对人口老龄化国家战略”提出，以“一老一小”为重点完善人口服务体系。国家力推普惠托育，托育产业前景一片光明。调查显示，我国3岁以下婴幼儿入托率仅为5.5%左右，对于托育机构而言，招生一直是关系机构生死存亡的首要问题。下面一起来讨论托育机构“招生”这一难题。

第一节　教育效果可视化营销

托育机构招生首先应该明白家长们的需求是什么。通过调查家长对托育机构的安全卫生、饮食及教职员工的专业度、爱心、耐心等各种担忧，在招生的时候进行针对性的介绍。借助线上、线下的各种宣传途径让家长对托育机构有初步认识，在费用合理或免费参与的情况下，邀约家长进行参观或体验，让他们在多方面的比较和考虑后进行报名。因此，在进行招生宣传的时候，重点展示家长关注的各种问题，让家长直观地感受到托育机构为婴幼儿提供的服务建立在教师每天对孩子的照护和保障安全的基础之上，让婴幼儿的语言、运动、社交有所发展，顺应婴幼儿的成长规律。以此促使家长愿意将婴幼儿托付，由托育机构全日照顾婴幼儿。

由于托育机构的服务对象是无法用语言清楚表达的婴幼儿，而付费的是无法全程参与的家长，因此要尽可能让家长了解婴幼儿在园所的活动情况、成长和改变，让家长们认为托育费花得值。

一、培养的过程，讲出来

托育机构应该把培养婴幼儿的过程清晰地讲给家长，有评估、有操作流程、有相对确定的结果，让家长直观地感受到托育机构在为婴幼儿服务。

二、孩子的成长，说出来

孩子的成长与进步，应该让孩子自己说出来、表现出来。教师无论说多少，都不如孩子自己表达效果来得直接。孩子在托育中心有收获、有成长，可以安排孩子们回家完成小任务，与家长互动，分享至朋友圈。这样做既可以使家长记录了孩子的成长，也在家长的朋友圈进行了托育机构宣传。

示例

今日任务：练习穿袜子。

请宝宝在爸爸妈妈的监督下，练习今天所学的穿袜子，可以练习 3 次。爸爸妈妈负责拍视频，发送给老师并发布在朋友圈。

三、成功的案例，讲出来

新开设的托育机构如果没有成功案例，可以把老师的专业能力、教学经验与品牌相结合，整理成一个有生命力的故事讲给公众听，最好是讲创始人或者托育机构负责人的故事，把创始人或托育机构负责人对托育的情怀讲出来，如他为什么做托育？为什么如此深爱这份事业？以引起家长的共鸣。

示例

家长："我家的孩子现在说话不清晰。"

老师："我原来带过的一个宝宝，和您孩子的情况差不多，我们是这样做的（讲的时候，加上照片和视频作为辅佐）……孩子后来有了以下变化：……。"

四、视频或照片宣传

视频或照片除了让家长看到婴幼儿的表现外，还需要考虑方便家长转发。大多数家长会乐于转发婴幼儿的视频或照片，因此在给家长发送婴幼儿的视频或照片时，应标注好活动内容，同时影像中要有托育机构的名称，教师要穿着统一的工作服。

（一）拍摄视频或照片的内容

（1）婴幼儿生活自理能力的表现：如自己吃饭、喝水、穿衣服、换鞋、睡觉等。平时在家中需要由照料者帮忙的事情，在托育机构学会自己做。

（2）课堂上的特殊表现：专注于教师教学活动的样子、学会某种新技能时高兴的表情、分享自己创作的作品时自豪的样子、专心玩玩教具的样子等。

（3）团队活动和社交中的表现：和托育机构其他小朋友的友爱互动，这些内容适合发给家长，能吸引家长的注意力。

（4）特殊活动：托育机构组织的节假日活动或社会实践活动，除了拍摄团体照外，还需要拍摄婴幼儿的个人特写发给家长，家长们乐于转发。

（5）温馨感人的情景：毕业典礼、父亲节、母亲节、教师节、重阳节等，设计为爷爷奶奶倒茶水、捶背，为爸爸妈妈准备餐点、礼物等，这些视频或照片会令家长自豪又感动。

（二）拍摄的注意事项

通过互联网将婴幼儿日常活动的照片或视频发送给家长是很重要的工作，不能随便一拍就发送，一定要仔细检查影像中有何不妥，处理之后再发送，最好附以文字说明。托育机构拍摄的婴幼儿视频或照片等影像资料，必须经过家长签署同意书后，才能用于网页或商业用途，避免侵犯其肖像权。

（1）仪容服装：拍摄时教师和婴幼儿均应注意仪容服装洁净。如果要拍摄托育机构宣传片，要事先通知家长拍摄时间，提醒其为婴幼儿进行特别装扮或穿托育机构统一服装。

（2）动作和声音：教师要举止大方，说话语调要有起伏变化，师幼互动时及时回答婴幼儿的问题，教师和婴幼儿表情自然大方。

（3）画面构图：画面中人物保持完整，切记缺头少腿；注意婴幼儿尽量不相互遮挡；注意画面中每一位婴幼儿的表情和动作；录制视频时，尽量保持平稳、不晃动，不频繁移动镜头或调节焦距，尽量让每一位婴幼儿都有表现。

（4）画面背景：要有主题和内容；现场环境光线充足、整洁明了；教玩具准备充分，避免婴幼儿争抢；教室呈现环境适应婴幼儿学习、活动，避免太过花哨，背景不宜有其他杂物。

（5）录制视频：动态活动适宜录制视频。拍摄视频时在教室门外悬挂“拍摄中”的提示牌，以免其他人员打扰；非拍摄人员不要在拍摄环境内走动，以免影响婴幼儿的专注力或不小心入镜。

（6）照片拍摄：静态活动适宜拍照片，拍摄的照片需要主题明确、内容完整、背景无杂物（见图 9－1）。避免有小朋友无人关注、小朋友之间进行肢体冲突或背景杂乱等不足之处。

图 9－1 照片拍摄

图片来源：麦乐树托育中心.

第二节　线上与线下宣传相结合

新媒体时代，托育机构的市场宣传推广方式也在不断变化，线下各种宣传方式吸引来的客户在逐渐下降，托育机构对线上渠道的运营重视程度越来越高。客户选择的路径由之前的线下或口碑到直接来电来人，变成现在的线下或口碑到网络验证，再到来电或来人。

一、线上运营与线下市场推广的三大原则

（一）家长运营原则

获取家长资源，促成家长电话咨询、线上预约咨询、到店咨询。一般新成立的托育中心、早教中心、幼儿园的品牌和口碑影响力较小，需要加大市场方面的投入，更要重视课程顾问对家长咨询进行 1 对 1 的回答。很多情况下，家长在决策时会犹豫不决，这时就需要课程顾问来解决家长的疑问。

（二）内容运营原则

有用比有趣效果更好。做面向 0 ～ 3 岁婴幼儿家长内容运营时，选择有用的、实用的内容比有趣味性的内容更重要。确确实实能解决家长育儿烦恼和困惑的内容更易获得家长的青睐。比如刺激家长培养孩子某一类习惯，并告诉家长这类习惯或者技能的好处，引导家长参与活动，并发放相关能力证书或奖励，这样做比单纯用礼物去刺激家长参与更有效果。

（三）活动运营原则

打造爆款活动，精准营销更有效。活动运营要进行全方位的规划分析，针对不同目的来打造活动，不可随意策划转发活动，任意透支家长好奇心。精准营销是用 80% 的精力和激励服务 20% 的核心家长，比“广撒网”收益更高。

二、线上营销

新时代营销方式已经改变，客户爱好和习惯也随着改变，通过直播微课堂 + 社群运营将是招生的一大途径。家长考虑孩子送入托育机构时，都会先在网络平台上搜索，也会向同龄婴幼儿的家长咨询。《2019 教培行业获客白皮书》中提到，在家长用户信任的广告信息渠道中，熟人推荐位居第一，占比 56.2%。由此可见，利用家长的社交网络驱动转介绍的影响力，用存量带动增量，对于招生有着举足轻重的影响。所以，各种互

联网平台的使用是非常有必要的。

（1）利用百度、百度贴吧、58 同城、赶集网、社区论坛等渠道进行招生广告宣传推广。

（2）利用公司网站、微信公众号、个人微信、QQ、QQ 群等方式与家长进行面对面的沟通和交流宣传推广。

（3）利用微信公众号平台征集吉祥物的形式或进行作品评比大赛获取更多人的关注和参与，以此达到宣传招生的目的。社群可以微信群为基础，其他的一些自媒体工具配合。

（4）点评类平台除了发布托育机构的基本信息外，很重要的是点评的运作，适时发布婴幼儿家长对各种活动发表的短文，或由托育机构工作人员撰写并进行点评，使托育机构排位提升，容易被搜索到。根据家长喜欢阅读点评的特点，每次发布的内容不宜太多，尽可能从在读婴幼儿家长的角度撰写短文，让发布的内容带有社交性、实用性，增加可信度，从而引起阅读者转发。每次的点评内容尽量一次描写一个重点，让家长容易记住，尤其是托育机构特色，可以在不同的点评中提及，加深浏览者的印象。

三、线下名单采集

托育机构的生源有很强的区域性。由于婴幼儿年龄较小，一般家长不会选择距离家较远的托育机构，除非特殊情况，一般都在 3 千米范围内。线下活动在本托育机构周边举办效果最佳。宣传活动以小区、街道为主，展示托育机构的特色与专业性，可以做亲子活动、育儿讲座，做到既符合国家鼓励科学育儿和家庭教育的政策，又容易和小区或相关单位合作。活动中最重要的是收集参与活动的家长和婴幼儿的信息资料，原则上是以获取有效的联系方式作为出发点。收集资料为邀约家长到托育机构进行进一步的课程销售做准备。新型线上托育服务与传统线下托育服务各有优势，难以完全取代，但可以相互促进，深度融合。下面介绍 3 种资料采集方式。

（一）定点咨询

地点：小区门口、托育机构门口、大型超市门口、商场门口，广场、儿童乐园、动物园、公园等人流密集的地方的入口处。

方式：摆放咨询台。

时间：周末、节假日。

参加人数：2 人（其中至少 1 名教师），穿着宣传服装。

内容：介绍托育机构，重点介绍托育机构取得的成绩、特色。请家长填写联系资料或关注微信公众号，给孩子发放小礼品。

所需物品：宣传单、海报展架（或横幅、条幅）、气球、小礼品、手提袋等。

（二）小型街演

地点：小区活动场地、公园内、商场门口。

时间：周末、节假日。

参加人数：3～5人（其中至少1名教师），穿着宣传服装。

内容：人数较少时做简单的游戏活动、发送小礼物。参与人数多时，做课堂上经常做的游戏或韵律操，请家长填写联系资料或关注微信公众号，给孩子发放小礼品。

所需物品：宣传单、海报展架（或横幅、条幅）、简易活动器材1套、小礼品、手提袋等。

（三）街道社区公益活动

地点：街道社区提供的社区活动中心。

时间：周末、节假日。

参加人数：3～5人，托育机构负责人担任讲师或邀请专家做讲座，穿着宣传服装。

内容：公益讲座、游园会、亲子活动。

所需物品：宣传单、海报展架（或横幅、条幅）、小礼品、手提袋等。

第三节 各类活动与招生结合

托育机构每学期都要举办许多活动，如节日庆典活动、教学活动、特别安排的各类活动。大部分托育机构会将招生活动与托育机构活动分开进行，而将两者结合起来反而有很好的招生效果。

一、家长的需求

对家长的需求进行分析，了解其需求的特点，把家长的核心需求提炼出来，再与托育机构的托育服务相结合，从而有的放矢地设计招生活动，以满足家长们的需求，达成转化。0～3岁婴幼儿家长需求总结出来共有四个方面：语言、运动、社交、自理能力。在设计活动时，注意让婴幼儿的语言、运动、社交、自理能力有锻炼和发展，顺应婴幼儿的成长规律。

二、孩子是活动主体

招生活动各环节的活动设计的真正主体是孩子。一定要设计和孩子互动的活动环节，让家长在这个过程中看到孩子的状态和表现，感受到孩子想积极投入到活动中，体会到孩子在其中的快乐。最好有一件作品可以让孩子带回家，让孩子及家长对托育机构印象深刻。

三、取得家长信任

在活动中可以利用在读婴幼儿较好的表现，增加意向家长的认同感。在活动设计上，可以将在读婴幼儿的日常教学课程作为招生的一部分，教师要多给婴幼儿表现的机会，同时加上一些语言上的暗示，例如，“这是我们平时玩过的”“就像我们平时做的”，让观看的家长了解这就是孩子平时在托育机构练习的结果，这样直观的表现比单独举办招生公开课对招生更有帮助。邀约家长时，除了通过各种线下收集的名单或线上平台预约之外，通过在读婴幼儿家长的介绍和邀约适龄家长，报名成交的概率会更高。家长赴约时，教师对托育机构进行介绍，对在读婴幼儿多加表扬，这样就更能让在读家长乐于介绍，而被邀约的意向家长也“眼见为实”，更增加了报名意愿。

小案例

活动名称：庆中秋

活动目标：

（1）通过活动，让小朋友初步了解中秋节的由来，了解中秋节的风俗习惯。

（2）通过亲子游戏，促进亲子关系，增加小朋友的自信心。

（3）小朋友体验与各位家长、小朋友及教师一起过节的快乐。

活动准备：

（1）搜集有关中秋节的节日风俗、传说故事、灯谜等。

（2）进行环境创设。

（3）准备活动所需物品。

“庆中秋”活动流程及各环节内容如表 9－1 所示。

表 9－1 “庆中秋”活动流程及各环节内容

时间	活动环节	活动内容
9:30—10:00	签到	1. 父母签到，确认联系方式； 2. 给每组家庭贴上标记； 3. 洗手后，引领家长和孩子到活动区等候
10:00—10:30	故事会：中秋节的来历	介绍中秋节的起源，由教师讲解“嫦娥奔月”的故事
10:30—11:30	亲子游戏： 手工制作月饼； 品尝月饼	由父母带着孩子在教师指导下用模具和食材制作月饼； 各组教师带领孩子到各班级品尝月饼
11:30	合影留念	全体教师、家长、小朋友的团圆合影留念

第四节 邀约与参观

一、邀约

电话邀约是课程销售的开始，也是托育机构运营中不可缺少的工作，一般由托育机构主动打电话或发微信邀约家长，以确保招生活动到场的人数。销售部门通过电话邀约客户到托育机构或线上直播参与试听体验，再由咨询师进行进一步的咨询与转化，从而提高实际的签单率。而现实中，很多电话销售的效果并不理想。电话邀约的技巧有以下几点。

（一）声音语调是关键

声音语调能传递电话营销人员的态度。语调是传递文字和语气的载体。完美动听的声音和语调，是进行电话交流成功的重要因素，是与家长建立信任感的依托。

（二）写好邀约稿

托育机构在电话邀约前，一定要结合自身的优势打造出让家长一听就感兴趣的话题，写好邀约稿，电话接通的“黄金 10 秒钟”用感兴趣的话题吸引家长。

小案例

第一句：您好，我是 ×× 老师。

第二句：有件事情想和您说一下。

第三句：孩子 3 岁前是人生中的“黄金 3 年”，许多父母的育儿经验不足，错过了科学育养的时机。

第四句：所以我们邀请了著名的育儿专家 ××，讲解科学育儿的知识。

第五句：不知道您家的孩子是老人带，还是自己带呢？

一般人听了第一、二句是不会挂的，会好奇这是什么事，认真地听下去。听到第三、四句时，家长意识到这是场育儿讲座，感兴趣的家长就留下来了，不感兴趣的家长已经挂断了电话。后续的话题可以为邀请家长参加活动、约到托育机构参观、介绍老师等，还可以让部分家长参加免费体验课程。

（三）家长提问

邀约过程中，面对家长提问时要听完后再回答，不得中途插话。

（四）不怕拒绝

即使家长拒绝参加本次活动，也不要立即放弃，可以了解家长方便的时间，以后再邀约家长参加不同类型的活动，测试家长的关注度。

（五）电话或微信交流的时间安排

如周六的活动，周二或周三直接进行电话邀约，再发文字短信提醒活动时间、地点和交通方式等，沟通时间要避开家长用餐或照顾孩子入睡的时间。周五再次电话确认。活动当天早上，可以以天气、交通、停车等作为理由，再次进行电话提醒，确认家长是否参加。每次交流都要做好记录（见表 9－2），包括家长拒绝的原因，以便日后沟通和跟进。

表 9－2　电话或微信联络追踪记录表

序号	联系日期	家长姓名	联系电话	婴幼儿姓名	性别	出生日期	交流内容与家长反馈			备注
							1	2	3	

如家长接受邀请，来到托育机构，要请家长填写来访参观登记表，如表 9－3 所示。

表 9－3　家长来访参观登记表

序号	联系日期	家长姓名	联系电话	婴幼儿姓名	性别	出生日期	家庭住址	信息来源	体验日期	备注

二、入园参观

家长到托育机构参观的第一印象很重要，重点要介绍托育机构的特色。

（一）环境介绍

理想的婴幼儿托育机构设计应该体现以下理念：安全、卫生、舒适、方便等。介绍人员应分别从整体到局部、托育机构的总面积、一共有几层、共有几个班、分班情况、每个班的具体情况进行介绍，重点介绍特色区域。

（二）具体设施介绍

设施以满足婴幼儿和家长的使用习惯和学习要求为原则进行设计，保证安全、无污染、无噪声，适合婴幼儿活动。在总平面设计上统筹规划、合理利用空间，对不同功能区进行有效区划，做到功能合理、方便管理、朝向适宜，游戏场地日照充足，创造符合婴幼儿生理、心理特点的环境空间。空间及室内设计上尽量介绍体现托育机构专业性的细节，比如墙面设计、转角设计、桌角处理、主要活动区域的自然光线照射等。

（三）教师介绍

介绍托育机构教师的平均学历、接受过哪些专业培训、具有哪些特长；介绍课程理念及一日生活流程；介绍课程涵盖的内容及重点培养的方向；介绍教学成果、婴幼儿的变化。

三、参观注意事项

第一，家长参观时，注意不要遗漏消毒清洁的程序，这样可以预防传染性疾病，也可以让家长第一时间了解到托育机构对婴幼儿健康安全的重视。

第二，在家长参观的整个过程中，除了介绍托育机构的基本情况，还可以以婴幼儿为话题与家长聊天，聊孩子们的生活起居、兴趣爱好、家长在家怎么带孩子，了解家长的教育理念，由此深入挖掘家长的需求，为招生工作做好铺垫。

第三，家长第一次与托育机构教师见面，除了学费及价格，家长提出的问题托育机构教师最好能当场解答，凸显教师的专业性。

第四，家长参观结束后，尝试进行第一次提示家长报名、交费，试探反应，解决疑问。如果不成功，可以先加微信，以便家长有任何疑问随时联系。

第五，家长一旦确认，立即填写报名入园登记表（见表 9－4）。

表 9－4 报名入园登记表

<table>
<tr><td>婴幼儿姓名</td><td></td><td>小名</td><td></td><td>出生日期</td><td></td><td>性别</td><td></td></tr>
<tr><td rowspan="2">家长姓名</td><td rowspan="2"></td><td>联系电话</td><td colspan="5"></td></tr>
<tr><td>家庭住址</td><td colspan="5"></td></tr>
<tr><td>信息来源</td><td></td><td>电子邮箱</td><td colspan="5"></td></tr>
<tr><td rowspan="4">入学说明</td><td>入学时间</td><td colspan="2"></td><td colspan="2">保育费（元 / 月）</td><td colspan="2"></td></tr>
<tr><td>安排班级</td><td colspan="2"></td><td colspan="2">伙食费（元 / 月）</td><td colspan="2"></td></tr>
<tr><td rowspan="2">其他说明</td><td colspan="2"></td><td colspan="2">订位费（元 / 月）</td><td colspan="2"></td></tr>
<tr><td colspan="2"></td><td colspan="2">其他</td><td colspan="2"></td></tr>
<tr><td>备注</td><td colspan="7"></td></tr>
</table>

小案例

“宝贝计划”公益活动进社区

××社区住户：为了响应国家重视 0～3 岁婴幼儿教育发展政策，××社区联合

××托育中心发起“宝贝计划”公益活动，委派××托育中心对辖区内0～3岁婴幼儿智能发展进行测评建档，具体安排如下：

一、凡××社区住户（含业主和租户）家中有0～3岁婴幼儿的，均可报名参加智能发展测评活动。

二、所有参加智能测评的婴幼儿均建立一份动态观测档案，每隔3个月重新测评一次，测评结果统一记录到档案中。档案一式两份，一份由家长自行保管，以作为家庭中早期教育的依据；另一份由社区保管，以监督测评工作的落实情况。

三、所有参加测评建档的婴幼儿均可得到有针对性的婴幼儿早期教育的指导，提高家庭中婴幼儿早期教育的质量。

四、凡参加测评建档的婴幼儿均由社区出资委派××托育中心提供3次临时托管的服务，解决家长临时有事婴幼儿无人照看的问题。

五、活动报名方式：

1. ××月××日16:30，在社区活动中心现场报名。

备注：报名现场举办有奖问答和游戏活动，欢迎参与。

2. 报名电话：153××××××××（微信同号）。

六、本次活动为纯公益活动，不收取任何费用，无任何诱导性消费。

××街道办事处
××社区

拓展阅读

成都新鸿社区婴幼儿成长中心的招生秘诀

四川省成都市新鸿社区婴幼儿成长中心是一家公建民营的托育机构。该中心于2021年7月经街道党工委会议研究同意，由新鸿社区党群服务中心引进社会力量共同成立，为新鸿社区片区居民提供托育服务。该中心管理科学，服务周到，得到周围居民的认可。尤其在招生运营方面，其设计的招生系统颇具特色。招生系统设计的核心是：找到家长的真正需求，建立信任感，让家长成为会员，并帮机构进行转介绍，形成一个招生的闭环，从而保证源源不断的生源。招生的四个步骤为：引流、锁客、体验、成交。

1. 第一步：引流活动，找到精准客户，解除陌生感

很多机构在做引流活动时有一个误区，把一些体验课的推广作为引流活动，实际上，在机构没有和家长建立信任关系之前，任何形式的销售都很难。引流活动设计的关键点在于解决家长的抗拒点，所以机构必须要了解家长的心理，知道什么样的活动是家长需要的，什么样的方式可以打动家长，让家长有兴趣来到园所参观，然后再进一步和机构产生关系，建立信任。

2. 第二步：锁客活动，通过社群建立关系，做好品牌宣传工作

微信群是社群营销的一种，是把具有共同属性的人放在一个组织里。共同属性可以是共同爱好、共同话题、共同需求。而我们建立的微信群，共同属性就是全部都是 0～3 岁婴幼儿的家长，在孩子教育方面有共同的需求和话题。社群可以微信群为基础，其他的一些自媒体工具配合，抖音、美篇、头条等均可以作为辅助工具来使用。抖音可以用来分享日常精彩瞬间，头条可以用来发表观点，美篇可以用来总结活动。以上平台的内容可以定向宣传到微信群，也可以作为家长转介绍时实用的工具。微信群运营思路首先必须有利他思维，我们必须要思考几个问题：家长为什么会留在我们的微信群里？怎么样才能让家长保证对群的关注度？家长之所以会留在我们的微信群是因为群里可以提供价值，有家长需要的东西。所以我们要进行价值输入，塑造微信群的价值。具体通过以下几种方式：

（1）知识分享：1）文字、图片以及家长课堂；2）亲子教育指导：相对定制化的指导；3）组织线下活动：以宝宝为主的亲子活动，以及以妈妈为主的宝妈活动。

（2）精细化管理：1）分龄管理，根据人数多少，可以考虑半岁划分一个群。2）个性化管理，杜绝千篇一律。3）制定群规则。通过上述社群服务内容，我们可以和家长建立起信任关系，一旦有了信任，就可以进行下一步的沟通，举行一些线上线下的体验活动。

3. 第三步：体验活动，给客户带来良好体验，为成交做好铺垫

体验活动的设计在于通过体验进一步促成对园所以及课程的了解，并从活动体验逐步过渡到课程体验。

（1）免费活动体验文案：

免费活动体验 6 月份计划来啦，大家提前预订活动名额哦！

6 月 1 日线下活动："欢度六一亲子运动会"。活动场地：小区活动广场。

6 月 21 日线上课堂："宝宝营养搭配"。主讲人：儿童营养师 ×××。

每周的亲子游戏推荐和每日的育儿知识正常分享哦！有空的时候，来我们社区宝妈微信群看一看，总有你需要的，一起加油！

（2）低价短期课程抢购活动：1）秒杀活动：× 点 × 分在群内 9.9 元秒杀一张"临时托管卡"或者 9.9 元秒杀 4 节体验课；2）团购活动：群内组织团购体验一周托育或一个月早教课；3）砍价活动：原价 1 200 元课程 + 价值 580 元实物礼品，砍价最低可以 0 元得，支持群内互相砍价；4）群内定点发红包抢代金券活动：定点在群内发 3 个红包，按照抢到红包的大小分别抵用代金券 800 元、500 元、300 元，在后期促销期间可以使用。这类活动就是为了给后期的促销活动积攒人气，促进长期课程的成交。

4. 第四步：促销活动，成交水到渠成

经过前面一系列的铺垫，找一个噱头做促销活动，设计好促销方案，之前秒杀抢来的代金券等就可以派上用场促成交，成交会水到渠成。

促销活动一：庆祝开业/店庆。设定开业/店庆日期，举行大型活动，凡在当天报名的会员，均可享受一系列的优惠。

促销活动二：专家测评/讲座。外聘专家结合测评开展讲座，以专业知识带动促销活动。

通过以上四个步骤，园所可以实现精准招生、良性招生，降低成本，提高转化率。

资料来源：成都新鸿社区婴幼儿成长中心.

本章小结

本章主要讲解托育机构招生与宣传，分别从教学过程、宝宝成长、成功案例、视频及拍摄照片等四个方面阐述托育机构教学效果可视化与口碑营销；从线上、线下推广的三大原则，线上运营，线下采集信息三个方面进行宣传的讲解；结合托育机构案例讲解各类活动与招生相结合；通过邀约、园所参观、参观的注意事项三个方面进行邀约与参观的讲解。在了解托育机构招生与宣传的基础上，学生学会使用线上、线下相结合的自媒体宣传途径；学会将各种活动与招生结合；树立热爱托育专业、科学招生与宣传的观念。

思考与练习

一、判断题

1. 家长考虑是否将婴幼儿送入托育机构，选择的路径由之前的线下或口碑到直接来电来人，变成现在的线下或口碑到网络验证，再到来电或来人。(　　)

2. 电话邀约的技巧包括注意语音语调、不怕拒绝。(　　)

3. 托育机构拍摄照片的内容包括婴幼儿生活自理能力表现、温馨感人的情景、托育机构组织的节假日活动等。(　　)

4. 托育机构的招生活动与托育机构活动分开进行有利于招生。(　　)

5. 对于主动询问的家长，托育机构不需通过电话或微信主动邀约。(　　)

二、选择题

1. 下列关于教学效果可视化运营的说法正确的是（　　）。

A. 教学过程说出来　　B. 孩子成长说出来

C. 视频照片宣传　　D. 以上都是

2. 下列说法不正确的是（　　）。

A. 美术作品可以用视频宣传　　　　B. 教学过程可以用照片宣传

C. 体能活动可以用视频宣传　　　　D. 自理吃饭可以用照片或视频宣传

3. 线上运营与线下市场推广的三大原则是（　　）。

A. 客户运营原则　　　　B. 内容运营原则

C. 活动运营原则　　　　D. 以上都是

4. 线上营销时，社群可以以（　　）为基础，其他的一些自媒体工具配合。

A. QQ 群　　B. 微信群　　C. 公司网站　　D. 微信公众号

5. 托育机构的生源有很强的区域性，一般都在（　　）范围内。

A. 2 千米　　B. 3 千米　　C. 4 千米　　D. 5 千米

三、简答题

1. 拍摄的注意事项有哪些？

2. 家长入园参观的注意事项有哪些？

四、实操题

请结合托育机构招生设计一个国庆节活动。

参考文献

[1] 刘钰心．托育管理必修课．济南：山东科学技术出版社，2020．

[2] 王红．0～3岁婴幼儿家庭教育与指导．上海：华东师范大学出版社，2020．

[3] 人力资源和社会保障部，中国就业培训技术指导中心．育婴员．2版．北京：海洋出版社，2013．

[4] 洪秀敏．婴幼儿托育机构设置标准的国际经验与启示．北京：北京师范大学出版社，2020．

[5] 张利洪．婴幼儿照护服务政策法规．重庆：西南大学出版社，2022．

[6] 马梅，方玥，陈梅．托育机构管理实务．北京：中国人口出版社，2022．

[7] 张春炬．规矩成方圆．北京：北京师范大学出版社，2016．

[8] 苏婧，柳茹．成就教师：园长教师队伍建设能力的提升．北京：北京师范大学出版社，2017．

[9] 时松．幼儿园管理．北京：北京师范大学出版社，2015．

[10] 王明霞．基于儿童视角的幼儿园弹性作息研究．小学科学（教师版），2017（8）：176．

[11] 莫娇．优化幼儿园一日作息时间安排的实践研究．幼儿教育，2016（Z4）：78-79．

[12] 张皎红．浅谈幼儿园生活活动的培养目标及实施建议：基于《3～6岁儿童学习与发展指南》．河南教育（幼教），2019（1）：56-60．

[13] 马媛．优化幼儿园一日生活过渡环节的策略新探．教育导刊（下半月），2015（4）：3．

[14] 张丹．弹性一日作息时间促进幼儿自主管理．幼儿100（教师版），2022（1）：3．

[15] 李美芳．幼儿园一日生活常规实践中的主要矛盾解析．佳木斯教育学院学报，2014（1）：267，269．

[16] 王春燕，李建军，田建群．幼儿运动组织与指导．北京：中国人民大学出版社，2021．

[17] 周桂勋，陈丹．幼儿园游戏组织与指导．2版．上海：上海交通大学出版

社，2020.

[18] 张淑琼. 幼儿园教育活动设计与实施. 2 版. 北京：北京师范大学出版社，2018.

[19] 刘芬. 幼儿教育小学化倾向浅探. 河南教育（教师教育），2021（11）：46-47.

[20] 卢舒颖，杨阳，刘宁. 0 ～ 5 岁婴幼儿良好睡眠质量建立及管理的最佳证据总结. 护理学报，2022，29（12）：45-50.

[21] 张园园，邱仁根. 幼儿园教育活动设计与实践. 南昌：江西高校出版社，2017.

[22] 刘朱华，彭珉娟，杨涛毅，等. 早期教育对婴幼儿智能发育影响的探讨. 四川医学，2014（34）：435-438.

[23] 凌宁. 欧美家庭亲子活动与游戏经典 2 ～ 6 岁. 深圳：海天出版社，2005.

[24] 童梅玲，邵洁，张悦，等. 婴幼儿养育照护关键信息 100 条. 中国妇幼健康研究，2020，31（9）.

[25] 李梅芳. 幼儿园环境创设与安全教育的关系探讨. 读与写，2021，18（7）：283，289.

[26] 邢利娅，陈婕. 对幼儿园设施安全性的思考. 内蒙古师范大学学报（教育科学版），2006，19（10）：55-57.

[27] 肖佳. 浅谈对幼儿园进行消防监督检查在防火工作中的重要性. 江西化工，2016（4）：160-161.

[28] 杨景华. 强化幼儿园安全管理的有效途径探究. 新课程，2022（22）：220-221.

[29] 丁玉. 托育服务从业人员安全意识. 上海：上海教育出版社，2020.

[30] 刘馨. 幼儿卫生保育教程. 3 版. 北京：北京师范大学出版社，2020.

[31] 秦明华，张欣. 幼儿园组织与管理. 2 版. 上海：复旦大学出版社，2019.

[32] 菲利斯 · M 科里克，金柏莉 · A 卡克斯，凯西 · 罗伯逊. 托幼机构管理. 9 版. 北京：北京师范大学出版社，2018.

[33] 张婷婷，刘芳，刘欣. 婴幼儿营养与膳食管理. 北京：中国人民大学出版社，2022.

[34] 季兰芳. 营养与膳食. 4 版. 北京：人民卫生出版社，2019.

[35] 中国营养学会. 中国居民膳食营养素参考摄入量：2013 版. 北京：科学出版社，2014.

[36] 中国营养学会. 中国居民膳食指南（2022）. 北京：人民卫生出版社，2022.

[37] 陈鑫. 托育机构饮食活动质量调查研究. 喀什：喀什大学，2019.

[38] 程维祎. 托育机构食品安全与膳食管理. 食品安全导刊，2020（14）：76-77.

[39] 李茜. 托育机构食谱设计及案例分析：以三槐堂保育园为例. 早期教育，2022（9）：6-9.

[40] 李燕，张慧敏. 学前儿童家庭与社区教育. 北京：高等教育出版社，2017.

[41] 李生兰. 幼儿园与家庭、社区合作共育的研究. 上海：华东师范大学出版社，2008.

[42] 晏红. 幼儿园家庭教育指导形式与方法. 北京：中国轻工业出版社，2013.

[43] 基础教育教学研究课题组. 幼儿园家园共育指导. 北京：高等教育出版社，2014.

[44] 国家卫生健康委人口家庭司. 婴幼儿照护服务文件汇编（2021版）. 北京：中国人口出版社，2021.

[45] 洪阳，陈文凯，刘玉华. 婴幼儿卫生与保健. 北京：中国人口出版社，2022.

[46] 陈玲. 托育机构运营管理. 上海：复旦大学出版社，2020.

[47] 刘昊. 托育机构质量管理与自我评估指导手册. 北京：教育科学出版社，2022.